Die grosse Enzyklopädie der

PFERDERASSEN

Heidrun Werner

Die grosse Enzyklopädie der

Pferderassen

Von derselben Autorin sind im FALKEN Verlag bereits erschienen:
Pferde (Nr. 4186)
Reiten im Bild (Nr. 4847)

Dieses Buch wurde auf chlorfrei gebleichtem und
säurefreiem Papier gedruckt.

Die Deutsche Bibliothek – CIP-Einheitsaufnahme

Die **grosse Enzyklopädie der Pferderassen** / Heidrun Werner. –
Niedernhausen/Ts. : FALKEN, 1997
  ISBN 3-8068-4861-0
NE: Werner, Heidrun

ISBN 3 8068 4861 0

Umschlaggestaltung: Peter Udo Pinzer
Layout: Hartmut Steinebrunner, Frankfurt
Redaktion: Dr. Gabriele Schweickhardt
Herstellung: Albert Brühl
Titelbild und Umschlagrückseite: IFA-Bilderteam, R. Maier, München
Fotos: Animal Photography, London/Thompson: S. 32, 36, 40 li., 45, 48, 50, 53, 56, 57 o., 58, 61,
62 o., 63 o., 66, 68, 70 u., 71, 73 u., 74, 77 o., 80 u., 81, 85 u., 87 o., 88, 89, 92–94, 95 o., 105, 112, 113,
118, 119 o., 120–123, 124, 125, 129 u., 130 o., 131, 135 u.; **Animal Photography,** London/**Willbie:** S. 35,
37, 38, 47 u., 59, 69 o., 84 o., 101, 102, 107, 108, 111 o., 114 o., 132 u., 133 u., 136; **Bildarchiv IBIS/**
H. D. Dossenbach, Bergisch-Gladbach: S. 33 u.re., 39, 40 re., 41, 49, 51, 54, 55, 63 u., 65 o., 72, 76,
79 o., 99, 134 u., 135 o.; **Bildarchiv IBIS/M. Dossenbach,** Bergisch-Gladbach: S. 34, 69 u., 86; **Bild-**
archiv IBIS/Kuczka, Bergisch-Gladbach: S. 97; **Bildarchiv IBIS/W. Layer,** Bergisch-Gladbach:
S. 31; **Bildagentur SORREL,** Stuttgart: S. 5, 67, 73 o., 79 u., 82, 85 o., 91 o., 134 o.; **Hugo M. Czerny,**
München: S. 47 o., 60, 103, 106, 128; **Gangpferde Zentrum Aegidienberg,** Bad Honnef: S. 33 o.,
u.li.; **HANSMANN,** München: S. 4/5, 27; **IFA-Bilderteam/R. Maier,** München: S. 65 u., 75, 78;
IFA-Bilderteam/F. Prenzel, München: S. 10, 44; **IFA-Bilderteam/Barth,** München: S. 129 o.;
Gerhard Kapitzke, Hannover: S. 84 u.; **Sabine Küpper,** Duisburg: S. 111 u.; **Lothar Lenz,** Cochem:
S. 91 u.; **Reinhard-Tierfoto,** Heiligkreuzsteinach/Eiterbach: S. 2, 42, 43, 62 u., 80 o., 132 o.; **Silvestris**
Fotoservice/Y. A. Bertrand, Kastl: S. 87 u.; **Silvestris Fotoservice/Lenz,** Kastl: S. 133 o.; **Sabine**
Stuewer Tierfoto, Darmstadt: S. 52, 70 u., 91 o., 96, 98, 110; **Tier- und Naturfoto Rolf Bender,**
Tholey-Theley: S. 109, 114 u., 126, 137; **TWHI e.V./Ron Powell Stables,** Wiesbaden-Nordenstadt:
S. 127; **Verband Hessischer Pferdezüchter,** Dillenburg: S. 77 u.; **Xeniel-Dia/M. Mögle,** Stuttgart:
S. 64; **Thomas Zimmermann,** Köln: S. 100; **FALKEN Archiv/V. Greiner:** S. 81, 119 u.; **A. Schuh-**
macher: S. 57 u., 130 u.
Zeichnungen: Gerd Ohnesorge, Halle/Saale
Vignette: Hartmut Steinebrunner, Frankfurt

Satz und Lithografie: Grunewald Satz & Repro GmbH, Kassel
Druck: Druckerei Ernst Uhl, Radolfzell

817 2635 4453 6271

Inhaltsverzeichnis

Entwicklungsgeschichte des Pferdes

Zu keinem anderen Säugetier ist hinsichtlich seiner Entwicklung so viel geforscht worden wie zum Pferd. Dies ist sicherlich auch darauf zurückzuführen, daß die aufgefundenen Skelettreste, nachdem sie richtig zugeordnet worden waren, ein beinahe lückenloses Bild der Stammesgeschichte des Pferdes lieferten. Nur in wenigen Stufen sind die Evolutionsforscher noch heute auf Vermutungen angewiesen. Das ist wiederum nicht verwunderlich, wenn man bedenkt, daß die Geschichte des Pferdes schon vor 60–70 Millionen Jahren beginnt, also bedeutend früher als die des Menschen.

Ganz besonders erstaunlich ist seine Entwicklung deshalb, weil dieses Geschöpf Jahrmillionen überdauern konnte, obwohl es weder Hörner noch scharfe Zähne oder Krallen besaß, sich nie vom Fleisch anderer Kreaturen ernährte, sondern ein reiner Vegetarier war, weder gefährlich brüllen noch bellen konnte, nie aggressiv gegen seine Umwelt war, sondern immer ausschließlich in der Verteidigung lebte. Wie ein Wunder erscheint es, daß dieses wehrlose Tier auch noch alle geologischen und klimatischen Veränderungen zu überstehen vermochte, bis es endlich unter den Schutz des Menschen gelangte.

Dieser führte es dann seiner vorläufig letzten Bestimmung zu: ihm zu dienen. Es wurde sein Partner und Gefährte, half ihm große Reiche zu erobern, aufzubauen, zu verteidigen und wieder zu zerstören, bis es von der zunehmenden Technisierung und Industrialisierung verdrängt wurde, so daß es heute dem Menschen fast nur noch bei sportlichem Wettkampf oder zur Freude und Entspannung dient. Als Lastenträger wurde es durch Maschinen mit mehr Trag- und Zugkraft ersetzt, und als Helfer in der Land- und Forstwirtschaft findet es heute fast nur noch in schwer zugänglichen oder stark unterentwickelten Gebieten Verwendung.

Der Urahn

Relativ zeitgleich entdeckte man sowohl in Europa (1838–39) als auch in Nordamerika (1871–72) Skelettreste eines Wirbeltieres, das Wissenschaftler als den Vorläufer unseres heutigen Pferdes erkannten. In Europa nannte man diese Entdeckung *Hyracotherium,* was etwa „schlieferartiges Tier" bedeutet (Schliefer sind in Afrika und Vorderasien verbreitete Säugetiere, die Ähnlichkeit mit Murmeltieren haben und zu der Gruppe der „Fast-Huftiere", den *Paenungulata,* gehören).

Die in Nordamerika gefundenen fossilen Skelettreste wurden *Eohippus,* „Pferd der Morgenröte", genannt. Wie sich bei näherer Untersuchung herausstellte, wiesen beide Funde außerordentlich große Ähnlichkeiten miteinander auf. Die Skelettreste aus Amerika wurden der Zeitperiode von vor 60–70 Millionen Jahren (Eozän) zugeordnet, und auch die europäischen Funde gingen in die Zeit von vor mehr als 50 Millionen Jahren zurück.

Während die *Hyracotherien* in Europa im Zeitalter des Oligozäns (vor ca. 40 Millionen Jahren) vollständig ausstarben, entwickelte sich der *Eohippus* zu verschiedenen Gattungen weiter.

Da sich jedes Lebewesen seinen Umweltbedingungen in irgendeiner Form anpassen muß, um zu überleben, können auch Rückschlüsse auf Fortbewegung und Ernährung gezogen werden. Zum Beispiel konnte man anhand des Aufbaues der Zähne, die nur zu quetschenden Kaubewegungen fähig waren, einwandfrei feststellen, daß es sich bei den ersten Pferdevorfahren um waldbewohnende Laubfresser gehandelt haben mußte. In Größe und Gestalt besaßen sie noch keinerlei Ähnlichkeit mit heutigen Pferden. Der *Eohippus* war nur fuchsgroß und hatte einen nach oben aufgewölbten Rücken, schlanke Beine und mehrzehige Pfoten.

Im Laufe von Millionen von Jahren erfuhr dieser kleine Urahn bedeutsame Wandlungen in äußerer Erscheinung, Körperbau und Größe, die auf geologische Veränderungen, Klimaschwankungen, Ernährungsprobleme und Umwelteinflüsse zurückzuführen sind; er entwickelte sich zu einem hochgewachsenen, grasfressenden Steppeneinhufer.

Während der *Eohippus* und der sich daraus entwickelnde *Orohippus* (sie lebten vor 60–40 Millionen Jahren) ihr relativ geringes Körpergewicht noch leicht durch das weiche, federnde Buschland tragen konnten, brauchten die nachfolgenden Formen des *Epihippus* und *Mesohippus* (sie lebten vor 40–25 Millionen Jahren) schon sehr viel stärkere Füße, um ihren größer und damit auch schwerer werdenden Körper tragen zu können. Die jeweils äußeren Zehen bildeten sich zugunsten der mittleren drei zurück, wobei die mittlere der verbliebenen drei Zehen sich besonders kräftig entwickelte.

Der Beginn der Wanderschaft

Während des Miozäns (vor ca. 12–25 Millionen Jahren) war der Urahn unseres heutigen Pferdes zum ersten Mal gezwungen, den Wald zu verlassen. Durch klimatische Veränderungen lichteten sich nämlich nach und nach die schützenden Wälder und wichen einer offenen Savannenlandschaft. Der Boden wurde härter, die Qualität des Futters verschlechterte sich, und die Wege auf der Futtersuche wurden länger. Es gab kaum noch Schutz vor Feinden, nur wer sehr schnell laufen konnte, hatte eine Chance zu entkommen. Diese Umstände bewirkten eine weitere Veränderung zum *Merychippus*. Der Zahnaufbau paßte sich dem nur noch durch Mahlen aufzuschließenden Futter an, der Körper begann sich zu strecken, und die mittlere Zehe kräftigte sich mehr und mehr, während sich die beiden äußeren allmählich zurückbildeten. Im Laufe der nächsten ca. 11 Millionen Jahre (Plio- und Pleistozän) streckte sich der *Pliohippus* zu einer Widerristhöhe von ca. 130 cm und wurde zum Einhufer. Die seitlichen Zehen verkümmerten zu „Griffelbeinen", und der Nagel der mittleren Zehe formte sich zu

einem Huf um. Aus den niederkronigen, quetschenden Backenzähnen wurden hochkronige, mahlende. Die Ähnlichkeit zum späteren *Equus (Allohippus stenonis)* ist bereits so groß, daß später nur noch geringfügige Veränderungen zu verzeichnen sind.

In dieser Zeit begann die interkontinentale Wanderung der *Pliohippiden* von Nordamerika aus über die damals noch vorhandene Landbrücke der Beringstraße nach Asien und weiter nach Afrika und Europa. In den verschiedenen Kontinenten trennten sie sich räumlich voneinander und fanden dann stark differierende Lebensbedingungen vor. Das hatte zur Folge, daß sich viele ganz unterschiedliche Typen ausprägten.

Merkwürdigerweise endete die interkontinentale Wanderung, und nach der letzten Eiszeit (vor etwa 8000 Jahren) starb das Pferd in Amerika vollständig aus. Erst durch die Konquistadoren unter dem Spanier Hernan Cortez gelangten im Jahre 1519 wieder Pferde, von den Spaniern bereits domestiziert, dorthin zurück.

Eohippus · Mesohippus · Merychippus · Pliohippus · Equus

Verschiedene Entwicklungstheorien

Die Entwicklung des in Europa und Asien angesiedelten Pferdes kann über sehr lange Zeitstrecken hinweg überhaupt nicht verfolgt werden, weil bis heute keine Knochenfunde verfügbar sind. Man ist deshalb noch immer auf Vermutungen angewiesen. Aufgrund der Vielzahl an Hauspferderassen bildeten sich verschiedene Theorien über ihre Entstehung heraus:

● Anfang des 20. Jahrhunderts teilte man die vorhandenen Hauspferderassen in drei Gruppen mit je einem Wildpferdevorfahren ein:
1. Steppenpferde
2. Waldpferde
3. Plateaupferde

● **Charles Darwin** stellte die Hypothese von nur *einem* Wildpferd *(equus ferus)* auf, das in mehreren Unterarten von Europa bis Asien vorkam:
1. Solutrépferd
(equus ferus solutrensis) .... in Europa
2. Tarpan
(equus ferus gmelini) .... in Rußland
3. Przewaalskij-Pferd
(equus ferus przewalskij) .... in Asien

● Nach **Speed** und **Ebhardt** – der eine Veterinäranatom, der andere Pferdezüchter – entwickelten sich unsere verschiedenartigen heutigen Pferderassen aus vier klar unterscheidbaren Urformen der letzten Eiszeit:
1. Urpony   3. Ramskopfpferd
2. Tundrenpony   4. Steppenpferd

Die beiden stützten ihre Theorie auf vergleichende röntgenologische Untersuchungen. Dabei hatten sie festgestellt, daß bestimmte Merkmale im Knochenbau fossiler und heutiger Pferde genau übereinstimmten. Danach teilten sie die Eiszeitpferde in zwei Gruppen: die im Norden lebende Gruppe nannten sie **Ponys,** die der südlichen Zone **Pferde.** Diese Unterteilung beinhaltet keine Größenunterscheidung wie heute, denn es gab in beiden Gegenden sowohl klein- als auch großwüchsige Formen.

Diese Nordponys und Südpferde unterteilten Speed und Ebhardt in je zwei weitere Untergruppen, so daß sich die eben genannten vier Urformen ergaben, die sich in Knochenbau, Funktion und Verhalten deutlich voneinander abgrenzten:

Die Nordponys wurden danach in das sogenannte **Urpony** und das sogenannte **Tundrenpony** unterteilt.

Die beiden Südpferdearten sind das **Ramskopfpferd** und das **Steppenpferd.**

Das Urpony

Das Urpony war das kleinere der beiden Nordarten und kam der fuchsähnlichen Urform am nächsten. Seine Widerristhöhe betrug etwa 122–125 cm, und sein Verbreitungsgebiet war Nordeuropa und Teile Ostasiens.

Dauerhafte Kauwerkzeuge und kräftige Verdauungsorgane in einem tonnigen Rumpf (Rundrippenpferd) befähigten es dazu, selbst hartes und gefrorenes Futter zu verwerten. Ein dichtes Unterfell mit langen Grannenhaaren als Wärmespeicher sowie

Urpony

weite Nasenräume zum Vorwärmen der Kaltluft schützten das Urpony vor Kälte und Krankheit. Seine bevorzugte Gangart war ein schneller Zockeltrab, den es über Stunden durchhalten konnte.

Dem Exterieur dieses Urponys kommt das englische Exmoorpony am nächsten.

Das Tundrenpony

Es war das größere der beiden Nordponys und lebte am nördlichsten Rand des Verbreitungsgebietes der damaligen Pferde.

Die verschiedenen Eiszeitperioden mit ihren Gletscherverschiebungen engten die Möglichkeit einer Wanderschaft dieses Ponys ein und ließen einen massigen, grobknochigen Typ mit einer Widerristhöhe von 135 cm und mehr entstehen. Er war in der Lage, lange Winter in Schneeharsch und kurze Sommer in Sommersümpfen zu überleben. Sein Rumpf war noch tonniger, seine Kauwerkzeuge noch kräftiger und sein Verdauungstrakt arbeitete noch effizienter als der des Urponys. Vorsicht, Umsicht und Ruhe zeichne-

Tundrenpony

ten diesen Ponytyp aus. Das Tier floh nicht vor möglichen Feinden im Galopp oder schnellen Trab, sondern verkroch sich und tarnte sich durch Erstarren. Eis, Geröll, Schotter und Sumpf machten es zu einem trittsicheren, ruhigen Pony mit ausgeglichenem Temperament. Seine bevorzugte Gangart war der Schritt. Das Tundrenpony soll der Vorfahre aller kaltblutähnlichen Pferderassen sein. Ihm wird das mongolische *Przewalskijpferd* zugeordnet.

Das Ramskopfpferd

Das Ramskopfpferd hat sich im Laufe seiner Entwicklung immer im warmen Klima aufgehalten. In seinem Erscheinungsbild ist es schlank, hochwüchsig und langgestreckt. Es wird als Vorfahre unserer heutigen großrahmigen Reit- und Springpferde angesehen. Seine Widerristhöhe lag zwischen 170 und 180 cm. Die Kauwerkzeuge waren weniger stark ausgebildet, und das Darmvolumen war geringer, da die Substanz des Futters feiner und der Nährwert der Kräuter und Pflanzen in dieser gemäßigten Zone wesentlich

höher war, also geringere Mengen zur Erhaltung ausreichten.

So entstand ein Pferd mit schmalem, aber tiefem Rumpf und flacher Rippenwölbung. Der Kopf war schmal und gebogen, die Augen schrägoval, die Ohren lang und die Nüstern klein, da die Nasenhöhlen nicht mehr zum Vorwärmen der Kaltluft benötigt wurden. Seine Heimat war die Bergsteppe mit natürlichen Hindernissen, wie Felsbrocken oder Dornendickichten, die es zu überwinden galt. Dies verlangte eine vermehrte Schubkraft aus der Hinterhand, woraus sich ein beachtliches Springvermögen entwickelte.

Das Ramskopfpferd war ein aggressiver und auch im Umgang mit dem Menschen komplizierter und schwieriger Typ. Wir erkennen sein Erbe im reingezüchteten Berberpferd und in allen anderen ramsköpfigen und großrahmigen Pferden.

Ramskopfpferd

Das Steppenpferd

Dieses kleinere der beiden Südpferde war in Asien, Nordafrika und im Orient beheimatet, wo es nahezu gleiche Lebensbedingungen vorfand. Erst nach der letzten Eiszeit veränderte sich sein bis dahin fruchtbarer Lebensraum: Durch steigende Temperaturen verdorrte der ehemals üppige Pflanzenwuchs, die Wege auf der Suche nach Futter und Wasser wurden länger. An diese neuen Verhältnisse paßte sich das Steppenpferd hervorragend an und lernte wie kein anderes Pferd, Feuchtigkeit schon auf große Entfernung zu wittern.

Das Erscheinungsbild dieses Pferdes glich am ehesten dem der Gazelle. Es hatte ein Stockmaß von ungefähr 120 cm. Sein Kopf war klein, die Augen groß und ausdrucksvoll, die Ohren klein und die Nüstern waren dehnfähig und beweglich, auf feinste Witterung ausgerichtet.

Steppenpferd

Der schlanke, hoch aufgesetzte Hals ging in einen ausgeprägten Widerrist mit kurzem Rücken und waagerechter Kruppe über. Der Schweif wurde zur Kühlung der Analregion hoch getragen. Die Gliedmaßen waren lang und schlank, die Hufe fest. Sowohl im schnellen Spurt als auch im ausdauernden Langstreckengalopp erwies es sich als besonders leistungsfähig.

Im Umgang mit dem Menschen zeichnete sich das Steppenpferd durch Gelehrigkeit, gutes Reaktionsvermögen und Kontaktfreude aus.

In allen araberähnlichen Pferderassen erkennen wir diesen zierlichen und temperamentvollen Urtyp.

Die Entstehung der Pferdeschläge und -rassen

Mit dem Ende der Wanderung der Urpferde setzte die Entstehung unterschiedlicher Pferdeschläge ein. Da die Tiere nur überleben konnten, wenn sie sich den jeweiligen Gegebenheiten anpaßten, bildeten sich in den verschiedenen Regionen völlig unterschiedliche Pferdetypen heraus. Besonders das Haarkleid, die Zähne und der Verdauungsapparat veränderten sich je nach den klimatischen Verhältnissen. Auf diese Weise entwickelten sich unsere heutigen vier Pferdeschläge: **Vollblut, Warmblut, Kaltblut** und **Pony**.

Innerhalb dieser Schläge differenzieren wir noch nach unterschiedlichen Pferde*typen,* die nicht zu einer bestimmten Rasse gehören, wie z. B. der *Cob,* der *Hunter,* der *Hack,* das *Polopony,* das *Schau-* oder *Paradepferd,* das *Renn-, Spring-* bzw. *Dressurpferd.*

Durch die Paarung diverser Schläge untereinander (Kreuzung) entstanden neue Rassen, und durch weitere Kreuzungen innerhalb der neu entstandenen Rassen kam es allmählich zu der Vielzahl der heutigen Pferderassen.

Es handelt sich hierbei um Versuche des Menschen, durch künstliche Selektion bestimmte Merkmale zweier Rassen in einer neuen Rasse zu vereinen. Dabei spielt die jeweilige Mode eine große Rolle; denn ein Pferdetyp, der in Mode ist, verspricht dem Züchter eine gute Rendite und stellt damit einen beachtlichen Wirtschaftsfaktor dar.

Bei der heute fast ausschließlich üblichen künstlichen Selektion bestimmt der Mensch, um Morphologie (Körperbau) und Funktion zu beeinflussen und natürlich immer auf der Suche nach dem „Siegerpferd", welche Stute von welchem Hengst gedeckt werden soll. Hierbei werden genauso Gebäudefehler und Charaktermängel ausgemerzt wie Farben und Größe beeinflußt, um einem bestimmten, vorgegebenen Zuchtziel näherzukommen. Allerdings birgt jeder Zuchtversuch auch ein großes Risiko in sich; denn längst nicht immer schlagen die Zuchtmerkmale, die man erreichen will, bei der Nachkommenschaft auch durch. Um sicher sagen zu können, ob ein Kreuzungsversuch als gelungen gewertet werden kann oder als gescheitert betrachtet werden muß, benötigt man die Ergebnisse mehrerer Generationen.

Die Domestikation

Der Zeitpunkt einer ersten Domestikation des Pferdes durch den Menschen kann nur sehr vage auf ca. 4000 Jahre v. Chr. geschätzt werden. Als Anhaltspunkte stehen nur Bilder und Knochenfunde zur Verfügung, da die Schrift zu dieser Zeit noch unbekannt war.

Fest steht, daß lange vor dem Pferd bereits Kühe, Schafe, Ziegen und Hunde als Haustiere gehalten wurden. Das Pferd betrachtete man in dieser Zeit ausschließlich als jagdbares Beutetier zur Nahrungsgewinnung wie anderes Wild auch. Da die Jäger nur mit einem Wurfspeer ausgerüstet waren, unterlagen sie dem schnellen Fluchttier Pferd immer wieder, was eine Domestikation lange Zeit verhinderte. Lediglich durch List und das geschickte Ausnutzen sich bietender Gelegenheiten und Möglichkeiten konnte es gelingen, ein Pferd einzufangen. Wahrscheinlich hat sich das zunächst auf stark trächtige Stuten beschränkt, die unbeweglicher waren und deshalb leichter in eine Falle gelockt werden konnten. Allerdings mußte man Verletzungen und Lahmheiten, die bei der Gefangennahme entstanden, in Kauf nehmen. Sie erleichterten allerdings wiederum die Haltung dieser Beutetiere, da dadurch keine hohen Einzäunungen notwendig wurden, um ein Ausreißen zu verhindern.

Die Stuten wurden gemolken und ihre Fohlen zum Ende eines Sommers, wenn sie am fettesten waren, geschlachtet. Das Problem, das sich nach jedem Winter neu stellte, war, wie man die Stuten wieder tragend bekam, damit Fleisch- und Milchversorgung ge-

währleistet blieben. Es gibt hierzu aus Persien und auch aus Irland Überlieferungen, wonach man diese Stuten, sobald sie rossig waren, in der Nähe des Weideplatzes einer wilden Herde an Bäume gebunden hat, in der Hoffnung, daß ein fremder Hengst sie deckte.

Vom Beutetier zum Helfer des Menschen

Es war für das Pferd noch ein weiter Weg vom Milch- und Fleischlieferanten bis zum Helfer des Menschen als Lastenträger und Arbeitstier.

Da lahme Stuten ohnedies mit der Fortbewegung des eigenen Körpers bereits ihre Schwierigkeiten hatten, verfiel wohl niemand auf den Gedanken, diese Tiere durch das Aufladen von Lasten noch um einiges unbeweglicher zu machen. Erst als das eine oder andere Fohlen den Winter überlebte, anstatt der Fleischgewinnung geopfert zu werden, mag wohl jemand eines Tages die Idee gehabt haben, eine Last auf den Rücken des Pferdes zu laden, statt sie selbst zu tragen. Die Entdeckung, daß diese Tiere sich als geduldige Lastenträger verwenden ließen, beflügelte die Phantasie des Menschen und veranlaßte ihn dazu, aus Stangen und Weiden primitive Gestelle bauen, die die Pferde fortan beladen hinter sich herschleiften.

Das erste Reitpferd

Ähnlich kann man sich wohl auch den Beginn der Reiterei vorstellen. Vermutlich hat man nämlich zuerst ein Kind als Last auf den Rücken eines Pferdes gesetzt. Dieses Kind empfand dann wahrscheinlich die Bewegungen des Tieres als lustig und angenehm, so daß sich auch ausgewachsene Menschen auf seinen Rücken wagten – und feststellten, daß sie auf diese Weise schnell und ohne große Anstrengung vorwärtskamen.

Es existieren keine Angaben über den Zeitpunkt, wann das Pferd zum erstenmal geritten wurde. Es ist nicht einmal sicher, ob es erst geritten und dann zum Ziehen benutzt wurde oder umgekehrt. Möglicherweise kam es auch in Mittel- und Westeuropa zuerst als Reit- und später als Zugtier zum Einsatz, weil es hier erst Wagen gab, nachdem die Römer Straßen gebaut hatten. In Asien und Osteuropa aber war dies umgekehrt.

Das Pferd als Zugtier

Das Rad – die archäologischen Grabungsfunde zeigen ein hölzernes Scheibenrad – wurde in Mesopotamien erfunden. Zu dieser Zeit (etwa 2600 v. Chr.) gab es dort keine Pferde, sondern nur Ochsen als Zugtiere für die Radkarren. Die Fortbewegung war dadurch nur sehr langsam, zumal Ochsen lange Fressenszeiten brauchten und noch einmal lange Zeit zum Wiederkäuen.

In den Ländern, in denen bereits Pferde als Zugtiere verwendet wurden, das Rad aber noch nicht bekannt war, hinderten die radlosen Schlitten die Pferde an einer schnelleren Fortbewegung.

Irgendwann einmal begegneten sich nun die Ochsenkarrenführer und die Führer von Lastpferden. Die Ochsenkarrenführer sahen, um wieviel leichter lenkbar und ausdauernder dieses elegante, hochbeinige Geschöpf der Pferdeführer war. Und die Pferdeführer entdeckten, um wieviel schneller noch ihre Tiere sein könnten, wenn sie nicht einen so schwerfälligen Weidenschlitten hinter sich herschleifen müßten, sondern wenn sie einen Karren mit Rädern ziehen könnten, die sich mit der Vorwärtsbewegung drehen.

Ungefähr so könnten die Räderfuhrwerke für Pferde entstanden sein, die dann im Laufe der Zeit zu Streitwagen für Kriegszeiten weiterentwickelt wurden. Ein erstes schriftliches Dokument, das als Ausbildungshandbuch und Dienstanweisung für das Korps der Wagenlenker der Hethiter bestimmt war, hat uns *Kikkuli*, der Oberstallmeister des Hethiterkönigs *Suppiluliumas I.* aus dem Jahre 1350 v. Chr. hinterlassen. Er gibt darin genaue Anweisungen für das systematische Training von Wagenpferden.

Die ersten Zäumungen

Mit der neuen Aufgabenstellung an das Pferd mußte sich der Mensch auch mit dem Problem der Lenkbarkeit auseinandersetzen. Er entwickelte die ersten trensenartigen Zäumungen.

Die einfachste und wohl auch gebräuchlichste Zäumung war ein Stock, der den Pferden quer ins Maul geschoben wurde. Er war an beiden Enden mit einer Lederleine verbunden, mit deren Hilfe der Reiter oder Führer das Pferd lenkte. Allerdings entwickelte sich die **Trense** von Völkerstamm zu Völkerstamm sehr unterschiedlich. So benutzen die Numidier lange Zeit gar keine Trense, sondern „lenkten ihre Pferde mit Hilfe eines Stöckchens, das sie zwischen den Ohren (ihres Pferdes) hin- und herbewegten", wie Silius Italicus schrieb, „und das Pferd gehorchte, folgsam wie unter einem Kettengebiß, wie es die Gallier haben". Andere Völkerstämme entwickelten aus dem einfachen Stangengebiß verschiedene unterschiedlich wirkende unterbrochene Gebißstücke oder sogar nagelbesetzte Backenstücke, um das Bremsen und Wenden zu erleichtern. Wieder andere Völker, wie zum Beispiel die Perser, überzäumten ihre Pferde, um sie damit leichter lenkbar zu machen.

All diese Kenntnisse verdanken wir in der Hauptsache bildlichen, in seltenen Fällen schriftlichen Überlieferungen. Die Funde ergaben jedoch nur ein sehr lückenhaftes Bild, weil von einigen Völkern gar keine Dokumente existieren, was jedoch nicht heißen muß, daß sie mit dem Pferd nicht vertraut waren.

Ein erstes vollständiges Handbuch „Über die Reitkunst" stammt von *Xenophon* (um 430–355 v. Chr.), einem griechischen Reitergeneral. Er diente nicht nur in Griechenland, sondern war außerdem Söldner in Persien und lernte so auch die Reiterei der Perser und der ostasiatischen Völkerstämme kennen. Er gilt noch immer als Altmeister der Reitkunst auf allen ihren Gebieten, und viele seiner Lehren gelten noch heute.

Der erste Sattel

Xenophon gestattete seinen Reitern allenfalls eine einfache Satteldecke als Unterlage. Am liebsten war es ihm jedoch, wenn sie sich ohne Hosen auf den nackten Pferderücken schwangen. Aus diesem Grunde bevorzugte man senkrückige Pferde, auf denen man wegen des tief eingebetteten Rückgrats bequemer sitzen konnte. *Xenophon* verspottete die Perser, die – wie er sagte – mehr Decken auf ihre Pferde türmten als auf ihre Betten, und zwar nur um der Bequemlichkeit willen, die sie über die Sicherheit stellten.

Manche Reitervölker verwendeten statt der einfachen Satteldecke ein Polster, das mit einem Gurt oder einem Brustgeschirr und einem Schweifriemen auf dem Pferderücken gehalten wurde. Die Skyten, ein großes Reitervolk, verbesserten diese Polster, indem sie zwei Kissen verwendeten, die – gut ausgestopft und durch Quergurte verbunden – zu beiden Seiten des Rückgrats auflagen. Sie vermieden damit jeden Druck auf die Wirbel, weil bei dieser Art der Auflage das Reitergewicht von den Rückenmuskeln und den Rippen getragen wurde. Dadurch gab es weniger wundgerittene Pferderücken, und die Tiere konnten längere Zeit geritten werden und damit auch längere Wegstrecken bewältigen.

Diese Sattelpolster waren die Vorläufer unserer heutigen Sättel, die in ihrer Auflagefläche ebenfalls die Wirbelsäule frei lassen.

Die ersten Steigbügel

Auf einigen Bildern aus vorchristlicher Zeit sind Vorrichtungen zu erkennen, die man eventuell als „Fußstütze" bezeichnen kann. Mit Sicherheit kann dies jedoch nicht gesagt werden. Einen ersten schriftlichen Beweis für die Existenz von Steigbügeln gibt ein chinesischer Offizier, der um 477 n. Chr. gelebt haben muß und die Erfindung dieses Gerätes den Hunnen zuschreibt.

Ohne Steigbügel war das Aufsitzen auf ein großes oder unruhiges Pferd für jedermann schwierig, teilweise sogar gefährlich. So mußten sich ältere, korpulente oder auf ihre Würde bedachte Reiter auf einen Antritt oder auf den Rücken eines knieenden Sklaven verlassen. Durch die Erfindung des Steigbügels wurde das Aufsitzen selbst für schwer bewegliche und alte Reiter leichter. Ebenso erwies sich der Steigbügel als große Hilfe bei längeren Strecken, weil der Reiter den Rücken des Pferdes durch das Stehen auf den Bügeln entlasten konnte.

Auch auf militärischem Gebiet war diese Erfindung von großer Bedeutung: Der Steigbügel verlieh den Bogenschützen einen sicheren Stand und bot später in der schweren Reiterei dem einzelnen beim Kampf von Mann zu Mann mit Schwert und Lanze die Möglichkeit, seitlich auf den Feind einzuschlagen, ohne die Balance zu verlieren. Die Erfindung war so wesentlich, daß sie bald nach ihrem Bekanntwerden von allen Völkern nachgeahmt wurde.

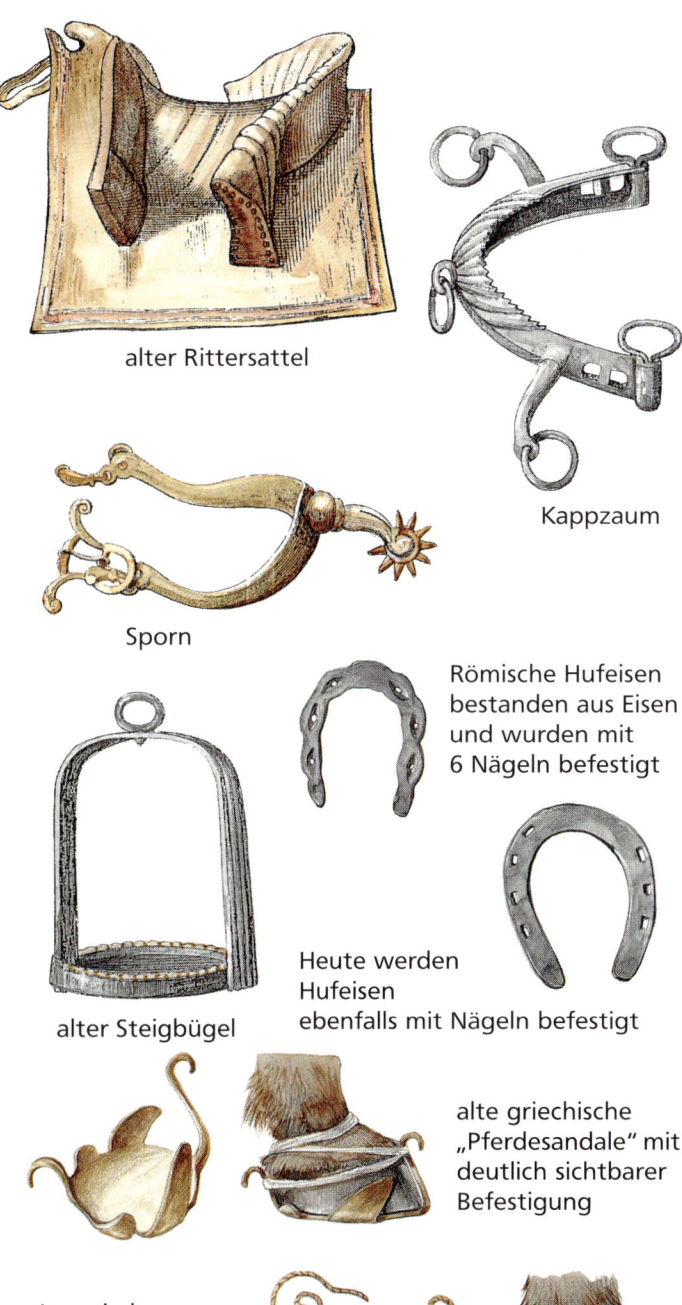

alter Rittersattel

Kappzaum

Sporn

alter Steigbügel

Römische Hufeisen bestanden aus Eisen und wurden mit 6 Nägeln befestigt

Heute werden Hufeisen ebenfalls mit Nägeln befestigt

alte griechische „Pferdesandale" mit deutlich sichtbarer Befestigung

Japanische Strohsandale. Man schnitt Kerben in die Hornwand, damit die Riemen nicht verrutschten

Das erste Hufeisen

Vor der Erfindung des Hufeisens (im 1. Jahrhundert n. Chr.) waren Reitkunst und Kriegsführung zu Pferde auf die trockenen Länder des Nahen Ostens, Nordafrikas und Zentralasiens beschränkt. Die trockene Luft härtete das Hufhorn, und der harte Boden sorgte für einen gleichmäßigen Abrieb. In feuchten Gegenden mit weichem Boden wurde dagegen die Hufwand weich, wuchs aus, splitterte und brach ab. Obgleich die Römer aus diesem Grunde auf ihrem Eroberungsfeldzug durch Gallien und Britannien ein Netz von Schotterstraßen bauten, reichten diese nicht aus, um die Hufe heil zu erhalten. Besonders der ständige Wechsel von Schotter zu weichem Boden machte ihnen zu schaffen. Dieser Umstand führte zwangsläufig zur Erfindung des Hufeisens, dessen erste Exemplare denn auch im britischen Colchester gefunden wurden. Sie sollen aus der Zeit kurz nach der römischen Eroberung stammen. Sie waren aus Eisen mit Stollen, um das Ausgleiten der Pferde zu verhindern, und sechs Nagellöchern. Zu dieser Zeit kannte man bereits die sogenannte Hipposandale, eine Art Schuh mit Eisen- oder z. B. in Japan mit einer Strohsohle, der unter den Huf geschoben und auf unterschiedliche Weise daran befestigt wurde. Allerdings war keine dieser Sandalen ideal, weil sie sich nur schwer den Hufen verschiedener Pferde anpassen ließen. Auch eine sichere Anbringung bereitete Schwierigkeiten: Entweder gingen diese Schuhe verloren oder sie übten einen zu starken Druck auf den Huf aus, so daß man sie oftmals wieder entfernen mußte, um dem Pferd Erleichterung zu verschaffen.

Sattel und Zaumzeug heute

Der englische Sattel

Der heute übliche englische Sattel basiert auf dem im ausgehenden 17. Jahrhundert in England verwendeten Jagdsattel. Aus der Erkenntnis, daß weder die Rückenwirbel noch der Widerrist von Teilen des Sattels berührt werden darf – will man Verletzungen verhindern –, wurde der Sattelbaum entwickelt, der aus Holz, Eisen, Stahl oder Kunststoff bestehen kann und mit gepolstertem Leder überzogen ist. Er verbindet die beidseitig der Wirbelsäule aufliegenden, gepolsterten Elemente fest miteinander. In Länge, Breite und Widerristfreiheit muß er an das Pferd und die Figur des Reiters angepaßt werden. Außerdem erfordern unterschiedliche Verwendungszwecke auch verschiedene Sattelformen.

Bei den im heutigen Reitsport verwendeten Sätteln unterscheidet man drei Gebrauchszwecke: Dressur, Springen und Vielseitigkeit.

So hat ein **Dressursattel** wegen des gestreckten Reitersitzes lange (an die Länge des Reiterbeines angepaßte) Sattelblätter ohne, oder mit nur ganz geringer Polsterung (Pauschen) vor und hinter der Knielage. Der **Springsattel** besitzt ein weit nach vorn gezogenes Sattelblatt. Da die Steigbügel zum Springen kürzer geschnallt werden, liegen damit auch die Knie höher und weiter vorn als im Dressursitz mit lang nach

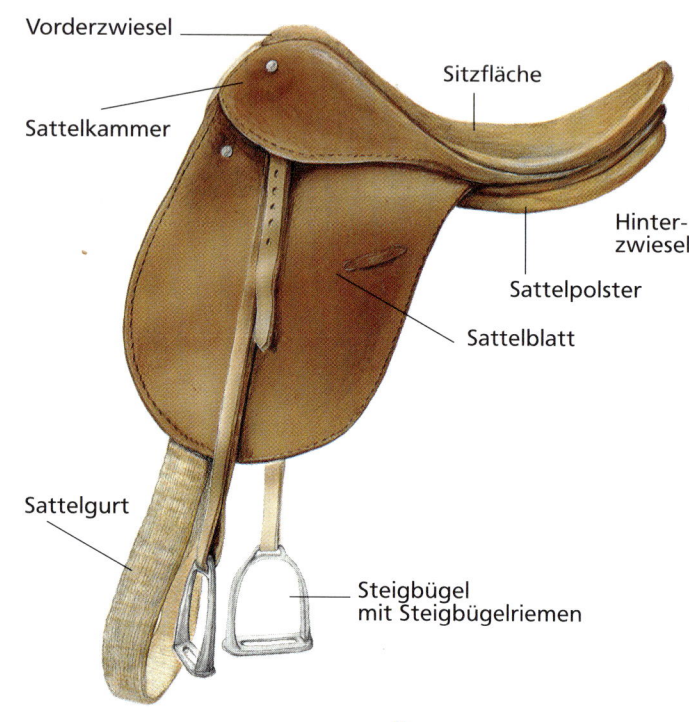

Dressursattel

Vorderzwiesel

Sattelkammer

Sitzfläche

Hinterzwiesel

Sattelpolster

Sattelblatt

Sattelgurt

Steigbügel
mit Steigbügelriemen

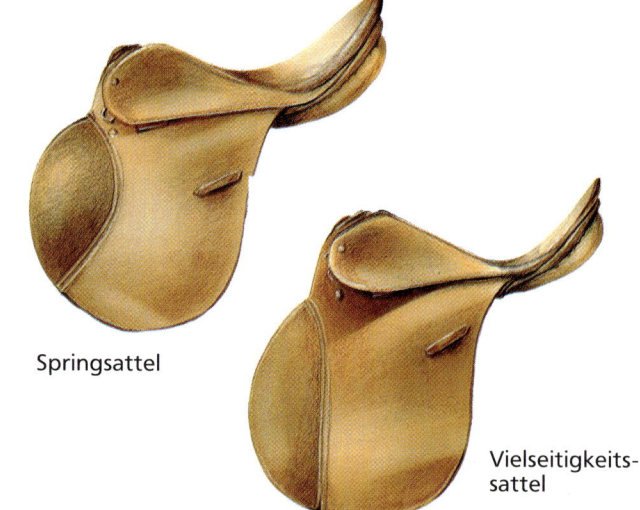

Springsattel

Vielseitigkeitssattel

unten gestrecktem Bein. Zum besseren Halt des Beines am Sattel werden vor und oft auch hinter dem Knie starke Polster (Pauschen) angebracht.
Ein Mittelding zwischen dem Dressur- und Springsattel ist der **Vielseitigkeitssattel.** Er hat ein etwas vorgezogenes Sattelblatt mit leichten Sattelpauschen.

Der Westernsattel

Neben dem englischen wird auch in Europa bei den Freizeitreitern der in Amerika benutzte Westernsattel immer beliebter. Seine Form erinnert noch heute stark an die des mittelalterlichen Rittersattels. Die damals gebräuchliche Vorderstütze ist heute in der Regel nicht mehr so hoch, hat dafür aber ein Sattelhorn, das zum Aufhängen, Festhalten und Festzurren des Lassos beim Rinderfangen dient. Auch die hintere Sattelstütze existiert noch in unterschiedlicher Höhe (je nach Verwendungszweck des Sattels) und soll verhindern, daß der Reiter nach hinten vom Pferd gedrückt wird (etwa bei Lanzenturnieren).
Der Aufbau des Westernsattels basiert darauf, Wirbelsäule und Widerrist unberührt zu lassen und dafür die Seiten zu belasten. Im Vergleich zum englischen Sattel ist die Auflagefläche des Westernsattels länger und damit für das Pferd entlastender.

Das Sattelzubehör

Zu allen Sätteln gehören zwei **Steigbügel** mit **Steigbügelriemen,** die in ihrer Größe und Länge auf das Reiterbein abgestimmt werden müssen. Eine an die Größe des Sattels angepaßte **Sattelunterlage** (aus verschiedenen Materialien wie Leder, Fell, Filz oder Baumwolle) und ein dem Bauchumfang des Pferdes entsprechender **Sattelgurt** vervollständigen das Sattelzubehör.

Die Zäumung

Jede Zäumung hat den Sinn, über das Pferdemaul auf das Pferd einzuwirken. Dies kann mit verschiedenen Hilfsmitteln in unterschiedlicher Stärke erreicht werden. Aus der Vielzahl von möglichen Gebißstücken und Zäumungsarten haben sich zwei besonders durchgesetzt: Die Trense mit einmal gebrochenem und die Kandare mit ungebrochenem Gebißstück.

Die Trense

Bei der in Europa üblichen englischen Reitweise empfiehlt sich für den täglichen Gebrauch die einfache Trense mit möglichst dickem, maulschonendem, einmal gebrochenem Gebißstück. Hierbei stehen verschiedene Formen zur Verfügung, die unterschiedliche Wirkung auf das Pferdemaul haben. So muß jedes Gebißstück für das jeweilige Pferdemaul besonders ausgewählt und daran angepaßt werden, um die gewünschte Wirkung zu erzielen. Auch die übrigen Teile des Zaumzeugs, wie *Kopfstück, Backenstücke, Stirn-*

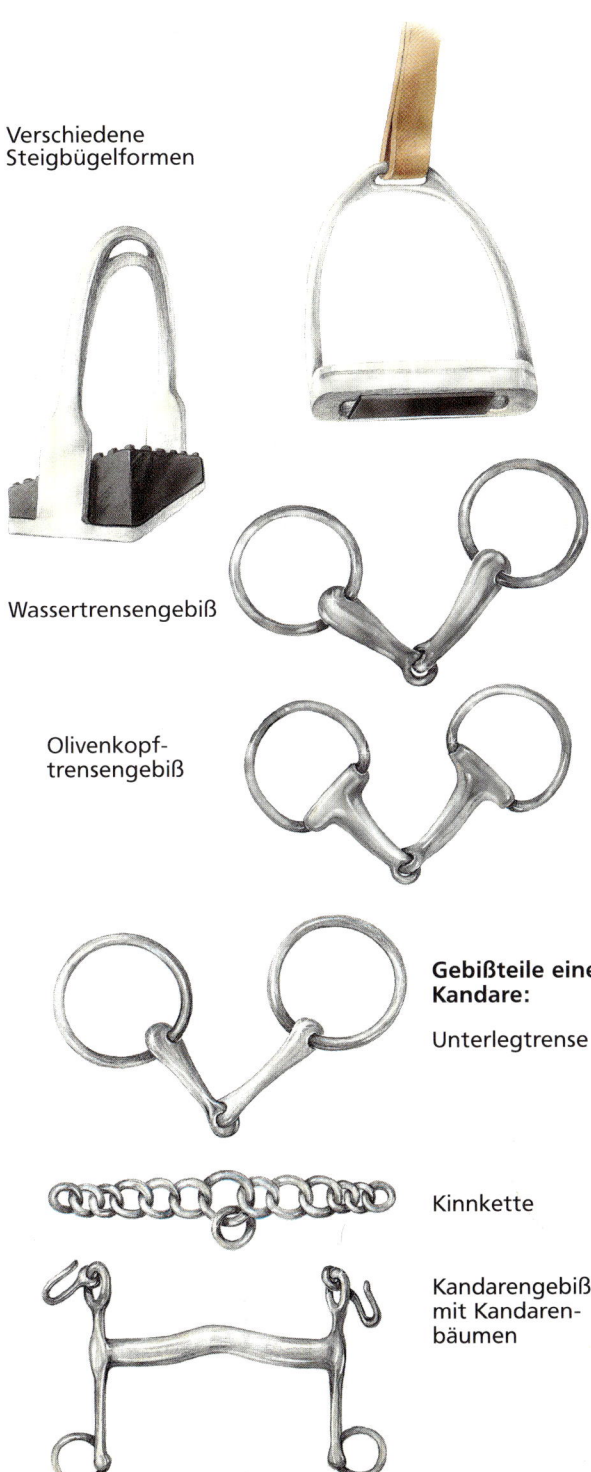

Verschiedene Steigbügelformen

Wassertrensengebiß

Olivenkopftrensengebiß

Gebißteile einer Kandare:

Unterlegtrense

Kinnkette

Kandarengebiß mit Kandarenbäumen

band und *Reithalfter,* müssen an die Kopfgröße des Pferdes angepaßt sein und entsprechend verschnallt werden. Nur die *Trensenzügel* haben eine genormte Länge und werden zur Komplettierung der Trense in den Gebißringen verschnallt.

Die Kandare

Sie kommt erst bei fortgeschrittener Ausbildung (ab Dressur Klasse L) von Pferd und Reiter zum Einsatz. Sowohl äußerlich als auch im Effekt unterscheidet sie sich wesentlich von der Trense. Das ungebrochene Kandarengebiß wirkt zusammen mit der geschlossenen Kinnkette und Hebelwirkung der Kandarenbäume sehr viel schärfer auf das Pferdemaul als die einfache Trense.

Das Hackamore

Ursprünglich aus Mexiko kommt als Zäumung, die in Europa weniger bekannt ist, auch das Hackamore zum Einsatz. Hierbei handelt es sich um eine gebißlose Zäumung, wobei die Einwirkung durch Hebeldruck auf das Nasenbein des Pferdes entsteht.

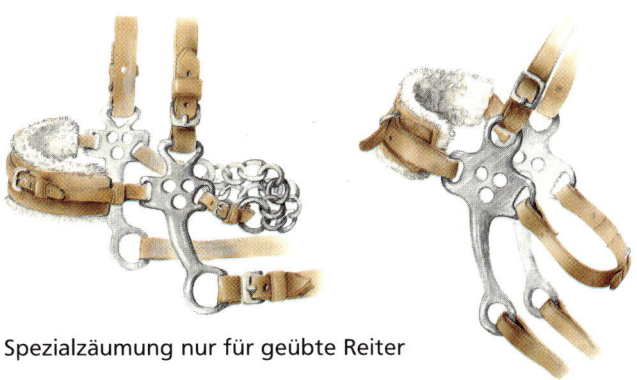

Spezialzäumung nur für geübte Reiter

Haarfarben und Abzeichen

Das Haar

Das Deckhaar

Das sogenannte Deckhaar bedeckt die Haut des gesamten Pferdekörpers. Sehr fein ist die Behaarung um die Augenlider und die Nüstern herum, an der oberen Innenseite der Hinterbeine und an den Geschlechtsteilen. Das übrige Haarkleid ist wesentlich dichter und fällt je nach Rasse, Unterbringung, Pflege-, Futter- und Gesundheitszustand des Pferdes unterschiedlich aus.

Das Deckhaar wirkt in seiner ziegelartigen Anordnung schräg zur Haut wasserabweisend und bietet ausreichenden Wind- und Kälteschutz. Im Frühjahr und im Herbst wechselt das Pferd sein Deckhaar.

Das *Sommerhaar* ist bei einem gesunden Pferd fein, kurz und glänzend.

Das *Winterhaar* ist dagegen länger, dichter und etwas stumpfer.

Das Langhaar

Das Mähnen- und Schweifhaar des Pferdes wird als Langhaar bezeichnet. Es ist besonders stark ausgebildet und unterliegt ebenso wie die Wimpern und Tasthaare im Augen- und Maulbereich nicht dem Fellwechsel.

Die Haarfarben

Die Haarfarbe hat keinen oder nur sehr geringen Einfluß auf den Gebrauchswert eines Pferdes und sagt nichts über seine sonstigen Qualitäten aus, aber sie stellt ein wichtiges Unterscheidungsmerkmal dar. Allerdings gibt es Rassen, bei denen ganz bestimmte Farben für die Weiterzucht bevorzugt werden. In jüngerer Zeit werden sogar reine Farbrassen, wie Palominos, gezüchtet und als eigenständige Rassen anerkannt.

Das Fell der Urwildpferde war mausgrau bis gelblichbraun. An der Wurzel waren die Haare heller und an den Spitzen dunkler. Unsere heutige Vielfalt an Farbnuancen verdanken wir der Zuchtauswahl.

Als **Grundhaarfarben** bezeichnet man Rappen, Schimmel, Füchse und Braune.

Daneben kennt man noch eine Reihe von **Farbstellungen,** wie Isabellen, Falben, Schecken und Tiger.

Bei Braunen, Füchsen und Schimmeln gibt es Farbabstufungen innerhalb ihrer Grundfarbe, man spricht in solchen Fällen von Hell-, Dunkel- oder Schwarzbraunen, Licht-, Kohl- oder Dunkelfüchsen oder Apfel-, Forellen-, Fliegen-, Eisen-, Braun-, Fuchs- oder Rappschimmeln.

Die Grundhaarfarben

Rappen sind Pferde, deren Deck-, Mähnen- und Schweifhaar schwarz ist. Man nennt sie **Sommerrappen,** wenn ihr Haarkleid nur im Sommer tiefschwarz ist, im Winter aber schwarzbraun.

Schimmel werden stets dunkel, als Braun-, Fuchs- oder Rappschimmel geboren. Mit jedem Haarwechsel zeichnet sich die Schimmelfarbe deutlicher ab, bis sie im Alter von ungefähr 10 Jahren voll ausgeprägt ist. Dabei können sich kleinere oder größere dunkle Flecken über den ganzen Körper verteilt zeigen, dann spricht man von Apfel-, Forellen- oder Fliegenschimmeln.

Pferde, die von Geburt an weiß sind, bezeichnet man als *Albinos.*

Die Deckhaarfarbe der **Füchse** kann von ganz hell bis dunkel differieren. Ihr Mähnen- und Schweifhaar ist immer gleichfarbig.

Das Deckhaar der **Braunen** reicht von hell- bis schwarzbraun bei immer schwarzem Langhaar, das heißt, Mähne und Schweif sind schwarz, meist auch die Beine.

Haben Braune, Füchse und Rappen über den ganzen Körper verteilt weiße Haare eingestreut, nennt man sie **stichelhaarig.**

Die Abzeichen

Die Farbstellungen

Isabellen sind cremefarben und haben eine gleichfarbige, hellere oder weiße Mähne und einen ebensolchen Schweif.

Das Haarkleid der **Falben** ist dem der Urwildpferde am ähnlichsten: die Farbtöne reichen von Grau über Braun bis Gelblich-Cremefarben mit schwarzem Mähnen- und Schweifhaar. Ein schwarzer Strich (Aalstrich) zieht sich von der Mähne über das Rückgrat bis in die Schweifrübe. Die Beine sind schwarz und oft zebraartig gestreift.

Abzeichen am Kopf

Stern

Schnippe

durchgehende Blesse

Mehlmaul

Laterne

Abzeichen an den Beinen

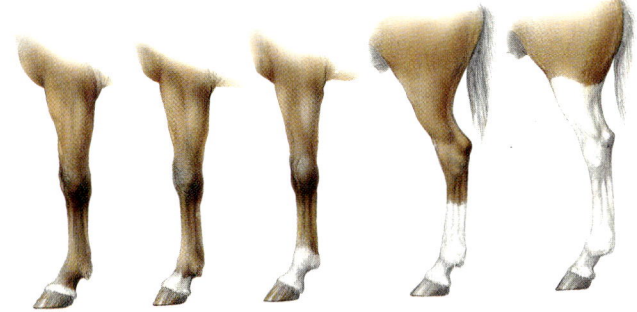

weiße Krone | weiße Fessel | halbweißer Fuß | weißer Fuß | hochweißer Fuß

Schecken sind Pferde, die über den ganzen Körper verstreut unterschiedlich große, unregelmäßige, andersfarbige Flecken aufweisen. Ist die Grundfarbe Weiß, können diese Flecken entweder nur schwarz oder nur braun oder schwarz und braun sein. Bei dunkler Grundfarbe sind sie immer weiß.

Als **Tiger** bezeichnet man Pferde, die – ausgehend von einer dunklen Grundfarbe –, kleine bis handtellergroße, runde oder ovale weiße Flecken über den ganzen Körper verteilt aufweisen. Bei heller Grundfarbe sind dies andersfarbige Flecken. Auch **Appaloosas** können getigert sein oder auch nur andersfarbige Flecken über dem hinteren Teil (Schabracke) haben. Wenn gar keine sichtbaren Flecken vorhanden sind, müssen wenigstens Augen, Nüstern und/oder Geschlechtsteile Appaloosamerkmale aufweisen.

Die Abzeichen

Angeborene weiße Fellflecken von verschiedener Form und Größe am Kopf und/oder an den Beinen eines Pferdes nennt man Abzeichen. Die Haut unter diesen Abzeichen ist immer rosafarben, also unpigmentiert. Weiße Stellen am Körper eines Pferdes (am häufigsten in der Sattellage), die im Laufe des Lebens durch Verletzungen entstanden sind, zählen dagegen nicht zu den Abzeichen. Die Haut unter diesen Verletzungsstellen ist nie rosa, sondern in der gleichen Färbung wie der Rest des Fells, also pigmentiert. Abzeichen werden vererbt, das heißt, man findet sie in gleicher oder ähnlicher Form häufig bei einem Elternteil wieder. Es handelt sich hierbei um unveränderliche Merkmale eines Pferdes, die für die Identifikation wichtig sind.

Je nach ihrer Form werden weiße Abzeichen auf der Stirn zum Beispiel als Flocke, Stern, Blume, Flämmchen oder Keil bezeichnet. Reicht ein weißer Streifen von der Stirn bis zur Lippe, spricht man von einer Blesse. Diese Blesse kann in verschiedener Größe und Form auftreten, etwa als breite Blesse. Eine Blesse, die sich über die Augenpartie erstreckt, nennt man Laterne. Ein weißer Fleck auf der Oberlippe ist eine Schnippe. Ist das Maul weiß, spricht man von einem Mehlmaul, ist es fleischfarben, nennt man es Krötenmaul.

Bei den Abzeichen der Gliedmaßen unterscheidet man je nach Höhe den weißen Ballen oder die weiße Krone, halbweiße oder weiße Fessel, halbweißen oder weißen Fuß oder – wenn die Abzeichen bis über das Vorderfußwurzelgelenk bzw. das Sprunggelenk reichen – hochweißen Fuß.

Der Körperbau

Im Laufe der Entwicklung des Pferdes vom laubfressenden Waldbewohner zum schnellen Steppentier war der Körperbau einer starken Veränderung unterworfen.

Die Tatsache, daß auch geringwertiges Futter für die Weiterverarbeitung im Körper vorbereitet werden mußte, machte einen kräftigen Kauapparat notwendig, der wiederum eine Vergrößerung des Kopfes bedingte. Außerdem vergrößerte sich auch der Verdauungsapparat dieses reinen Pflanzenfressers; mit 40 m ist die Länge des Darmes nun beträchtlich. Der Magen ist allerdings relativ klein, da der Gärungsprozeß im Darm stattfindet.

Pferde verfügen über ein sehr leistungsfähiges Herz mit einem Gewicht von 2,5 kg, bei Vollblütern bis 5 kg. Auch die Lunge ist mit einer inneren Oberfläche von ca. 2500 m^2 bei einem Warmblüter gemessen an der des Menschen (150 m^2) überaus leistungsstark.

Die an das Hinterhaupt des Pferdes anschließende Wirbelsäule besteht aus sieben gut beweglichen Halswirbeln, daran anschließend 18 Brustwirbel, sechs Lendenwirbeln, fünf Kreuzbeinwirbeln und 18–21 ebenfalls gut beweglichen Schweifwirbeln. Die beweglichen Hals- und Schweifwirbel benötigt das Pferd zum Ausbalancieren sowohl des eigenen Gewichtes als auch des zusätzlichen Reitergewichtes.

Aus der Form der Halswirbel, ihrer Beweglichkeit sowie der Art und Weise, wie sie aufeinandersitzen und an die Brustwirbel angesetzt sind, ergeben sich die verschiedenen Halsformen mit den entsprechenden Vor- und Nachteilen für den Reiter (siehe Seite 21). Den Übergang der Halswirbel in die Brustwirbel bildet den Widerrist. Die Stellung der ersten acht Brustwirbel, ihre Länge und Stärke, bestimmen die Form des Widerrists. Diese Brustwirbel sind mit ihrem unteren Ende fest mit dem Brustbein verwachsen. Man nennt sie deshalb *echte* Rippen im Gegensatz zu den übrigen zehn Rippen, die als *falsche* Rippen bezeichnet werden, weil sie nicht mehr mit dem Brustbein verwachsen, sondern nur noch durch Knorpelbänder untereinander verbunden sind. Allerdings sind es die falschen Rippen, die durch ihre Beweglichkeit die Ausdehnung des Brustkorbes ermöglichen.

Sind die Rippenpaare gut gewölbt und stehen sie weit auseinander, dann bieten sie allen inneren Organen genügend Platz und ausreichenden Schutz. Bei zu flacher Rippenwölbung wird der Brustkorb eingeengt und dadurch die Leistungsfähigkeit der inneren Organe beeinträchtigt.

Die Festigkeit des Rückens wird von der Länge und Schräge der Brust-, Lenden- und Kreuzwirbel bestimmt. Je nachdem, ob sie gerade, nach oben oder nach unten gewölbt aneinandersitzen, ergeben sich die verschiedenen Rückenformen.

Das kräftige Schulterblatt wird durch das Buggelenk mit dem Oberarmbein verbunden. Die Stellung des Schulterblattes zum Oberarmbein entscheidet über den Raumgriff des Vorderbeines und damit auch über eine weiche oder harte Federung der Vorhand.

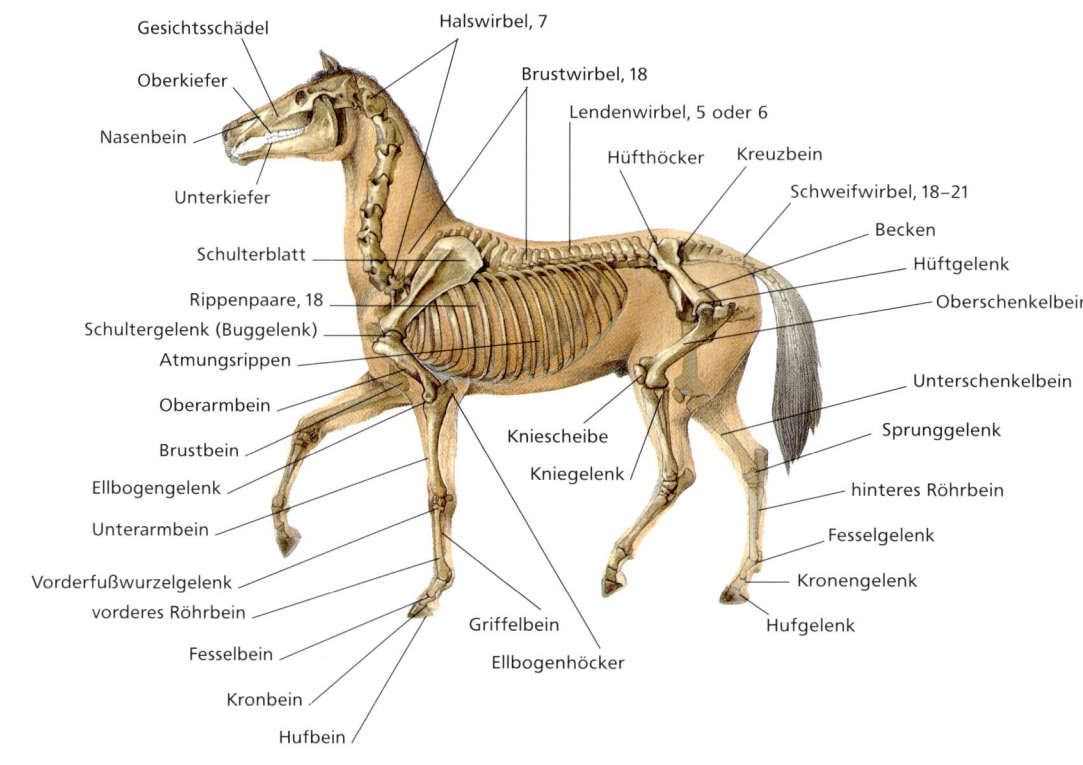

Gesichtsschädel
Oberkiefer
Nasenbein
Unterkiefer
Schulterblatt
Rippenpaare, 18
Schultergelenk (Buggelenk)
Atmungsrippen
Oberarmbein
Brustbein
Ellbogengelenk
Unterarmbein
Vorderfußwurzelgelenk
vorderes Röhrbein
Fesselbein
Kronbein
Hufbein
Griffelbein
Ellbogenhöcker
Kniescheibe
Kniegelenk
Halswirbel, 7
Brustwirbel, 18
Lendenwirbel, 5 oder 6
Hüfthöcker
Kreuzbein
Schweifwirbel, 18–21
Becken
Hüftgelenk
Oberschenkelbein
Unterschenkelbein
Sprunggelenk
hinteres Röhrbein
Fesselgelenk
Kronengelenk
Hufgelenk

Der Rahmen

Die Formate

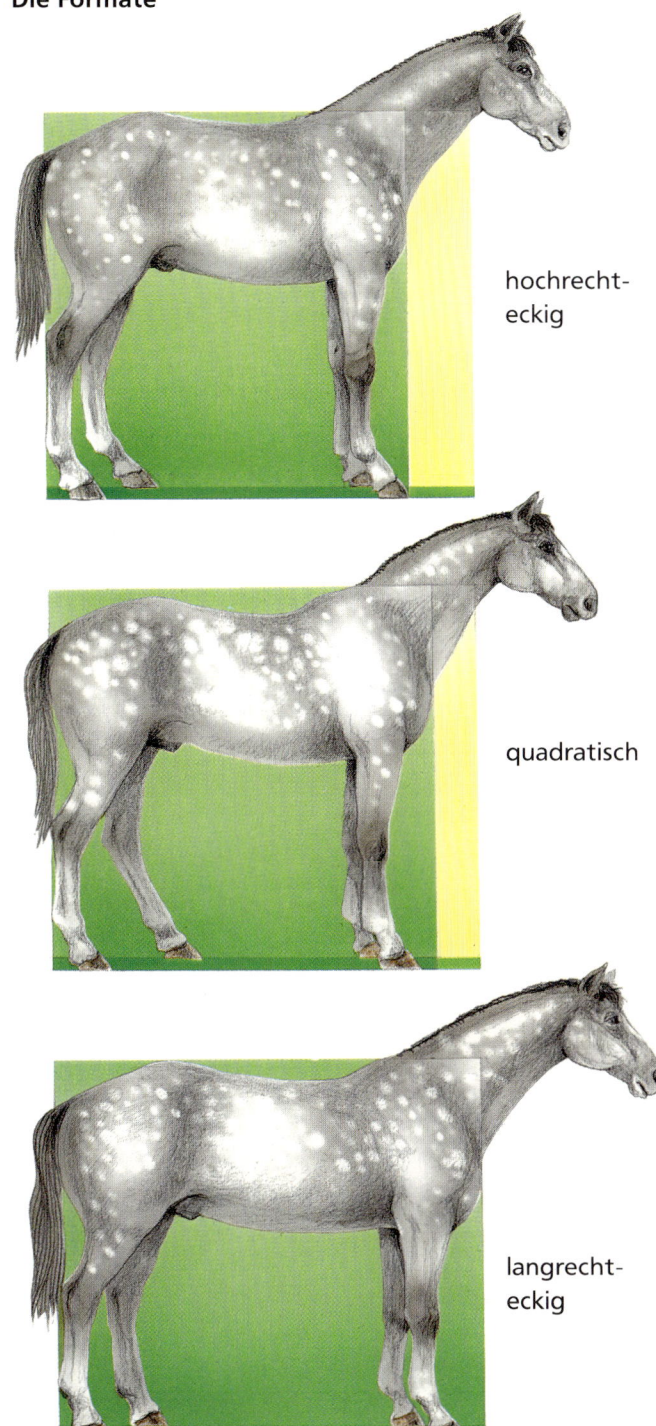

hochrecht-
eckig

quadratisch

langrecht-
eckig

Stehen diese beiden Knochen in einem rechten oder gar stumpfen Winkel zueinander, dann ist der Raumgriff der Vorhand ausgezeichnet und entsprechend auch die Abfederung weich. Bilden beide Gelenke einen spitzen Winkel, dann ist der Raumgriff gering und die Federung entsprechend hart.

Gleichbedeutend ist die Winkelung des Fesselbeines im Verhältnis zum Kron- und Hufbein. Eine steile Fesselung hat harte, wenig federnde Gänge zur Folge, bei schräger (ca. 45°) Fesselung sind die Gänge weich und federnd.

Das Knochengerüst des Pferdes, bestehend aus den Knochen des Kopfes, des Rumpfes und der Gliedmaßen, wird durch eine Vielzahl von Sehnen, Muskeln und Bändern zusammengehalten. Dabei kommt der Bemuskelung besondere Bedeutung zu, weil sie die Vorwärtsbewegung beeinflußt. Nur eine kräftig ausgebildete Muskulatur in Verbindung mit klaren Sehnen und Bändern läßt eine schnelle Beschleunigung und ein Durchhalten in hohem Tempo über längere Zeit hinweg zu.

Das Format

Das Format eines Pferdes resultiert aus der Höhe des Widerrists im Verhältnis zur Länge des Rumpfes. Dabei bestimmt die Länge der Brust-, Lenden- und Kreuzwirbel die Länge des Rückens. Kurze Rückenwirbel ergeben ein Pferd im Quadratformat (Araber), lange Wirbel langrechteckige Pferde, und kommen kurze Wirbel mit sehr langen Beinen zusammen, werden die Tiere hochrechteckig.

Häufig beeinflussen Rasse und Geschlecht das Format eines Pferdes. Zwar stehen die meisten Rassen im langrechteckigen Format, aber unter den orientalischen gibt es im Verhältnis mehr quadratische Formate als bei den übrigen Rassen.

Hengste sind eher quadratisch, Stuten hingegen meistens langrechteckig und Wallache häufig hochrechteckig.

Das Kaliber

Will man das Kaliber eines Pferdes beurteilen, so muß man das Gewicht in Relation zur Widerristhöhe setzen. Wenig Kaliber haben also leichte Pferde, die dabei relativ groß sind, viel Kaliber solche, die bei massigem Körperbau nicht zu groß sind. Dabei muß die Höhe des Widerrists relativ gesehen werden, so daß ein Pony durchaus mehr Kaliber haben kann als ein Pferd.

Der Rahmen

Um den Rahmen eines Pferdes zu bestimmen, werden die Proportionen einzelner Körperteile im Verhältnis zueinander gesehen, wie zum Beispiel Länge zu Breite oder Vorhand zu Hinterhand.

Rahmig nennt man also Pferde, deren Hals und Schulter lang, deren Brust tief und deren Kruppe breit und lang ist. Auch hier ist das Maß relativ zu sehen, so daß ein Pony durchaus mehr Rahmen haben kann als ein Kaltblutpferd.

Die Beurteilung des Pferdes

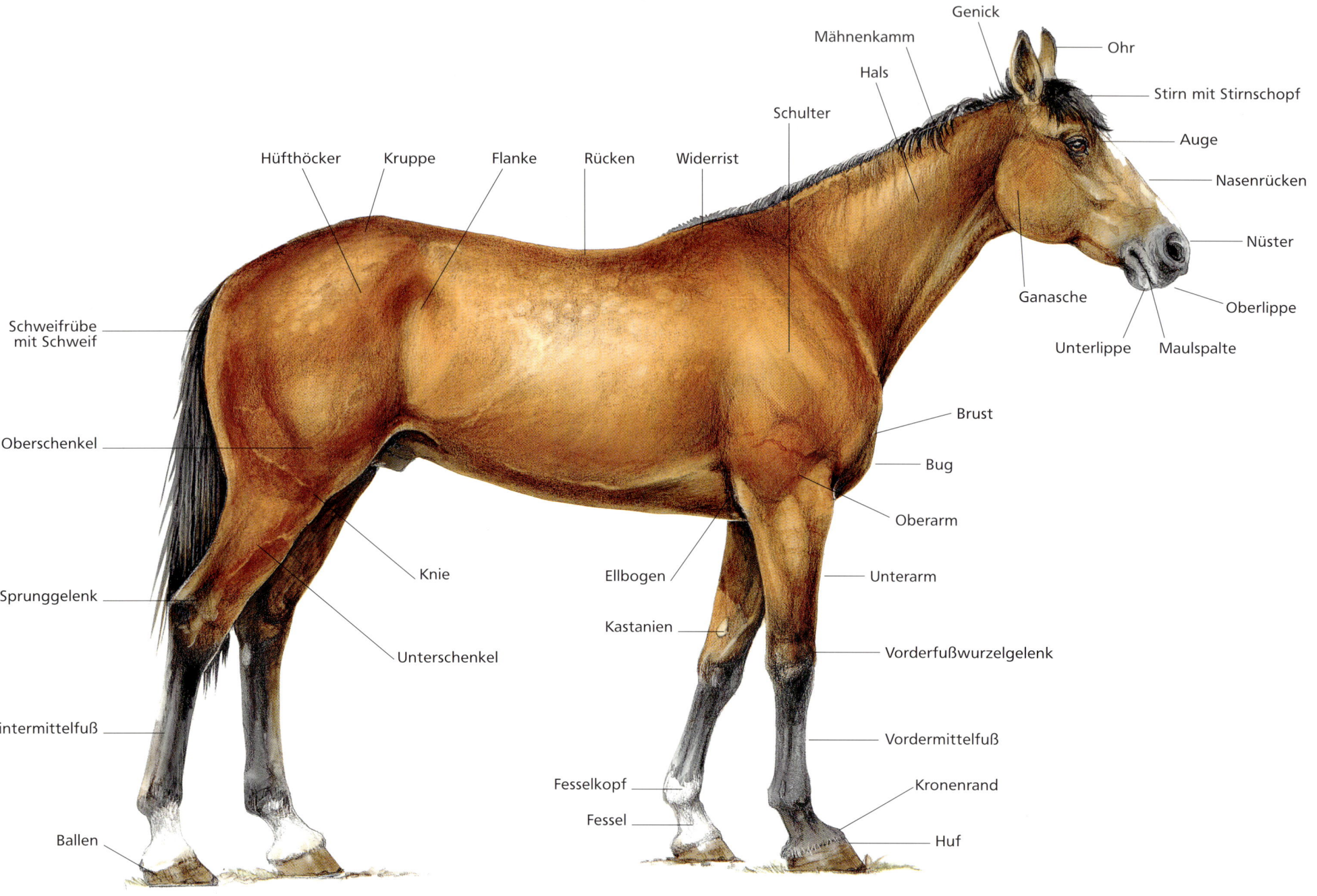

Genick

Mähnenkamm

Hals

Ohr

Stirn mit Stirnschopf

Schulter

Auge

Hüfthöcker

Kruppe

Flanke

Rücken

Widerrist

Nasenrücken

Nüster

Ganasche

Oberlippe

Schweifrübe mit Schweif

Unterlippe

Maulspalte

Oberschenkel

Brust

Bug

Oberarm

Knie

Ellbogen

Unterarm

Sprunggelenk

Kastanien

Vorderfußwurzelgelenk

Unterschenkel

Hintermittelfuß

Vordermittelfuß

Fesselkopf

Kronenrand

Fessel

Ballen

Huf

Die Kopfformen

Keilkopf

Allgemeine Bewertung

Dazu betrachtet man als erstes das Gebäude, wobei bei einem Dressurpferd andere Kriterien maßgebend sind als bei einem Spring- oder Freizeitpferd. Allerdings sollten alle Pferde über bestimmte Grundproportionen verfügen, die die mechanischen Grundlagen für Kraft, Schnelligkeit und Ausdauer bilden. Aber nicht nur diese Grundproportionen sind ausschlaggebend, sondern es gibt einerseits eine Vielzahl körperlicher Mängel, die negativ auf die Leistungsfähigkeit wirken können, andererseits aber auch häufig gute Eigenschaften, die schlechte mehr als wettmachen können. Da ein gänzlich fehlerfreies Pferd kaum zu finden sein wird, muß man die Fehler in ihrer Bedeutung für den Gebrauchswert sehen.

Neben den äußerlich sichtbaren Eigenschaften ist allerdings die innere Leistungsbereitschaft von ganz entscheidender Bedeutung. Ohne Leistungsbereitschaft ist selbst das äußerlich vollkommenste Pferd nichts wert. Dagegen vermag ein mit äußerlichen Fehlern behaftetes Tier aufgrund absoluter Leistungsbereitschaft die vorhandenen Mängel oft mehr als auszugleichen.

Beurteilung nach dem Exterieur

Der **Kopf** eines Pferdes kann in Form, Größe und Ausdruck bereits Aufschluß über Geschlecht, Rasse, Charakter, Temperament und Gesundheitszustand geben.

In seiner Größe soll der Kopf harmonisch zur Gesamterscheinung passen, er soll trocken und ausdrucksstark sein. Der Gesichtsausdruck sollte freundlich, die Stirn breit, die Ohren fein, dünn und beweglich, das Auge groß, glänzend und furchtlos sein. Der Augenausdruck und das Ohrenspiel können Aufschluß über Gesundheitszustand, Temperament und Charakter geben.

Die **Zähne** sind im Laufe eines Pferdelebens Veränderungen unterworfen, anhand derer man das ungefähre Alter des Tieres bestimmen kann (s. Abb. Seite 22). Erst mit viereinhalb Jahren verfügt das Pferd über sein vollständiges Gebiß, das sind bei männlichen Pferden 40, bei weiblichen nur 36 Zähne, weil die vier Hakenzähne fehlen.

Der **Hals** wird auch als Balancierstange des Pferdes bezeichnet. Man wünscht ihn sich lang und gut bemuskelt. Im Übergang zum Kopf sollte er leicht und fein, im Übergang zum Rumpf breit und kräftig, aber nicht zu tief angesetzt sein. Zu kurze und schlecht angesetzte Hälse bereiten dem Reiter Schwierigkeiten bei der Beizäumung. Die Halsoberseite sollte muskulöser und länger sein als die Halsunterseite. Eine ungünstige oder schwache Bemuskelung kann durch korrekte reiterliche Einwirkung (Training) verbessert werden (Abb. der Halsformen s. Seite 22).

Ramskopf

Hechtkopf

Die Beurteilung des Pferdes

Die Halsformen

normaler Hals

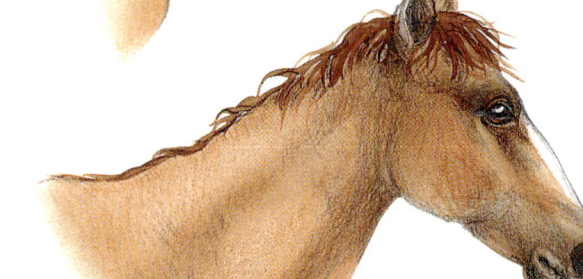

Hirschhals

Schwanenhals

Den **Widerrist** wünscht man sich möglichst lang, breit, ausgeprägt und kräftig bemuskelt, weil er dann weniger anfällig für Verletzungen ist und eine gute Sattellage ergibt, ein wenig markierter Widerrist läßt den Sattel leicht seitlich verrutschen.

Die **Schulter** soll möglichst lang, schräg und gut bemuskelt sein. Durch ihre Lage bestimmt sie den Raumgriff des Vorderbeines. Eine steile Schulter, die einen spitzen Winkel zum Oberarm bildet, begrenzt das Vortreten der Vorhand. Dies ist ein Nachteil für ein Dressurpferd, aber zum Beispiel bei einem Zugpferd von Vorteil, weil es die Zugkraft erhöht; denn das Pferd kommt mit schnellen, aber kurzen Tritten voran. Eine recht- oder sogar stumpfwinklige Stellung der Schulter zum Oberarm ermöglicht dagegen schöne, ausgreifende Bewegungen der Vorhand.

Eine breite und tiefe **Brust,** die den inneren Organen genügend Raum bietet, ist in jedem Fall günstig.

Der **Rücken** soll nicht zu lang, aber kräftig bemuskelt sein und in einer harmonischen Linie verlaufen, damit der Sattel gut aufliegt, der Reiter gut sitzt und auch die Beizäumung nicht (durch einen zu langen Rükken) erschwert wird.

Fehlerhafte Rückenformen sind Senk- und Karpfenrücken. Senkrückige Pferde verfügen in der Regel über sehr weiche Gänge und lassen den Reiter deshalb angenehm sitzen. Auch kann diese Schwäche häufig durch eine gute Muskulatur wettgemacht werden.

Sehr unangenehm ist dagegen das Sitzen auf einem nach oben gewölbten Karpfenrücken.

Die **Nierenpartie** sollte möglichst kurz, breit und kräftig bemuskelt sein. Die hinter den Rippen, vor der Hüfte liegenden Flanken wünscht man sich kurz und

Das Gebiß

1 = Zangen ⎫
2 = Mittelzähne ⎬ Schneide-
3 = Eckzähne ⎭ zähne
H = Hakenzähne
P 1–3 = vordere Backenzähne (Prämolaren)
M 1–3 = hintere Backenzähne (Molaren)

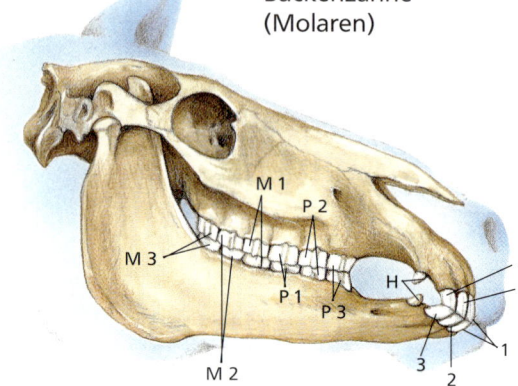

Veränderungen der Kauflächen der unteren Schneidezähne und des Einbisses im Laufe eines Pferdelebens

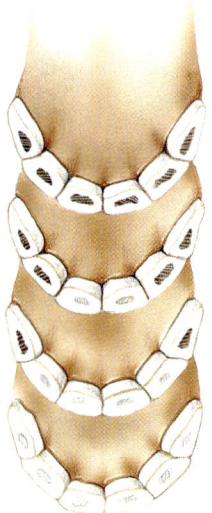

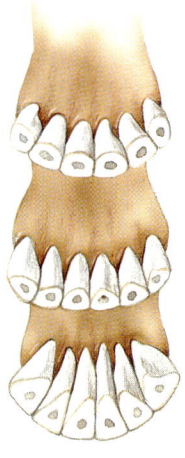

Die allmähliche Abnutzung der Kaufläche vom 5. bis zum 8. Lebensjahr. Die Kunden (die dunklen Flächen in den Zähnen) schleifen sich bis zum Alter von 8 Jahren völlig ab

Die Entwicklung des Gebisses vom 12. bis zum 18. Lebensjahr. Die Kauflächen haben zunächst eine runde Form und verändern sich allmählich zu einer dreieckigen und schließlich zu einer längsovalen Form

Die Rückenformen

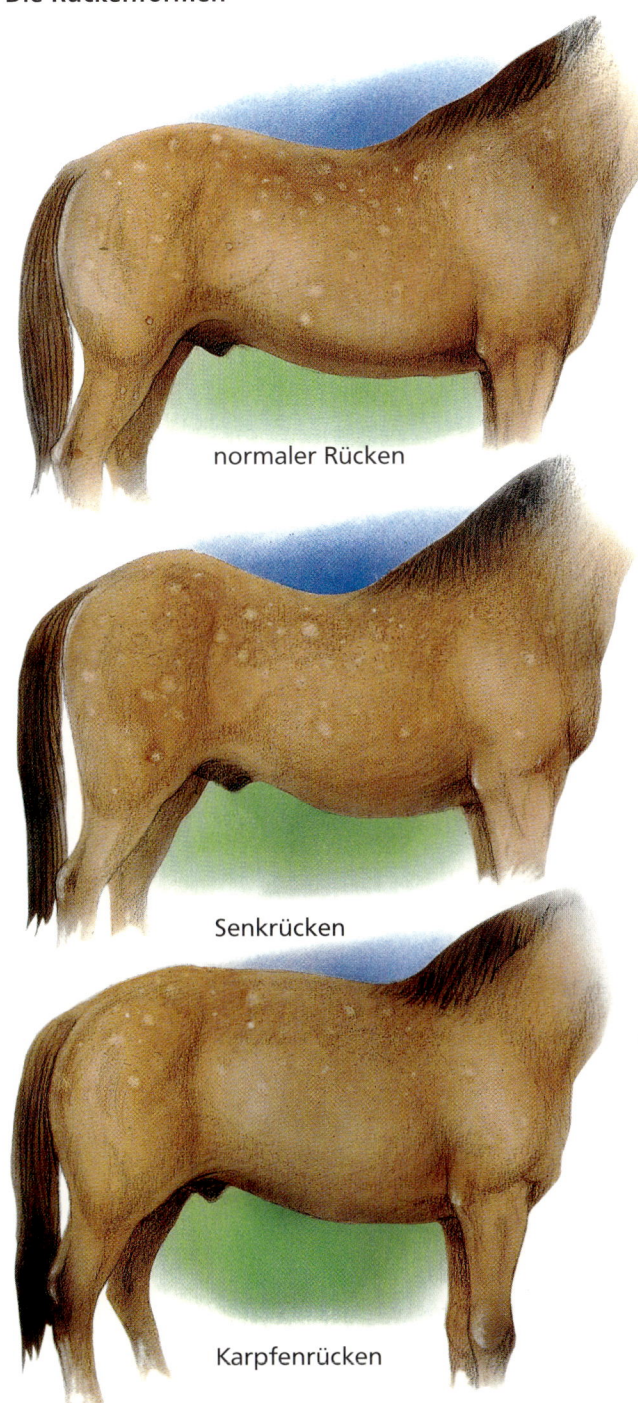

normaler Rücken

Senkrücken

Karpfenrücken

geschlossen. Gut gewölbte **Rippen**, die weit nach hinten gezogen sind und weit auseinanderstehen, bieten den inneren Organen viel Schutz und Platz.

Die Form der **Kruppe** wird stark von der Rasse bestimmt. Sie sollte aber nach Möglichkeit kräftig bemuskelt, lang und breit sein.

Der **Schweif** sollte eine kräftige Wurzel haben und gerade und möglichst hoch getragen werden. Der Schweifansatz liegt bei den einzelnen Rassen unterschiedlich hoch bzw. tief.

Gesund und korrekt gestellt werden die **Gliedmaßen** gewünscht. Ober- und Unterarmbein sollen möglichst lang und breit sein, die Bemuskelung des Unterarmes kräftig. Das Vorderfußwurzelgelenk (Karpalgelenk) sollte gerade und möglichst kräftig entwickelt sein, damit Muskeln und Sehnen gut ansitzen können. Fehlerhafte Stellungen sind hier Vor- oder Rückbiegigkeit. Bei angeborener Vorbiegigkeit kann auf große Widerstandsfähigkeit des gesamten Beines geschlossen werden, weil sie Sehnen und Bänder entlastet. Entsteht die Vorbiegigkeit erst im Laufe des Lebens, bedeutet das, daß sich Sehnen und Bänder gelockert haben und damit die Gebrauchsfähigkeit des Pferdes stark eingeschränkt wird.

Die Kruppenformen

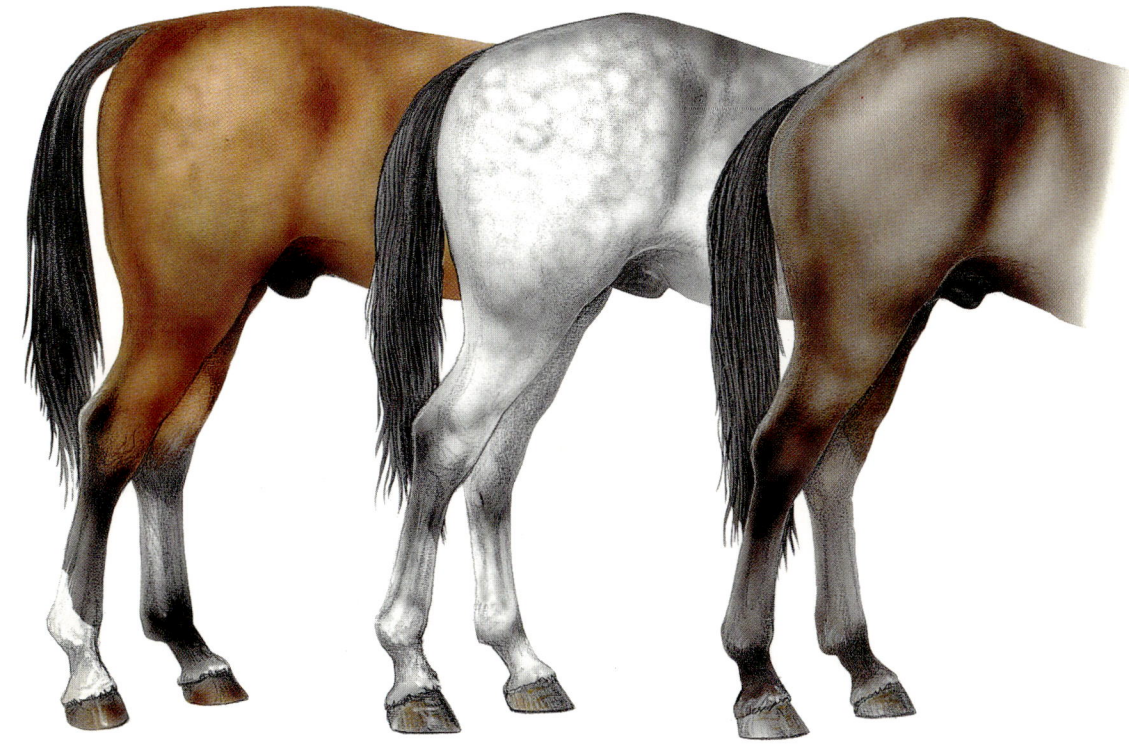

gerade Kruppe

leicht abschüssige Kruppe

stark abschüssige Kruppe

Vordergliedmaßen von vorn gesehen

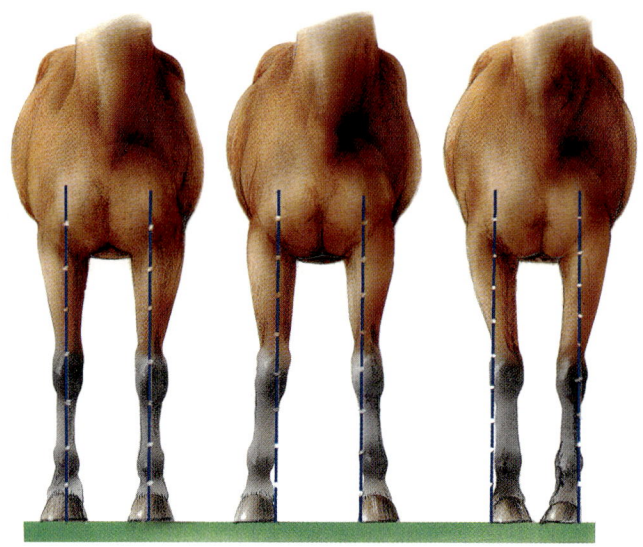

gerade   bodenweit   bodeneng

Die Rückbiegigkeit ist in jedem Fall äußerst nachteilig, weil Sehnen, Bänder und die Röhre auf Dauer zu stark belastet werden.

Das **Röhrbein** sollte möglichst kurz und kräftig sein (als kurz wird es bezeichnet, wenn es kürzer ist als das Oberarmbein), weil man davon ausgeht, daß es stabiler ist als ein langes, schlankes Röhrbein. Allerdings gibt es für diese Annahme keinen Beweis. Letztendlich macht die Knochendichte des jeweiligen Röhrbeins die Stabilität aus. Klar sichtbar sollen die Sehnen an der Rückseite der Röhre – durch eine Rinne vom Knochen getrennt – entlanglaufen.

Das **Fesselgelenk** sollte möglichst kräftig, breit und klar sein.

Die Huf- und Fesselformen

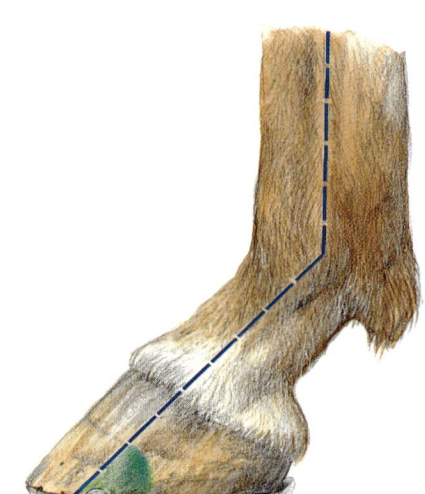

normal gewinkelte Fessel, normaler Huf

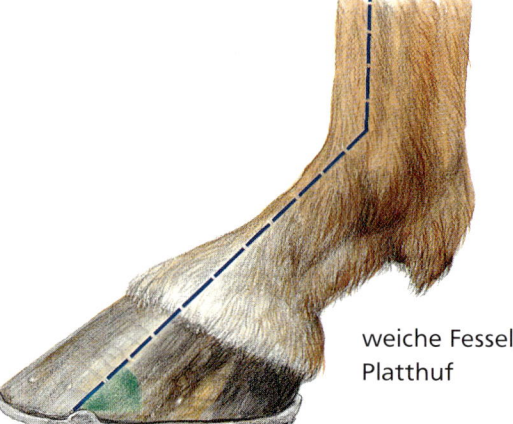

weiche Fessel, Platthuf

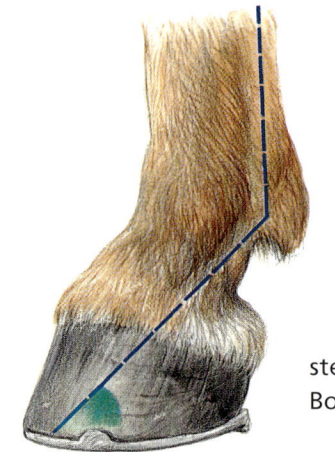

steile Fessel, Bockhuf

Vordergliedmaßen von der Seite gesehen

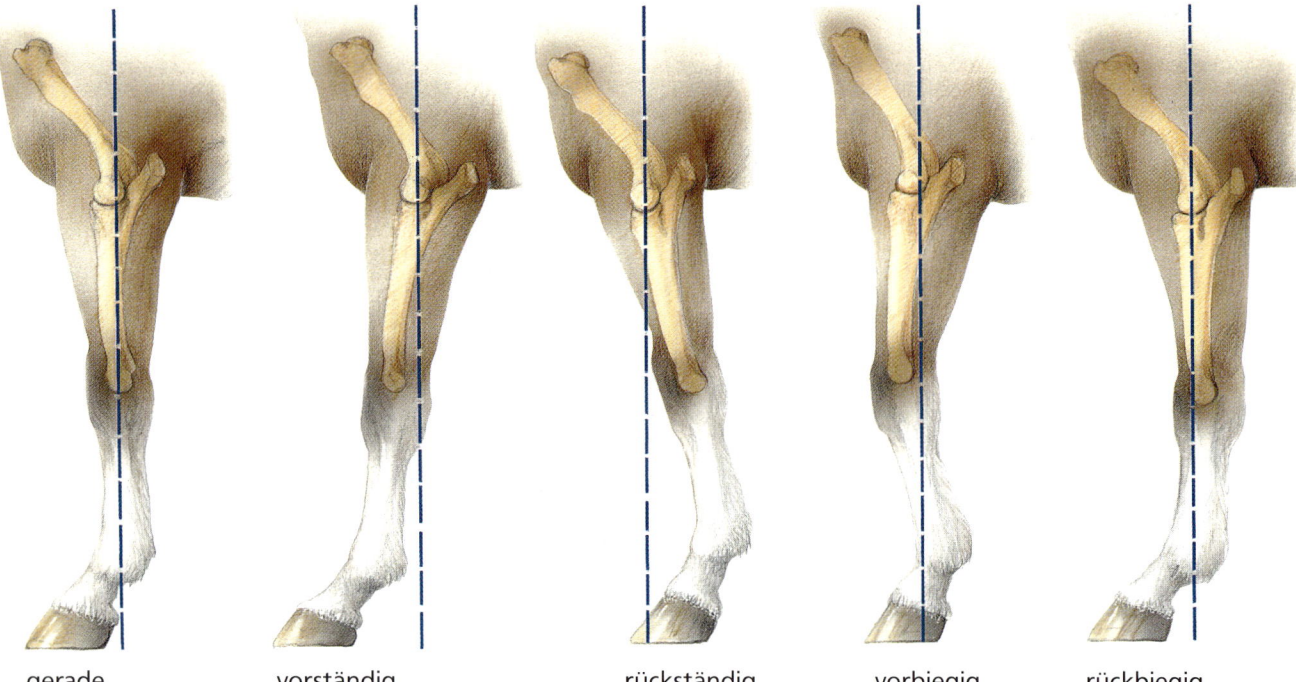

gerade   vorständig   rückständig   vorbiegig   rückbiegig

Steht das **Fesselbein** in einem Winkel von 45° zum Boden, können die Bewegungsstöße federnd abgefangen werden. Bei einer Winkelung von weniger als 45° werden Sehnen und Bänder zu stark belastet, ist der Winkel steiler, hat das Pferd harte und unelastische Gänge.

Die **Vorderhufe** sind verglichen mit den Hinterhufen größer, runder, an den Trachtenwänden weniger steil, und die Hufsohle ist flacher. Die Zehe sollte in einem Winkel von 45–50° zum Boden stehen. Zu enge oder unregelmäßig geformte sowie im Horn zu weiche Hufe sind nachteilig.

Ober- und **Unterschenkel** der Hinterhand sollen kräftig bemuskelt sein, die Kniescheibe leicht nach außen zeigen. Ein kräftiges, breit eingeschientes **Sprunggelenk,** das klar und trocken möglichst tief am Boden steht, ist wünschenswert.

Hintergliedmaßen von hinten gesehen

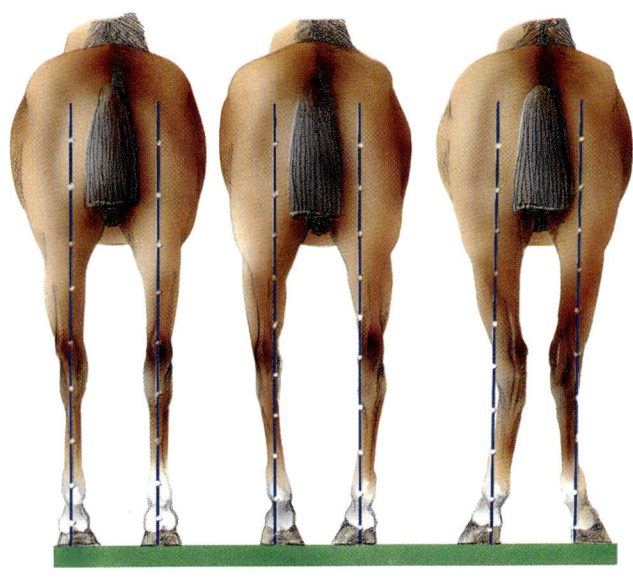

gerade   faßbeinig   kuhhessig

Die Stellung der **Hinterbeine** sollte korrekt sein. Dies ist dann der Fall, wenn bei gleichmäßiger Gewichtsverteilung auf alle vier Gliedmaßen eine gedachte senkrechte Linie vom Sitzbeinhöcker ausgehend alle Gelenke in der Mitte durchläuft. Von der Seite gesehen, sollte diese gedachte senkrechte Linie vom Sitzbeinhöcker ausgehend mit dem hinteren Rand der Hinterröhre abschließen. Fehlerhafte Beinstellungen sind nach innen bzw. außen gestellte Fesseln (zeheneng bzw. zehenweit) sowie nach innen bzw. nach außen gedrehte Sprunggelenke (Kuhhessigkeit bzw. Fassbeinigkeit).

Da Gelenke, Sehnen, Bänder und Hufe besonders verschleißanfällig sind, sollte besonders großer Wert auf korrekte Stellung und Gesundheit der Gliedmaßen gelegt werden.

Der Huf von unten

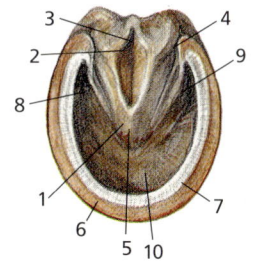

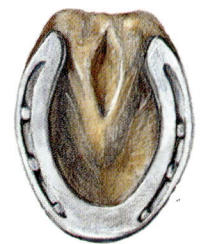

1 Hornstrahl
2 Strahlschenkel
3 mittlere Strahlfurche
4 seitliche Strahlfurche
5 Strahlspitze
6 Tragrand
7 weiße Linie
8 Eckstreben
9 Sohlenwinkel
10 Hufsohle

korrekter Beschlag des Vorderhufs

korrekter Beschlag des Hinterhufs

Hintergliedmaßen von der Seite gesehen

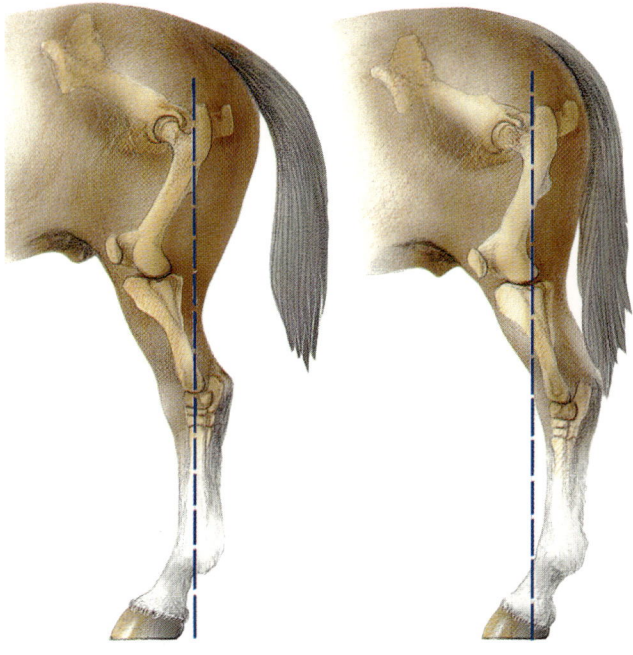

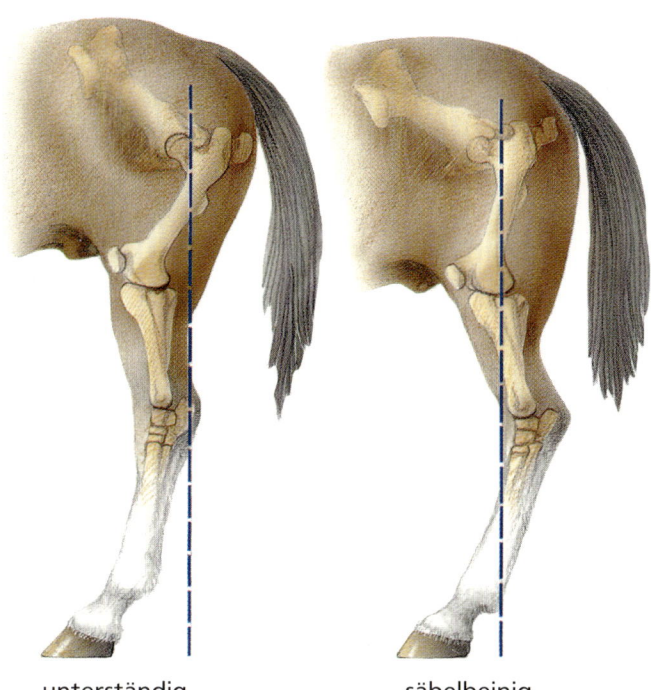

gerade   rückständig   unterständig   säbelbeinig

Verwendung des Pferdes

Wohl kein anderes Tier aus dem Umfeld des Menschen war diesem über Jahrtausende hinweg so nützlich, ja unentbehrlich, wie das Pferd.

Nachdem der Mensch es nicht mehr als Jagd- und Beutetier ansah, sondern es als Fortbewegungsmittel und Lastenträger entdeckt hatte, war seine weltweite Verbreitung nicht mehr aufzuhalten.

Riesige Reiterheere entstanden, und je schneller und wendiger sie waren, desto erfolgversprechender war ihr Einsatz. Deshalb wurden auch in Friedenszeiten Pferde und Reiter weiter trainiert, um sie im Falle eines Krieges sofort einsatzbereit zu haben.

Das erste Handbuch über die Reitkunst mit Grundsätzen, Vorschriften und Regeln betreffend die Ausbildung sowie die Behandlung von Pferden hat uns der griechische Reitergeneral *Xenophon* überliefert. Alle seine Anweisungen zielten darauf ab, Pferd und Reiter für den Kriegsdienst optimal vorzubereiten und auszubilden. Besonderen Wert legte er dabei auf einen möglichst unabhängigen Sitz des Reiters, damit dieser Speer und Schwert besser handhaben könne. Für die Pferde waren sowohl Wendigkeit als auch, Schnelligkeit und Stärke wichtig, außerdem sollten das Springen über Gräben und das Bergauf- und Bergabreiten geübt werden; denn eine gute Ausbildung entschied im Falle eines Krieges häufig über Sieg oder Niederlage.

Im gleichen Maße wie in den nachfolgenden Jahrhunderten das Pferd durch immer schwerer werdende Rüstungen für Roß und Reiter belastet wurde, nahm die Reit*kunst* ab. Dafür wurde vorrangig Wert auf größtmögliche Stoßkraft gelegt.

Erst im ausgehenden Mittelalter, mit dem Aufleben der schönen Künste in Italien, nahm auch die Reitkunst einen neuen Aufschwung. Bedeutende Persönlichkeiten der Reitkunst wie *Federigo Grisone* und *Antoine de la Baume Pluvinel* gründeten hauptsächlich in Italien und Frankreich Reitakademien. Dorthin strömte der Adel, um sich auf kunstvoll abgerichteten Hengsten ausbilden zu lassen. Es folgte noch eine ganze Reihe großer Reitkünstler, die ihre Ansichten über die Dressur von Pferden in umfangreichen Werken darlegten. In Deutschland gewann die Dressurreiterei erst im frühen 20. Jahrhundert an Bedeutung.

Dressurreiten

Dressur ist der planmäßige Weg, das Pferd durch systematische Gymnastizierung mit dem zusätzlichen Gewicht des Reiters auszubalancieren, ins Gleichgewicht zu bringen und die volle Entfaltung seines Leistungsvermögens zu erzielen. Dies geschieht, indem die Muskulatur – besonders die der Hinterhand – gestärkt, das Pferd mit den *Hilfen* des Reiters vertraut gemacht wird und seine natürlichen Bewegungsabläufe verbessert werden.

Um den jeweiligen Stand der Ausbildung eines Pferdes beurteilen zu können, gibt es *Dressurprüfungen*, die in verschiedene Klassen mit sich steigernden Anforderungen eingeteilt sind.

Das Dressurpferd

Es sollte an äußerlich sichtbaren Merkmalen ein harmonisches Gebäude und einen raumgreifenden, schwungvollen und taktreinen Bewegungsablauf aufweisen.

Die notwendigen inneren Eigenschaften sind: absolute Einsatzbereitschaft, Leistungswille und Zuverlässigkeit, Gehfreude, Gehorsam, Feinfühligkeit und eine gute Gesundheit sowie ein ausgeglichenes Temperament und ein einwandfreier Charakter.

Springreiten

Schon *Xenophon* empfahl rund ein halbes Jahrhundert v. Chr., nicht nur ständig zu gymnastizieren, sondern auch über Hindernisse zu springen, um die Leistungsfähigkeit der Pferde zu steigern.

 Springreiten

Steigbügel mit Sporen für Herzog Christoph von Bayern.
Eisen, schwach vergoldet, 2. Hälfte 15. Jh.

Tibetischer Prunksattel, Beschläge aus Messing mit Cloisonné

Aus dem jagdmäßigen Reiten und Springen entstanden erst im ausgehenden 19. Jahrhundert reine Hoch- oder Weitspringkonkurrenzen. Im Jahre 1912 wurde der Springsport als Disziplin in die *Olympischen Spiele* aufgenommen.

Das Springpferd

Ob ein Pferd die Voraussetzungen dazu mitbringt, ein guter Springer werden zu können, zeigen folgende Merkmale:

- bei den Springanlagen: Springmanier, Geschicklichkeit und Beinempfindlichkeit
- beim Gebäude: harmonisches Fundament, günstige Winkelung der Hinterhand sowie kräftige, breite Gelenke und klare, straffe, trockene Sehnen
- bei den Grundgangarten: fleißige, elastische, kraftvolle raumgreifende Bewegungen in Schritt, Trab und Galopp
- bei den inneren Eigenschaften: Leistungsbereitschaft, Kampfgeist, Springfreudigkeit, Intelligenz und ein einwandfreier Charakter bei ausgeglichenem Temperament

Vielseitigkeitsreiten

Die Vielseitigkeitsreiterei geht zurück auf die Vorbereitung auf Kriege, wie sie schon von *Xenophon* gefordert wurde. Nicht nur Geschicklichkeit und Wendigkeit, sondern auch Geländereiten über Hindernisse und Ausdauertraining standen auf dem Programm.

Im Jahre 1912 wurde eine erste Olympiaprüfung für *Military,* wie es damals hieß, eingeführt, denn es durften nur aktive Offiziere daran teilnehmen.

Die Prüfung bestand aus fünf Teilprüfungen, die sich über fünf Tage erstreckten:

1. Tag: eine Wegstrecke von 55 km
2. Tag: die Querfeldein-Hindernisstrecke
3. Tag: ein Rennbahngalopp über 3500 m mit zehn kleinen Sprüngen
4. Tag: Springwettbewerb im Parcours mit schwierigeren Sprüngen als heute
5. Tag: Dressur

Heute besteht die *Große Vielseitigkeitsprüfung* aus drei Teilen, die auf drei Tage verteilt werden:

1. Tag: Dressurprüfung
2. Tag: eine Wegstrecke, der Rennbahngalopp, eine zweite Wegstrecke und der große Querfeldeinritt mit Hindernissen
3. Tag: das Jagdspringen im Parcours

Das Vielseitigkeitspferd

Das Vielseitigkeitspferd wird von keinem anderen Pferd an Mut, Härte und Ausdauer übertroffen. In keiner anderen reiterlichen Prüfung wird von einem Pferd und von seinem Reiter so viel Leistungsbereitschaft, Kampfgeist, unbedingtes gegenseitiges Vertrauen, Kraft und Ausdauer verlangt. Eine ausdauernde Galoppade, geschmeidiges, katzenhaft geschicktes Anpassen an jede Situation und eiserne Nerven, das sind Eigenschaften, die ein gutes Vielseitigkeitspferd auszeichnen.

Am ehesten kann diese Voraussetzungen noch ein hoch im Blut stehendes, kräftiges Halbblutpferd erfüllen, weil reine Vollblüter meist zu nervös sind, Warmblüter dagegen zwar über das ausgeglichenere Temperament, dafür aber meist über keine ausdauernde und ausgreifende Galoppade verfügen. Entscheidend sind stets die inneren Eigenschaften, die sich aber erst im Laufe der Ausbildung zeigen.

Jagdreiten

Die Jagd zu Pferde begann, als der Mensch entdeckte, daß er sich dem zu jagenden Wild ebenbürtig machte, wenn er selbst auf einem schnellen Tier saß.

Bald war das Jagen zu Pferde in aller Welt eine beliebte Beschäftigung der Könige, Adligen, Ritter und Reichen.

Gejagt wurde fast jede Art von Wild mit verschiedenen Hilfsmitteln.

Eine sehr alte Form des Jagens, die hauptsächlich von der Hocharistokratie ausgeübt wurde, ist die *Beizjagd,* bei der Federwild mit Hilfe eines abgerichteten Greifvogels, meist eines Falken, gejagt wurde.

Auch die fränkischen Kreuzritter liebten die Jagd. Sie pflegten im 12. Jahrhundert in Syrien mit Begeisterung Löwen, Leoparden und Wildschweine vom Pferde aus zu jagen.

Im England des 18. und 19. Jahrhunderts war die *Fuchsjagd* mit Hilfe einer Hundemeute (Foxhounds oder Beagles) sehr beliebt und für jedermann zugänglich, der seinen Jagdbeitrag bezahlen konnte; ordentliche Manieren hatte und ein Pferd besaß.

Das Jagdpferd

Um erfolgreich an einer Jagd teilnehmen zu können, braucht der Reiter in erster Linie ein sicheres Springpferd. Schönheit und Rasse sind unwichtig, solange das Tier seinen Reiter sicher und ausdauernd über alle Hindernisse trägt. Wünschenswert ist ein geh- und springfreudiges Pferd mit ausgeglichenem Temperament und guten Nerven. Es soll nicht heftig, sondern jederzeit regulierbar und an jeder Stelle des Jagdfeldes zu reiten sein.

Freizeit- und Wanderreiten

Eine ständig wachsende Zahl von Reitern findet ihr größtes Vergnügen darin, zu Pferd durch Wald und Flur zu streifen, um das Erlebnis der Freiheit zu genießen. Freiheit nicht nur für den Reiter, sondern auch für das Pferd, das möglichst zwanglos und häufig am langen Zügel geritten wird.
Wanderreiter, die tage- oder wochenlang mit ihren Pferden unterwegs sind, führen dabei ihre gesamte Ausrüstung in Satteltaschen mit sich. Eine Wanderkarte und ein Kompaß sollten nicht fehlen.

Das Freizeit- und Wanderreitpferd

Neben dem Vielseitigkeitspferd zählt das Wander- und Freizeitpferd zu den am vielseitigsten beanspruchten Pferden. Gute Kondition, starke Nerven, Scheufreiheit, Ruhe und Ausgeglichenheit bei viel

Gehfreude und Mut, die es braucht, um längere Strecken in wechselnder Umgebung zurücklegen zu können, sowie absolute Gesundheit und Vertrauen zum Reiter zeichnen ein gutes Wanderreit- und Freizeitpferd aus.

Distanzreiten

Um die Jahrhundertwende wurden eine Zeitlang Langstreckenritte von Kavallerieoffizieren abgehalten, die damit Härte und Ausdauer ihrer Pferde testen wollten.
Heute erfreuen sich Langstreckenritte über verschiedene Distanzen (von 25–160 km) immer größerer Beliebtheit.

Das Distanzpferd

Erst im Alter von fünf Jahren wird ein Pferd zu Distanzritten zugelassen. Rasse, Größe und Geschlecht spielen keine Rolle. Als besonders geeignet haben sich robust gehaltene Ponys und Araberpferde, aber auch Mischungen mit anderen Rassen herausgestellt. Klein, drahtig, dabei zäh und ausdauernd, wenig anfällig für Lahmheiten und vor allen Dingen scheufrei, willig und eifrig sollte ein gutes Distanzpferd sein.

Fahren

Mit der Erfindung des Rades entwickelten sich das Fuhrwesen und die Streitwagenkultur, die über viele hundert Jahre eine enorm wirksame Kriegswaffe darstellte. Allerdings war der Einsatz dieser Streitwagen auf möglichst ebene Boden- und Landschaftsverhältnisse beschränkt.
Im nördlichen Europa schloß die Struktur der Landschaft in Form von Bergen, Wäldern und Sümpfen den Einsatz von Streitwagen aus, bis die Römer auf ihrem Eroberungszug auch diese Gegenden mit einem Netz von gepflasterten Straßen überzogen. Aber auch der Bau von Straßen konnte den Untergang der Streitwagenkultur nicht verhindern, sie wurde von berittenen Kriegern verdrängt, die um so vieles beweglicher waren.
Auch das Reise- und Verkehrswesen der römischen Antike war – dank des guten Straßennetzes – hervorragend entwickelt und organisiert.
Im Mittelalter wurde der Fahrsport kaum gepflegt. Es galt als weichlich und unmännlich zu fahren statt zu reiten. Wer nicht selbst ritt, ließ sich in einer Pferdesänfte befördern, dem Vorläufer der späteren Kutsche. Der erste *Wagenkasten,* an vier Stützen mit Ketten oder Seilen aufgehängt, kam aus Ungarn.
Die Aufhängung und die Stabilität dieser ersten Kutschen wurde ständig verbessert, um den Reisenden von Stand lange Fahrten so bequem wie möglich zu machen. Da die Kutschen leichter und beweglicher wurden, änderte sich auch der bis dahin schwere Kutschpferdeschlag hin zu leichteren, eleganteren Schlägen.

Der Bau von Eisenbahnen verdrängte das Kutschenreisen über weite Entfernungen gänzlich, im Nahbereich blieb das Wagenpferd jedoch unentbehrlich. Jetzt hielt sich nicht nur der Adel Kutschen für Stadt- und Landausflüge, sondern auch der Mittelstand und das Gewerbe entdeckten die Möglichkeiten der Beförderung und des Transportes. Aus diesem Großbedarf an Kutschpferden entwickelte sich eine spezielle Wagenpferdezucht. Es entstanden hervorragende und auch spektakuläre Kutschpferdezüchtungen, wie in England zum Beispiel das *Yorkshire-Kutschpferd* oder der *Hackney*.

Ebenso entstanden für die verschiedenen Verwendungszwecke die unterschiedlichsten Wagentypen. Erst das Automobil beendete das Kutschenwesen, so daß heute nur noch vergleichsweise wenige Kutschpferde gezüchtet werden.

Galopp- und Trabrennen

Pferderennen waren schon früh bei vielen Völkern eine außerordentlich beliebte Wettkampfform, die gleichzeitig der Zuchtauslese diente, daß heißt, es wurde nur mit Siegern oder Plazierten weitergezüchtet. Die Römer führten Pferderennen auch im besetzten Britannien ein, wo sie sich bis heute großer Beliebtheit erfreuen.

Gleichzeitig mit den Pferderennen entwickelte sich das Wetten auf den Sieger zur großen Leidenschaft der Briten. Es wurden spezielle, überschaubare Rennbahnen gebaut, auf denen verschieden lange Strecken für Pferde unterschiedlichen Alters und Ge-

schlechts ausgeschrieben wurden. Da es sich hierbei um Zuchtauswahlrennen handelte, waren nur Hengste und Stuten, aber keine Wallache zugelassen.

Für die englische Vollblutzucht boten **Galopprennen** die einzige Möglichkeit, Degenerationserscheinungen durch jahrhundertelange, totale Inzucht auszumerzen. Aufgrund der Härte dieser Rennen konnten nur die gesunden und starken Pferde dieser Rasse lebensfähig erhalten.

Auch Rennen über Hindernisse wurden auf diesen Rennbahnen abgehalten, die den *Steeplechase* querfeldein von einem Kirchturm zum nächsten ablösten. **Trabrennen** sind dagegen ein noch recht junger Sport, der mit der Entwicklung der Postkutsche einsetzte, als man feststellte, daß ein gleichmäßiger, raumgreifender Trab die sicherste und bequemste Art der Fortbewegung in einer Kutsche darstellte.

Der russische *Graf Orlow* begann als erster mit der speziellen Zucht von Trabern, die lange Jahre als die schnellsten der Welt galten, bis sie von amerikanischen Trabern geschlagen wurden, was zu neuen, schnelleren Züchtungen führte.

Voltigieren

Wie die gesamte Reiterei kommt auch das Voltigieren ursprünglich aus dem militärischen Bereich. Bei „turnerischer Gymnastik auf einem galoppierenden Pferd" wurden die Reiter in kriegsfreien Zeiten geschmeidig gehalten.

Heute ist das Voltigieren zu einem sehr beliebten Freizeitsport für Kinder und Jugendliche geworden. Um

ihn zu erlernen, braucht man ein geeignetes Voltigierpferd, einen Voltigierausbilder und eine Gruppe von Voltigierern (es gibt nur Gruppenunterricht), die verschiedene Figuren auf dem galoppierenden Pferd ausüben.

Reiterspiele

Reiterspiele gibt es schon, seit der Mensch das Pferd für seine Zwecke nutzbar gemacht hat. Sie stellten zu allen Zeiten Übungen dar, mittels derer die Reiter einen guten, sicheren und unabhängigen Sitz erreichen konnten. Viele dieser zum Teil sehr alten Reiterspiele sind bis heute erhalten geblieben. Dazu gehört das Spiel der Könige, **Polo,** aber auch der **Stierkampf zu Pferde** in verschiedenen Formen und die Turniere der Ritter im Mittelalter, aus denen neue Spiele abgeleitet wurden, wie das **Ringreiten** oder **Ringstechen,** das **Quintanareiten** und das **Rolandreiten.** In Asien gab es ebenfalls viele Reiterspiele, die noch heute gepflegt werden.

Auch Amerika pflegt die Tradition seiner Reiterspiele auf den sehr beliebten **Rodeos.**

Pictogrammerklärung:

 Sportpferd (bezeichnet alle warm- und vollblütigen Rassen)

 Kaltblut (bezeichnet alle Wirtschafts- und Zugpferde, meist ohne Edelblutanteil)

 Pony (bezeichnet nach internationaler Regelung alle Rassen mit einer Maximalgröße von 148 cm Stockmaß, wobei in Grenzfällen die Mehrzahl entscheidend ist)

Die Pferderassen
von A bis Z

Herkunft: Turkmenistan; Hauptzuchtgebiet ist die Oase von Achaltekkin mit dem Gestüt Machmut-Kuli in der Nähe von Aschchabat. Uralte turkmenische Rasse, die schon ca. 500 Jahre v. Chr. Erwähnung fand und gezüchtet wurde. Das harte Leben unter extremen Witterungsbedingungen hat diese Pferde außerordentlich widerstandsfähig gemacht. Sie sind in der Lage, über viele Hundert Kilometer weit ohne Wasser auszukommen; ertragen die extremen Temperaturschwankungen der Wüste und ihr oft unzureichendes Futterangebot. Allerdings werden sie auch von ihren nomadischen Besitzern rituell versorgt: Sie werden, wenn sie nicht auf Rennen sind, in Decken gehüllt und mit Kraftfutter sowie speziellen Zusätzen, wie z. B. Hammelfett, verwöhnt. Noch heute bekommt der Achal-Tekkiner sieben Satteldecken aufgelegt, von der jede einen eigenen Namen hat.

Verbreitungsgebiet: Rußland, Deutschland und Europa

Aegidienberger
②
Deutschland

Erscheinungsbild: elegantes, ausdrucksvolles Pferd mit harmonischem Gebäude; hübscher, gerader Kopf mit lebhaften Augen und kleinen, spitzen Ohren; kräftiger, wohlgeformter kurzer Hals auf gut bemuskelter Schulter; tiefe, breite Brust; viel Gurtentiefe; kräftiger, gerader Rücken und starke, leicht abfallende Kruppe; schön getragener, voller Schweif; kräftige, klare Gliedmaßen und harte, kleine Hufe

Größe: 121–155 cm Stockmaß

Farben: alle Haarfarben

Charakteristik: sehr leistungswillig, freundlich und sehr menschenbezogen; energisch, hart, ausdauernd und genügsam. Neben Schritt, Trab und Galopp verfügt der Aegidienberger auch über die Gangart Tölt

Eignung: ideales Freizeitpferd

Herkunft: Aegidienberg/Deutschland.
Sehr junge Rasse, erstmals von dem Isländerzüchter Walter Feldmann gezogen. Entstanden aus einer 5/8-Kreuzung aus Isländern und Paso-Pferden. Dabei werden Paso und Isländer gekreuzt, die Tochtergeneration (50 % Paso) wird mit Isländern zurückgekreuzt (25 % Paso), die wiederum miteinander gekreuzt den Aegidienberger ergeben. Im Jahre 1990 wurde diese Kreuzung als Rasse anerkannt und nach ihrem Entstehungsort benannt

Verbreitungsgebiet: Deutschland

Achal-Tekkiner
①
Rußland

Erscheinungsbild: apartes, ungewöhnliches Warmblutpferd, im Typ zwischen Vollblüter und Araber stehend, mit etwas magerem, langem Körper und langen, schlanken Beinen. Kleiner, fein modellierter, gerader Kopf; große, ausdrucksvolle Augen; erweiterungsfähige Nüstern und lange Ohren; langer, schlanker, gut aufgesetzter und getragener Hals (manchmal etwas Hirschhals); spärliches und sehr feines, seidiges Mähnen- und Schweifhaar; oftmals etwas steile Schulter; hoher Widerrist; schmale und nicht sehr tiefe Brust; langer, schmaler, sehniger Rük-

ken mit abgeschlagener Kruppe; tiefer Schweifansatz; lange, harte und trockene Beine mit runden, harten Hufen

Größe: 147–153 cm Stockmaß

Farben: hauptsächlich goldfarbene Füchse; Isabellen; Hellbraune und Braune metallisch schimmernd; auch Schimmel oder Dunkelbraune, manchmal mit Abzeichen

Charakteristik: sehr hartes, ausdauerndes und mutiges Pferd; sensibel und temperamentvoll; manchmal widersetzlich; nicht für jeden Reiter geeignet; verfügt über sehr angenehme, raumgreifende, elastische Bewegungen und hervorragendes Galoppiervermögen

Eignung: talentiertes Dressur-, Spring- und Rennpferd

Albino
3
USA

Erscheinungsbild: weiß geborener Schimmelwarmblüter mit vielen Eigenschaften orientalischer Pferde; leicht, elegant und wohlgebaut. Hübscher, trockener Kopf mit breiter Stirn und meist blauen oder hellbraunen Augen; wohlproportionierter, mittellanger Hals; schöne, schräge Schulter; wenig Widerrist; kräftiger Rücken mit guter Rippenwölbung; gut bemuskelte, abgeschlagene Kruppe; schlanke bis kräftige Gliedmaßen mit manchmal wenig stabilen Hufen

Größe: uneinheitlich, meist um 155 cm Stockmaß

Farben: von Geburt an rein weiß mit rosa Haut, ohne Pigmentierung; Augen in der Regel blaßblau, aber auch dunkel; bei cremefarbenem Haarkleidschimmer spricht man von *Cremellos*

Charakteristik: lebhaftes Temperament; freundlich und klug, aber nur beschränkt einsetzbar, weil Haut und Augen extrem sonnenempfindlich sind. Inzwischen versucht man mit einigem Erfolg, diese Lichtüberempfindlichkeit wegzuzüchten

Eignung: gutes Reit-, Zirkus- und Paradepferd

Herkunft: wird seit Beginn dieses Jahrhunderts in Amerika bewußt gezüchtet, weil man feststellte, daß sich Albinos relativ farbsicher vererben. Auch in anderen Rassen kann es Albinos als Farbe geben, dann allerdings nur als Zufallsprodukt. In Amerika gehört der Albino zur Gruppe der Western Horses

Verbreitungsgebiet: hauptsächlich die USA

❷

❸

4

Altér Real
4
Portugal

Erscheinungsbild: ausgesprochen elegantes, feuriges Warmblutpferd. Schön getragener, kleiner Kopf mit breiter Stirn, weit auseinanderliegenden, großen Augen und feurigem Blick; hoch aufgesetzter, schön gebogener Hals; gut gelagerte, muskulöse, manchmal etwas steile Schulter; tiefe Brust; kurzer, starker Rücken mit kräftiger, leicht abfallender Kruppe; schlanke, aber harte Gliedmaßen

Größe: etwa 150–160 cm Stockmaß

Farben: hauptsächlich Braune, aber auch Rappen und manchmal Schimmel

Charakteristik: sehr temperamentvoll, leicht erregbar; sehr intelligent und sensibel; mutig; mit erhabenen, eleganten Bewegungen

Eignung: ausgezeichnetes Reitpferd mit besonderer Begabung für Dressur (auch für die Schulen über der Erde)

Herkunft: Provinz Alentejo/Portugal Die Zucht basiert auf besten andalusischen Stuten, die Mitte des 18. Jahrhunderts nach Portugal eingeführt wurden. In der Folge wurde die Zucht durch Kriegseinflüsse (Napoleon) und falsche Kreuzungsversuche fast zugrunde gerichtet. Seit Anfang dieses Jahrhunderts wird die Zucht mit wenigen, aber besten Tieren wieder aufgebaut, so daß heute schon wieder eine hervorragende Qualität zur Verfügung steht

Verbreitungsgebiet: hauptsächlich Portugal

American Saddle Horse

5
USA

Erscheinungsbild: sehr eleganter Warmblüter; kleiner, gerader, manchmal auch leicht ramsnasiger, trockener Kopf mit lebhaften, ausdrucksvollen Augen, offenen Nüstern und spitzen, kleinen, beweglichen Ohren; langer, gut bemuskelter, hoch aufgesetzter und getragener Hals (manchmal Hirschhals); sehr feines Mähnen- und Schweifhaar; hoher Widerrist; kräftige, lange Schulter; geräumige Brust; viel Gurtentiefe; muskulöser, gerader Rücken mit guter Rippenwölbung und gerader Kruppe; schön angesetzter und hoch getragener Schweif; lange, schlanke, trockene Gliedmaßen; runde, harte Hufe

Größe: etwa 153–165 cm Stockmaß

Farben: alle Grundhaarfarben mit Abzeichen, auch Palomino und Pinto

Charakteristik: sehr spritziges Temperament; mutig, hart und genügsam; intelligent, sehr anhänglich und gutmütig; durch seine überaus hohe Aktion ein gesuchtes Show- und Paradepferd; der Schweif wird nicht selten durch operativen Eingriff oder zeitweiliges Hochbinden zum Hochstehen gebracht. Auch die hohe Aktion wird durch Hufsockel und Fesselkettchen noch zusätzlich unterstützt. Diese Rasse verfügt außer über die Grundgangarten Schritt, Trab und Galopp auch über den sogenannten Rack (Rennpaß) und den Tölt

Eignung: ursprünglich als luxuriöses Plantagenpferd gezogen, ist es heute hauptsächlich ein Show- und Paradepferd. Darüber hinaus eignet es sich aber auch für Springen und Dressur, Vielseitigkeit und als Freizeit- und Wagenpferd

Herkunft: USA
Im 18. Jahrhundert von amerikanischen Plantagenbesitzern aus einer Mischung von englischem Vollblut, Morgan und Narragansett Pacern gezüchtet. Durch seine für den Reiter sehr bequemen Gänge wurde es eine sehr beliebte und verbreitete Rasse. Mitte des 19. Jahrhunderts begann die Showkarriere auf landwirtschaftlichen Ausstellungen. Im Jahr 1891 wurde der erste Pferdezuchtverband der USA gegründet, die American Saddle Horse Breeders Association. Mit dem American Saddle Horse wurde Kentucky zum größten Pferdezuchtstaat Amerikas

Verbreitungsgebiet: USA und Kanada, aber auch Südafrika

American Standardbred

Erscheinungsbild: kräftiges kleines Pferd mit großem Vollblutanteil. Da die Leistung ausschlaggebend ist, ist das Exterieur nicht ganz einheitlich. In der Zucht wird darauf weniger Wert gelegt. Der Kopf ist in der Regel gerade wie auch der Hals; die Schulter lang, steil und sehr kräftig, die Brust breit und tief; der Rücken ist oft etwas schwach, die Hinterhand überaus muskulös und häufig überbaut, die Beine und Hufe sind stahlhart

Größe: um 155 cm Stockmaß

Farben: alle Grundhaarfarben auch mit Abzeichen

Charakteristik: sehr couragiertes Pferd mit raumgreifender Aktion im Trab; dafür übereilter, kurzer Schritt und oft schwankender, unausbalancierter Galopp; sehr eifrig und ausdauernd; von gutem Temperament und Charakter

Eignung: Renntraber

Herkunft: USA
Ein Nachkomme des berühmten Vollbluthengstes „Messenger" namens „Hambletonian 10" ist der Zuchtbegründer dieser Rasse. Neben hauptsächlich englischem Vollblut weist die Zucht auch einige Warmblüter auf, z. B. Berber, Hackneys Kanadische Traber, Araber und Morgans. Aufnahme im Stutbuch fanden nur diejenigen Pferde, die weniger als 2:30 Minuten pro Meile trabten. Beim Paßgang war die Maximalzeit 2:25 Minuten pro Meile (Standard). Durch seine enorme Leistungsfähigkeit fand dieses Pferd Zugang zu nahezu allen Traberzuchten der Welt

Verbreitungsgebiet: USA und Kanada sowie in den Traberzuchten vieler Länder der Welt

Amerikanisches Quarterhorse

Erscheinungsbild: kompakter, stark bemuskelter Warmblüter aus der Gruppe der Western Horses; kurzer, trockener Kopf mit breiter Stirn und klugen Augen; gut bemuskelter, mittellanger Hals und lange, schräge Schulter; wenig bis gut markierter Widerrist; breite, tiefe Brust; relativ kurzer, muskulöser Rücken mit guter Sattellage; runde, breite, oft überbaute Kruppe mit tiefem Schweifansatz; für den starken Körperbau feine, trockene Beine mit kräftigem, gut angesetztem Sprunggelenk; kurze Röhren und Fesseln; offene, harte Hufe

Größe: um 155 cm Stockmaß

Farben: alle Grundhaarfarben, auch mit Abzeichen

Charakteristik: lebhaftes Temperament; sehr kluges, wendiges, dabei fügsames, athletisches Pferd; sehr schnell auf kurze Entfernungen; oft Springbegabung. Dieser Rasse wird auch ein natürlicher *cow sense* nachgesagt, was heißt, daß es selbständig – ohne Einwirkung des Reiters – Kühe/Kälber einfängt und von der Herde abtrennt

Eignung: das wohl vielseitigste Pferd überhaupt; ausgezeichnetes Familienreitpferd; unglaublich antrittschnelles Pferd, deshalb auch Rennpferd auf kurze Distanzen auf der Dorfstraße, meist über 1/4 Meile (daher auch sein Name); Polopferd, Jagd- und Militarypferd, Arbeitspferd der Cowboys und ausgezeichnetes Rodeopferd

Herkunft: USA
Basierend auf Pferden spanischen Ursprungs, älteste amerikanische Rasse, die mit englischen Vollblütern gekreuzt wurde. Auf diese Weise entstand ein schnelles, wendiges Reit- und Arbeitspferd, unentbehrlich für die schwer arbeitenden Cowboys, allerdings noch recht uneinheitlich in Größe und Gebäude. Erst im Jahre 1940 wurde die American Horse Association in Amarillo, Texas, gegründet. Inzwischen sind schon mehr als drei Millionen Pferde dort eingetragen

Verbreitungsgebiet: hauptsächlich die USA, aber auch Europa und andere Erdteile

Amerikanisches Shetlandpony

USA

Erscheinungsbild: keine Ähnlichkeit mit seinen europäischen Ahnen; Miniaturpferd vom Hackney-Typ mit hoher Aktion; sehr hübsches, leicht gebautes, wohlproportioniertes Pony

Größe: 105–115 cm Stockmaß

Farben: alle Farben, aber meist Füchse und Braune

Charakteristik: lebhaftes Temperament; sehr intelligent und spritzig, ausdauernd und gesund; hohe Aktion im Trab erzeugt durch künstliche Hufe, die über die eigenen Hufe montiert sind, oder durch Beschwerung der Zehe mit Gewichten. Auch die hohe Schweifhaltung ist nicht natürlich, sondern operativ erreicht worden

Eignung: außerordentlich beliebtes Kinderreitpony, oftmals wie ein Haustier gehalten; typisches Showpony vor dem Wagen oder als Renntraber mit Sulky

Herkunft: ganz Amerika
Dieser stark veränderte Shetlandtyp wurde durch Einkreuzen von Hackneys, Arabern und auch kleinen Vollblütern erreicht

Verbreitungsgebiet: USA, Großbritannien, Kanada, Südafrika und Australien

Andalusier

Spanien

Erscheinungsbild: hochedles Warmblutpferd von imponierender Erscheinung; oft leicht ramsnasiger, mittelgroßer Kopf; ausdrucksvolle Augen und lebhafte Ohren; gewölbter, schön getragener, kräftiger Hals; üppige Mähne; gute, schräge Schulter; wenig Widerrist; gerader Rücken mit viel Gurtentiefe; runde, gut bemuskelte Kruppe mit tief angesetztem, üppigem Schweif; glasklare Gelenke mit kurzen Röhren und gut markiertem Fesselgelenk; harte Hufe

Größe: etwa 155–165 cm Stockmaß

Farben: vorwiegend Schimmel, aber auch Rappen und alle dunklen Schattierungen

Charakteristik: agil und temperamentvoll, dabei willig und gehorsam; erhabene Gänge und gutes Springvermögen

Eignung: hochbegabtes Dressurpferd, auch für die Hohe Schule geeignet

Herkunft: Diese Rasse soll ihren Ursprung in Pferden haben, die von den Karthagern auf die iberische Halbinsel gebracht wurden und dort nach deren Abzug wild lebten. Von den Römern wurden sie zwar gezähmt, aber nach ihrem Abzug wieder in die Wildnis entlassen. Wandalen, die um 400 n. Chr. auf der iberischen Halbinsel einfielen, hatten germanische Pferde mit und kreuzten die einheimischen Wildpferde mit ihren Stuten. Als die Mauren im 8. Jahrhundert in Spanien einfielen,

9

brachten sie hauptsächlich Araber und Berberpferde mit, die während der langen maurischen Besatzung wiederum mit der karthagisch-germanischen Mischung gekreuzt wurden. Damit entstand das spanische Pferd, damals als äußerst wendiges Kriegspferd hoch geschätzt. Besonders König Philipp II. förderte die Zucht des Andalusiers im großen Stil. Die eifrigsten und strengsten Züchter waren dabei die Mönche, denen es zu verdanken ist, daß der reine andalusische Typ über die Jahrhunderte erhalten blieb. Da Spanien in viele Kriege verwickelt war, suchte sich jeder Sieger die besten Pferde heraus, nahm sie mit und tötete die restlichen. Es blieben nur die wenigen, von Karthäusermönchen versteckten übrig. Erst unter Ferdinand VII. lebte die Zucht wieder auf.

Inzwischen haben die Mönche die Pferdezucht aufgegeben. Sie liegt heute voll in privater Hand. Der Andalusier übt noch heute einen starken Einfluß auf andere Rassen aus. Im Jahre 1912 wurde das Stutbuch gegründet, und seit dieser Zeit züchtet man rein

Verbreitungsgebiet: Spanien mit weltweiten Nachzuchtgebieten

Anglo-Araber

10

Frankreich

Erscheinungsbild: elegantes, sehr harmonisches Reitpferd mit in der Regel hübschem Kopf, großen, klugen Augen und spitzen Ohren; langer, schön gebogener und getragener Hals; lange, schräge Schulter; ausgeprägter Widerrist; breite Brust; kurzer Rücken; hochangesetzter und schön getragener Schweif; korrekte, klare Gliedmaßen mit starken Sprunggelenken; kleine, harte Hufe

Größe: 156–168 cm Stockmaß

Farben: alle Grundhaarfarben, auch mit Abzeichen

Charakteristik: der französische Anglo-Araber stellt eine ideale Verbindung des Arabers mit Vollblut dar; gesund, genügsam, ausdauernd und anhänglich wie ein Araber; schnell wie ein Vollblüter, allerdings ohne sein leicht erregbares Temperament

Eignung: durch hervorragendes Galoppier- und Springvermögen ideales Vielseitigkeitspferd

Herkunft: Frankreich
Die französischen Anglo-Araber sind eine Mischung aus Vollblut, Araber und Anglo-Araber, wobei die Mutter irgendeines davon sein darf, solange 25 % arabisches Blut erhalten bleibt

Verbreitungsgebiet: Frankreich

Appaloosa

11

USA

Erscheinungsbild: edles Warmblutpferd mit mittelgroßem, meist geradem, manchmal auch etwas ramsnasigem Kopf; gut getragener kräftiger Hals; schöne, schräge Schulter; oft wenig Widerrist; kräftiger Rücken mit guter Sattellage; muskulöse, runde Kruppe mit hoch angesetztem Schweif; klare, trockene Beine mit harten, kleinen Hufen

Größe: etwa 145–160 cm Stockmaß

Farben: nur Schecken verschiedener Grundmuster
Schabrackenschecke: bei dunkler Grundfarbe weiße „Schabracke" über Nieren und Kruppe, meist mit dunklen, verschieden großen Flecken gezeichnet
Leopardenschecke: helle, in der Regel weiße Grundfarbe mit über den ganzen Körper verteilten dunkelfarbigen runden oder ovalen Flecken
Marmorschecke: braune oder graue Grundfarbe mit weißen Stichelhaaren und über den ganzen Körper verteilten dunkleren oder helleren Flecken

Schneeflockenschecke: bei dunkler Grundfarbe einige weiße Flecken auf Nieren und Kruppe oder über den ganzen Körper verteilt.
Die Lippen, Nüstern und Genitalien eines Appaloosas sind rosa-grau gesprenkelt; sehr dünnes Mähnen- und Schweifhaar

Charakteristik: ruhiges, ausgeglichenes Temperament, sehr liebenswerter Charakter, ausgesprochen anhänglich, klug, sehr lernfähig, schnell, zäh und von großer Ausdauer

Eignung: wegen seiner Zähigkeit und Ausdauer gutes Cowboypferd; wegen seiner Anhänglichkeit beliebtes Familienreitpferd

Herkunft: USA
Wurde ursprünglich von den Nez-Percé-Indianern systematisch aus spanischen Pferden gezüchtet. Mit der Ausrottung der Indianer kamen auch die meisten ihrer Pferde um. Aus einer kleinen Restpopulation ist mittlerweile – mit rund ½ Million Pferden – eine der beliebtesten Pferderassen Amerikas geworden

Verbreitungsgebiet: hauptsächlich die USA, aber auch Europa und andere Erdteile

12

Arabisches Vollblut (ox)

12

Arabische Halbinsel

Erscheinungsbild: sehr eleganter, edler Gesamteindruck; im Quadratformat stehend; schön modellierter Kopf, klein und trocken mit Nasenknick; spitze Ohren und ausdrucksvolle Augen; erweiterungsfähige Nüstern; fein gebogener, hoch angesetzter Hals; hoher Widerrist; kompakter Rumpf mit kurzer, gerader Kruppe und hoch angesetztem Schweif; schlanke, trockene Gliedmaßen mit gut markierten Sehnen und Gelenken; kleine, sehr harte, runde Hufe

Größe: differiert je nach Herkunft; Wüstenaraber selten über 150 cm Stockmaß; die in Europa und USA gezüchteten sind etwas größer, bis etwa 155 cm Stockmaß

Farben: meist Schimmel, aber auch Braune, Füchse und Rappen

Charakteristik: mutig und feurig, dabei sehr sanftmütig und anhänglich; von unglaublicher Zähigkeit und Ausdauer; gesund, leichtfuttrig und genügsam; sehr intelligent; feines, seidenweiches Haarkleid (zur Rassenbezeichnung gehört das Zeichen ox)

Eignung: Allround-Reitpferd; auch ausgezeichnetes Distanzpferd

Herkunft: ursprünglich Arabien Das Arabische Vollblut wird heute auf der ganzen Welt gezüchtet. Es ist die älteste und reinste Züchtung, die besonders gern zur Veredelung anderer Rassen verwendet wird.

Das harte Wüstenklima, dazu die absolute Reinzucht der Beduinen, haben über mehr als 1000 Jahre diese Rasse geformt. Tagsüber sengende Hitze und nachts große Kälte, Wasserarmut und lediglich im Winter ein akzeptables Nahrungsangebot bewirkten eine natürliche Auslese. Die Liebe der Beduinen zu ihren Pferden ist bis heute beispiellos geblieben. Es ranken sich viele Legenden um die Geschichte dieses Pferdes, das schon von Mohammed gepriesen wurde

Verbreitungsgebiet: nahezu weltweit

Ardenner

13

Frankreich

Erscheinungsbild: mittelschweres, tiefgebautes, kräftiges Kaltblutpferd; ausdrucksvoller Kopf mit breiter Stirn; gerade oder leicht geramste Profillinie; kurzer, massiver, gebogener Hals; mächtige Schulter; breite, tiefe Brust; wenig Widerrist; kurzer, stämmiger Rücken und breite, runde Kruppe; kurze, stämmige Beine mit großen Hufen; viel Fesselbehang

Größe: 158–160 cm Stockmaß, Hengste etwas größer

Farben: gewöhnlich Hellbraune, Braune und Füchse, seltener Falben und Rotschimmel

Charakteristik: williges, robustes Arbeitspferd, widerstandsfähig und zäh; von ausgesprochen ruhigem Temperament und anständigem Charakter; freie, raumgreifende Bewegungen

13

Eignung: Arbeitspferd; darüber hinaus Fleischlieferant

Herkunft: Grenzgebiet der französischen und belgischen Ardennen Der Ardenner soll schon bei den Römern ein geschätztes Kriegspferd gewesen sein. Seine Blütezeit lag wohl im Mittelalter, wo er als schweres Ritterroß hoch begehrt war. Aber auch Napoleon bediente sich seiner Kraft und ließ ihn seine Kanonen ziehen. Auch in den beiden letzten Weltkriegen war er noch als schweres Zugpferd im Einsatz

Verbreitungsgebiet: Frankreich, Belgien und Schweden

Charakteristik: elegant, intelligent und mutig; gleichmäßig und freundlich; hart und gesund; mit schönen, freien und weichen Bewegungen; hat häufig gute Anlagen zum Springen

Eignung: Reitpony für Kinder

Herkunft: Australien
Entstanden ist das Australische Pony aus importierten englischen Ponyrassen und kleinen englischen Vollblütern. Am stärksten war der Einfluß von Welsh-Mountain-Ponys und Arabern

Verbreitungsgebiet: Australien

Auxois
Frankreich

Erscheinungsbild: ein dem Ardenner und Trait du Nord ähnliches, schweres Kaltblutpferd. Großer, schwerer Kopf mit langen Ohren; kurzer, massiger Hals auf ebensolcher Schulter; kurzer, starker Rücken; tiefe, breite Brust; viel Gurtentiefe; muskulöse, abfallende Kruppe mit tiefem Schweifansatz; gesunde, kurze Beine mit leichtem Fesselbehang

Größe: etwa 155–165 cm Stockmaß

Farben: Braune, Dunkelbraune

Charakteristik: freundliches, ruhiges, williges Pferd mit viel Kraft und schönen, freien Bewegungen

Herkunft: Es soll sich hierbei um das schon im Mittelalter bekannte und geschätzte „Burgunderpferd" handeln. Durch Einkreuzung von Perche-

---

Asturisches Pony
Spanien

Erscheinungsbild: kleiner Kopf mit gerader oder leicht konkaver Nasenlinie und breiter Stirn; lebhafte Augen und kleine, spitze Ohren; kräftiger, mittellanger Hals mit dichtem, langem Mähnenhaar; gut bemuskelte, steile Schulter mit breiter, tiefer Brust; deutlicher Widerrist; gerader Rücken mit abschüssiger Kruppe und tief angesetztem, dichtem Schweif; stabile Beine mit kräftigen Gelenken, kurzen Röhren und harten, gesunden Hufen

Größe: zwischen 114 und 132 cm Stockmaß

Farben: hauptsächlich Dunkelbraune und Rappen, möglichst ohne Abzeichen

Charakteristik: ruhiges Temperament; gutmütig und willig; zäh und anspruchslos; im Winter sehr dichtes, langes Fell; urtümlich und robust

Eignung: Reitpony, Helfer in der Landwirtschaft

Herkunft: Asturien und Galizien (Spanien). Geht auf die keltischen Ponys zurück; lebt halbwild in den überaus unwirtlichen Bergen; überlebt auch unter extremen Witterungsverhältnissen

Verbreitungsgebiet: Nordwesten Spaniens

Australisches Pony
Australien

Erscheinungsbild: kompaktes, kräftiges Pony vom Welsh-Typ. Hübscher, kleiner, arabisch anmutender Kopf mit aufmerksamen Augen und kleinen, spitzen Ohren; etwas langer Hals auf gut gelagerter, schräger Schulter; geräumige Brust; eher wenig Widerrist; kurzer, kräftiger Rücken mit guter Rippenwölbung; breite, runde Kruppe mit gut getragenem Schweif; kurze, trockene Beine mit harten, kleinen Hufen

Größe: etwa 125–140 cm Stockmaß

Farben: alle Grundhaarfarben

ron und Boulonnais-Kaltblütern wurde es im 19. Jahrhundert zu einem sehr schweren Zugpferd gezüchtet, entsprechend den Anforderungen der Landwirtschaft. Im 20. Jahrhundert hat man nur noch Ardennerblut zugeführt, weshalb er dieser Rasse auch recht ähnlich sieht

Verbreitungsgebiet: Belgien, auch USA

Aveglineser Pony

Italien

Erscheinungsbild: in seiner Grundkonzeption gleicht diese Rasse dem Haflinger, mit dem sie auch verwandt ist. Hübscher, kleiner, trockener Kopf mit breiter Stirn und weit auseinanderliegenden Augen; kurzer, kräftiger Hals; starke Schulter; breite Brust; kräftige Rücken- und Nierenpartie; abgerundete Kruppe; kurze, stämmige Beine mit Fesselbehang; harte Hufe

Größe: etwa 135–145 cm Stockmaß

Farben: Füchse mit heller Mähne und hellem Schweif

Charakteristik: zähes, langlebiges Gebirgspony; freundliches Wesen, gutmütig, leicht zu lenken; trittsicher

Eignung: Arbeits- und Packpony

Herkunft: Zentral- und Norditalien Stammt – wie auch der Haflinger – von dem ausgestorbenen Avellinum-Haflinger ab

Verbreitungsgebiet: Toskana, Sizilien (Italien)

Azteke

Mexiko

Erscheinungsbild: trockener kleiner Kopf mit leicht konvexer Nasenlinie; breite Stirn mit lebhaften, weit auseinanderstehenden Augen und kleinen, spitzen Ohren; kräftiger, gut aufgesetzter und getragener Hals; dichtes Mähnen- und Schweifhaar; lange, gut gelagerte Schulter; deutlicher Widerrist; korrekte Rückenlinie mit muskulöser, abfallender Kruppe; genügend Gurtentiefe; trockene, schlanke Gliedmaßen und harte, kleine Hufe

Größe: etwa 150 cm Stockmaß

Farben: alle Grundhaarfarben

Charakteristik: lebhaftes Temperament; gutmütig, ausgeglichen; trittsicher und wendig; sehr elegante Bewegungen

Eignung: elegantes Reit- und Wagenpferd; auch in der Landwirtschaft einsetzbar

Herkunft: sehr junge Rasse aus Andalusiern und Quarter-Horse-Hengsten mit Criollostuten. Eingetragen werden nur Pferde, die mindestens $3/8$ und höchstens $5/8$ Quarter- oder Andalusierblut führen. Der Anteil von Criolloblut darf dagegen nicht mehr als $1/4$ betragen

Verbreitungsgebiet: Mexiko

Balearenpony

Spanien

Erscheinungsbild: trockener, ramsnasiger Kopf mit lebhaften Augen und kleinen Ohren; hübscher, gebogener Hals mit Stehmähne; Schulter etwas steil und oft ungenügend bemuskelt; wenig Widerrist; schmaler Rücken mit abgeschlagener Kruppe; sehr leichtes Gebäude; harte, schlanke Gliedmaßen und harte Hufe

Größe: etwa 140 cm Stockmaß

Farben: Hell- und Dunkelbraune

Charakteristik: ausgesprochen willig und gutmütig; freie, anmutige Bewegungen; äußerst genügsam und unempfindlich gegen große Hitze

Eignung: Arbeits-, Kutsch- und Reitpony

Herkunft: Mallorca
Alte Mittelmeerrasse, die große Ähnlichkeit mit Abbildungen antiker griechischer Pferde auf kultischen Gegenständen haben soll; heute fast ausgestorben. Die wenigen noch erhaltenen Exemplare werden auch zur Maultierzucht verwendet. Durch die starke touristische Erschließung der Balearen ergeben sich möglicherweise neue Nutzungsmöglichkeiten als Trekking- und Kutschponys

Verbreitungsgebiet: Balearen/ Spanien

Balipony

Indonesien

Erscheinungsbild: kompaktes Pony, mit etwas schwerem, geradem Kopf, ausdrucksvollen Augen und kleinen Ohren; mittellanger, kräftiger Hals auf breiter, tiefer Brust; kräftige Schulter; wenig Widerrist; kurzer, starker Rücken mit runder Kruppe; hoch angesetzter, buschiger Schweif; kräftige, kurze Beine und harte runde Hufe

Größe: etwa 120–135 cm Stockmaß

Farben: meist Falben mit Aalstrich, dunkler Mähne und dunklem Schweif, manchmal auch Stehmähne

Charakteristik: starkes, wendiges, williges, ausdauerndes, genügsames Pony; dabei ruhig und freundlich

Eignung: Reit- und Saumpony, guter Lastenträger

Herkunft: Insel Bali/Indonesien Alte, primitive Rasse, die Ähnlichkeiten mit dem mongolischen Wildpferd aufweist

Verbreitungsgebiet: Insel Bali

Bardigiano-Pony

Italien

Erscheinungsbild: hübsches, kräftig gebautes Pony mit kleinem, geradem oder mit Hechtskopf; lebhafte, weit auseinanderliegende Augen; kleine,

spitze Ohren; kräftiger, wohlgeformter Hals; tiefe, breite Brust; etwas flacher Widerrist; gute Sattellage; viel Gurtentiefe; schön gewölbte, muskulöse Kruppe mit gut angesetztem, üppigem Schweif; kurze, kräftige, trockene Gliedmaßen mit stabilen, gut eingeschienten Gelenken; kurze Röhren und breite Hufe

Größe: 135–145 cm Stockmaß

Farben: hauptsächlich Rappen, Braune und Dunkelbraune möglichst ohne oder nur mit kleinen Abzeichen zugelassen

Charakteristik: freundlich und gutmütig; lebhaft mit schönen raumgreifenden Bewegungen

Eignung: ausgezeichnetes Freizeitpferd; leichtes Zugpferd; Landwirtschaftspferd

Herkunft: Italien Sein Ursprung soll das Belgische Pferd sein, das während der Völkerwanderung nach Italien kam

Verbreitungsgebiet: Italien

Baschkirenpony

Rußland

Erscheinungsbild: kräftiges, untersetztes Pony mit geradem oder leicht geramstem Kopf; muskulöser, kurzer Hals; starke Schulter und kräftige, breite Brust; deutlicher Widerrist; starker, etwas langer Rücken; leicht abfallende Kruppe; tiefer Schweifansatz; kurze, sehnige Beine mit harten, kleinen Hufen; üppiges Mähnen- und Schweifhaar

Größe: nicht unter 132 cm Stockmaß

Farben: Hellbraune, Falben, Füchse

Charakteristik: ruhig; ausdauernd; zäh und widerstandsfähig; gutmütig, freundlich

Eignung: Reit- und Schlittenpony (Wallache und Hengste). Die Stuten werden gemolken zur Herstellung eines asiatischen Getränks, des Kumys

Herkunft: Baschkirien/Rußland 2 verschiedene Typen; der etwas größere Steppentyp und der etwas kleinere Bergtyp. Im Süden Rußlands kreuzt man Baschkirenponys mit Budjonnys oder Donpferden, im Norden mit Trabern oder Ardennern

Verbreitungsgebiet: Rußland

Basutopony

Südafrika

Erscheinungsbild: relativ großes Pony mit häufig edlem Kopf und lebhaften, großen Augen; etwas dünner, langer, häufig schlecht angesetzter Hals; steile Schulter; ausgeprägter Widerrist; etwas langer Rücken mit gut bemuskelter, leicht abgeschlagener Kruppe; kurze, äußerst stabile Beine und harte Hufe

Größe: etwa 145 cm Stockmaß

Farben: Füchse, Hellbraune, Braune, Schimmel, oft mit Abzeichen

Charakteristik: willig, ausdauernd und genügsam; sehr trittsicher; raumgreifende, freie Bewegungen, Anlage zum Tölt

Eignung: Reit- und Packpferd; früher Renn- und Polopony

Herkunft: Basutoland/Südafrika Kein bodenständiges Pony. Aus Arabern und Berbern entstanden, die von der holländischen Ostindienkompanie eingeführt worden waren. Neben den bereits erwähnten Arabern waren später auch englische Vollblüter und Perser beteiligt

Verbreitungsgebiet: Südafrika

Batakpony

Indonesien

Erscheinungsbild: gehobener Ponytyp im Vergleich zu anderen indonesischen Ponyrassen. Hübscher, trockener, gerader Kopf auf schön getragenem Hals; gute Schulter, geräumige Brust; guter Widerrist; gerader Rükken und gerade Kruppe; hoch angesetzter Schweif; schlanke, sehnige Gliedmaßen mit harten, kleinen Hufen

Größe: etwa 122–135 cm Stockmaß

Farben: Schimmel, Füchse, Braune und Rappen

Charakteristik: leichtfuttrig; gutmütig, temperamentvoll, gelehrig

Eignung: Reit-, Pack- und Zuchtpony

Herkunft: Sumatra/Indonesien Die indonesische Regierung fördert die selektive Zucht von Batakponys und setzt die Rasse auch auf anderen Inseln zur Zuchtverbesserung ein

Verbreitungsgebiet: Indonesien

Bayerisches Warmblut

Deutschland

Erscheinungsbild: kräftiges, einwandfreies Fundament; hübscher, gerader Kopf auf mittellangem, gut aufgesetztem Hals; schräge Schulter; markierter Widerrist; kräftiger Rücken mit kurzer, wenig abfallender Kruppe; klare, trockene Beine und genügend feste Hufe

Größe: zwischen 160 und 170 cm

Farben: meist Füchse, auch Hellbraune und Braune, seltener Rappen und Schimmel

Charakteristik: ausgeglichenes Temperament, gute Konstitution, Gewichtsträger mit raumgreifenden, korrekten Bewegungen; sehr robust und sowohl leistungsfähig als auch leistungswillig

Eignung: gelangt bevorzugt als Reitpferd zum Einsatz, findet außerdem auch in der Landwirtschaft Verwendung

Herkunft: Niederbayern
Es handelt sich hier um den früheren **Rottaler**, der schon den Kreuzrittern wohl bekannt war. Die Einkreuzung von Oldenburgern machte ihn besser für die Landwirtschaft geeignet, brachte mehr Substanz. Mitte dieses Jahrhunderts wurden vermehrt Englische Vollblüter und Trakehner eingekreuzt, um den nun verstärkt gewünschten Reitpferdecharakter zu erreichen

Verbreitungsgebiet: Deutschland

Belgier (Brabanter)

Belgien

Erscheinungsbild: mächtiges Kaltblutpferd; verhältnismäßig kleiner, gut proportionierter, meist gerader Kopf; massiger, kurzer Hals; kräftige, lange Schulter; wenig markierter Widerrist; viel Breite und Tiefe; kurzer Rücken mit langer, leicht gespaltener Kruppe; kurze, kräftige Gliedmaßen mit Fesselbehang; meist große, platte Hufe mit wenig Behang

Größe: bis 175 cm Stockmaß

Farben: meistens Rot- oder Braunschimmel, aber auch andere Farben

Charakteristik: energisch und furchtlos; ausgeglichen und fromm; williges Arbeitspferd von immenser Zugkraft

Eignung: Zugpferd für schwerste Lasten

Herkunft: Brabant/Belgien
Über seine Vergangenheit herrscht keine völlige Klarheit. Im Mittelalter wurde es wohl als schweres Kriegspferd gezüchtet. Versuche in der Reformationszeit, verschiedene Fremdrassen einzukreuzen, brachten nicht das gewünschte Ergebnis, so daß mit viel Erfolg auf Reinzucht mit strenger Auslese zurückgegangen wurde, die die Rasse konsolidierte. Seit 1866 wird der Belgier stutbuchmäßig geführt. Er hat auf viele andere Kaltblutrassen großen Einfluß gehabt und wurde zu diesem Zweck weltweit exportiert.

Verbreitungsgebiet: Europa, USA

Berber
18
Nordafrika

Erscheinungsbild: Warmblutpferd mit langem Kopf und meist leichter Ramsnase; breite Stirn und schöne Augen; kleine, nach innen gedrehte, spitze Ohren; langer, schön getragener Hals; lange, manchmal etwas steile Schulter; mittellanger Rücken; abgeschlagene Kruppe mit tief angesetztem Schweif; klare, trockene Beine mit gut markierten Sehnen und Gelenken; kleine, harte Hufe

Größe: etwa 140–150 cm Stockmaß

Farben: Braune, Füchse, Schimmel und Rappen

Charakteristik: mutig und ausdauernd, robust und leichtfuttrig, außerdem zuverlässig; sehr schnell auf kurzen Strecken

Eignung: Reitpferd

Herkunft: Marokko, Libyen (Nordwestafrika)
Sehr alte Rasse, die schon um 800 n. Chr. mit den Mauren nach Spanien kam. Dort wurde der Berber mit den Landstuten gekreuzt, was den Andalusier ergab. Reine Berber existieren heute nur noch ganz wenige. Erst neuerdings sind starke Bestrebungen im Gange, diese letzten Exemplare zu erhalten. Der Berber wurde vielfach zur Festigung und Verbesserung anderer Rassen erfolgreich eingesetzt. Auch die Entstehung der Englischen Vollblüter hat er beeinflußt

Verbreitungsgebiet: hauptsächlich Nordafrika, aber auch Europa

Bhutiapony
•
Indien

Erscheinungsbild: Es gleicht dem Tibetpony und dem indischen Spitipony, ist aber etwas größer als letzteres. Insgesamt recht kräftiges Pony mit geradem Kopf, intelligentem Blick und kleinen gespitzten Ohren; kurzer, kräftiger Hals auf gut bemuskelter Schulter; markierter Widerrist; kurzer, starker Rücken; breite Kruppe; kurze, stämmige Beine und harte, runde Hufe

Größe: um 130 cm Stockmaß

Farben: gewöhnlich Schimmel

Charakteristik: anspruchslos, ausdauernd und sehr trittsicher

Eignung: in erster Linie Packpony

Herkunft: Himalaja/Indien

Verbreitungsgebiet: Indien

Bosniake
19
Bosnien

Erscheinungsbild: kompaktes Bergpony im Typ des polnischen Huzulen. Ein hübscher Kopf und relativ feine Glieder verraten den arabischen Einfluß. Kräftiger, gerader Hals; gut gelagerte, aber nicht sehr schräge Schulter; markierter Widerrist; tiefe, breite Brust; kurzer, kräftiger Rücken mit guter Rippenwölbung; abfallende Kruppe mit tief angesetztem

19

Schweif; sehr kräftige Gliedmaßen mit eisenharten, kleinen Hufen; häufig Stellungsfehler

Größe: etwa 135–145 cm Stockmaß

Farben: Hell- und Dunkelbraune, Falben, Schimmel, Rappen und Füchse

Charakteristik: sehr zähes, gutmütiges, dabei gelehriges Pony; äußerst trittsicher, hart und anspruchslos

Eignung: in erster Linie Pack- und Zugpony, auch Freizeitpferd und in der Landwirtschaft einsetzbar

Herkunft: Bosnien-Herzegowina
Sicherlich sehr alte Ponyrasse, der man ihren Ursprung, den ausgestorbenen Tarpan, noch ansieht, über die aber nichts bekannt ist. Aufgrund seiner guten Eigenschaften ist es das wichtigste Pony des Balkangebietes. Seine Zucht wird mit Hilfe strenger Selektion rein betrieben: Hengste und Stuten müssen eine harte Leistungsprüfung in der Form erbringen, daß sie eine Last von 120 kg schnellstmöglich (der Rekord liegt bei 71 Minuten) über eine Strecke von 16 km zu tragen haben

Verbreitungsgebiet: Bosnien-Herzegowina und Mazedonien

Brandenburger
Deutschland

Erscheinungsbild: edles, kräftiges Warmblutpferd vom Typ und Kaliber des Hannoveraners; mittelgroßer, gerader Kopf; gut aufgesetzter, wohlgeformter Hals; ausgeprägter Widerrist; schöne, lange, schräge Schulter; etwas kurzer Rücken mit leicht abfallender Kruppe; trockene, gesunde Gliedmaßen

Größe: etwa 155–165 cm Stockmaß

Farben: alle Grundhaarfarben

Charakteristik: sensibel, intelligent, ausgeglichenes Temperament und anständiger Charakter

Eignung: vielseitiges Reitpferd

Herkunft: Mark Brandenburg Entstanden aus Züchtungen des Gestüts Neustadt an der Dosse auf der Basis arabischer Pferde und englischer Halbblüter. Auch Trakehner und Achal-Tekkiner-Hengste beeinflußten die Zucht. Zu Zeiten der DDR wurden vermehrt Hannoveraner, Trakehner und Vollblüter eingekreuzt, damit er dem modernen Sportpferdetyp entsprach

Verbreitungsgebiet: Deutschland

Bretone
Frankreich

Erscheinungsbild: ein eher kleines Kaltblutpferd mit viel Ponycharakter in 3 verschiedenen Typen:
● das Schwere Bretonische Zugpferd
● der Postier
● der Corlay

Schweres Bretonisches Zugpferd: wirkt etwas gedrungen; hübscher kleiner Kopf mit lebhaften Augen und kleinen, spitzen Ohren; kurzer, massiver, gewölbter Hals auf muskulöser, schräger Schulter; tiefe, breite Brust; kurzer, starker Rücken mit ebensolcher, leicht abfallender Kruppe; gute Rippenwölbung; kurze, stämmige Beine mit stabilen Gelenken; harte, kleine Hufe; nur wenig Behang
Postier: etwas kleiner und leichter als das eben beschriebene Pferd
Corlay: von dieser ausgesprochen agilen, leichten Version des Bretonen existieren nur noch wenige Exemplare zur Erhaltung der Rasse

Größe: Schweres Bretonisches Zugpferd: oft über 160 cm Stockmaß
Postier und Corlay: etwa 145–155 cm Stockmaß

Farben: Hellbraune, Füchse, Fuchsschimmel

Charakteristik: leichtfüßig; willig, freundlich und gutmütig, aber lebhaft; energische, hohe Aktion

Eignung: alle drei Typen sind gute Zugpferde, Postier und Corlay werden auch als Kutschpferde eingesetzt. Der Corlay ist oft auch ein angenehmes Reitpferd

Boulonnais
Frankreich

Erscheinungsbild: Der kleinere Typ wiegt ca. 600 kg, der größere etwa 800 kg. Beide wirken ungewöhnlich elegant, mit sehr harmonischem Gebäude. Kleiner, edler Kopf mit breiter Stirn, großen, lebhaften Augen und kleinen, spitzen Ohren; mächtiger, leicht gewölbter Hals; oftmals steile Schulter; breite, tiefe Brust; markierter Widerrist; kurzer, kräftiger Rükken mit breiter, gespaltener, leicht abfallender Kruppe; seidiges Fell und üppiges Mähnen- und Schweifhaar; starke, trockene Gelenke; harte, kleine Hufe; leichter Fesselbehang

Größe: kleiner Boulonnais: 155–160 cm Stockmaß, großer Boulonnais: 160–170 cm Stockmaß

Farben: hauptsächlich Schimmel in verschiedenen Schattierungen, aber auch Braune und Füchse

Charakteristik: lebhaft, intelligent, freundlich; gesund und widerstandsfähig, energische, raumgreifende Aktion in Schritt und Trab

Eignung: Arbeitspferd für die Landwirtschaft und schweren Zug, Schlachtpferd

Herkunft: Nordfrankreich Ein dem Percheron sehr ähnliches Pferd, dem im Mittelalter spanisches Blut zugeführt wurde; bereits im 17. Jahrhundert namentlich erwähnt

Verbreitungsgebiet: Frankreich

Herkunft: Bretagne

Das **Schwere Bretonische Zugpferd** entstand aus Kreuzungen zwischen Boulonnais, Ardennern und Percherons

Der **Postier** verdankt sein leichteres Fundament und seine hohe Aktion im Trab der Einkreuzung von Norfolk Trottern und Hackneys, die zu Beginn dieses Jahrhunderts zu diesem Zweck importiert wurden.

Bretonen, die mit Englischen Vollblütern und Arabern gekreuzt wurden, ergaben den **Corlay**

Verbreitungsgebiet: Frankreich

Britisches Warmblut
Großbritannien

Erscheinungsbild: moderner, qualitativ sehr hoch stehender Sportpferdetyp. Hübscher, meist gerader, trockener Kopf mit ausdrucksvollen Augen und kleinen, spitzen Ohren; schlanker, gut aufgesetzter Hals; gute, schräge Schulter; ausgeprägter Widerrist; schöne Rückenlinie; leicht abfallende Kruppe; genügend Gurtentiefe; lange, klare, korrekte Gliedmaßen; flache, weite Hufe

Größe: 160–170 cm Stockmaß

Farben: alle Grundhaarfarben

Charakteristik: überaus leistungsfähiges Sportpferd mit sehr guter Gangmechanik und meist hervorragendem Springvermögen; einwandfreier Charakter und ausgeglichenes Temperament

Eignung: Allroundsportpferd

Herkunft: Großbritannien

Sehr junge Rasse, entstanden aus hauptsächlich kontinentalen Warmblutrassen, vorwiegend aus Deutschland, Holland, Dänemark und Schweden, die mit heimischen Rassen (bevorzugt Vollblütern) gekreuzt wurden und werden. Strenge Qualitätskontrollen führt die Ende der 70er Jahre gegründete *British Warmblood Society* durch

Verbreitungsgebiet: Großbritannien

Brumby
21
Australien

Erscheinungsbild: uneinheitliche Population verwilderter Pferde aller Größen und Farben, ähnlich dem amerikanischen Mustang. Allgemeingültige Merkmale: ein ausdrucksvoller Kopf mit gerader Profillinie auf einem kräftigen, mittellangen Hals; oft schöne, schräge Schulter; ausgeprägter Widerrist; tiefe und breite Brust; langer, kräftiger Rücken mit guter Rippenwölbung und muskulöser, abgeschlagener Kruppe; kurze, stabile Beine mit kräftigen Gelenken und widerstandsfähigen, großen Hufen; leichter Fesselbehang

Größe: 135–150 cm Stockmaß

Farben: alle Haarfarben einschließlich Schecken

Charakteristik: hart und ausdauernd, schnell und wendig; sehr trittsicher; überaus unempfindlich und gesund; schwieriges Temperament; sehr wild; nicht leicht zu zähmen

Eignung: selten Reit- oder Arbeitspferd

Herkunft: ursprünglich von Engländern importierte Pferde, die Mitte des 19. Jahrhunderts von Siedlern, die wegen des beginnenden Goldrauschs ihre Siedlungen verließen, allein gelassen wurden und verwilderten. Sie lebten im fast undurchdringlichen Buschland (scrub) von Australien ausgesprochen wild, waren kaum zu zähmen und vermehrten sich so stark, daß die Regierung von Australien Massentötungen beschloß

Verbreitungsgebiet: Australien, hauptsächlich im Northern Territory und im Artesischen Becken

Budjonny
22
Rußland

Erscheinungsbild: schön proportioniertes Warmblutpferd mit hübschem, trockenem Kopf; ausdrucksvolle Augen und lebhafte Ohren; gut aufgesetzter, muskulöser Hals; schöne, lange, schräge Schulter; ausgeprägter Widerrist; starker Rücken mit wenig abfallender Kruppe; gut gestellte, trockene, gesunde Beine und überaus harte, kleine Hufe

Größe: etwa 160 cm Stockmaß

Farben: hauptsächlich Füchse und Hellbraune mit goldenem Schimmer, selten auch Rappen

Charakteristik: ruhiges, empfindsames Pferd von erstaunlicher Schubkraft und herrlich weichen, flachen Bewegungen; hart und ausdauernd; oft gutes Springvermögen

Eignung: Vielseitigkeitspferd; Steeplechaser

Herkunft: Dongestüte um Rostow/Rußland.
Sehr junge Zucht, von Marschall Budjonny im Jahre 1921 ins Leben gerufen. Er kreuzte Donpferde mit Englischen Vollblütern. Dabei wurde deutlich, daß die Verbindung zwischen Vollbluthengst und Donstuten günstiger ausfiel als bei Vollblutstuten mit Donhengsten

Verbreitungsgebiet: Rußland

Calabreser
●
Italien

Erscheinungsbild: ein dem **Salerner** sehr nahe stehendes Warmblutpferd; keine besonderen Vorzüge, aber in der Regel gut gebaut. Gerader bis leicht geramster Kopf; harmonischer, gut getragener, langer Hals; schräge Schulter; markierter Widerrist; gerader, etwas langer Rücken mit gut bemuskelter Kruppe; viel Gurtentiefe; gesunde, trockene Gliedmaßen und harte Hufe

Größe: um 162 cm Stockmaß

Farben: alle Grundhaarfarben

Charakteristik: Durchschnittspferd mit lebhaften, elastischen Bewegungen; ausgeglichen, freundlich; unermüdlich; häufig gutes Springvermögen

Eignung: Reitpferd

Herkunft: Kalabrien/Italien
Produkt der Kreuzung zwischen Vollblütern und Salernern. Geht auf den Neapolitaner der Renaissancezeit zurück, wobei sicherlich auch Berber- und spanisches Blut einfloß. Nachdem die Zucht im vergangenen Jahrhundert völlig niederging, versucht man seit Anfang des 20. Jahrhunderts mit Hilfe von englischem Vollblut eine neue Zucht aufzubauen

Verbreitungsgebiet: Kalabrien

Camargue-Pferd
23
Frankreich

Erscheinungsbild: Pony mit geradem, manchmal auch ramsnasigem, etwas langem Kopf; große Augen; kleine Ohren; kurzer, gerader bis Hirschhals; etwas steile Schulter; tiefe Brust; markierter Widerrist; kräftiger, kurzer Rücken; kurze, leicht abgeschlagene Kruppe; trockene Gliedmaßen mit starken Gelenken; harte, kleine Hufe; kein Behang

Größe: etwa 135–145 cm Stockmaß

Farben: hauptsächlich Schimmel („die weißen Pferde der Camargue")

Charakteristik: ausgeglichen, besonders hart und genügsam; ausdauernd und lerneifrig, dabei furchtlos; meist mit dem sogenannten *cow sense;* oft hohe Springbegabung

Eignung: Hütepony der Camarguecowboys für Kampfstiere; außerordentlich leistungsfähiges Freizeit- und Trekkingpony; wird auch in der Landwirtschaft eingesetzt

Herkunft: Camargue, Sümpfe des Rhônedeltas
Es lebt noch heute halbwild in sogenannten Manaden. Wahrscheinlich stammt es von nordafrikanischen Berberpferden ab. Eine andere Theorie läßt es auf das prähistorische Solutré-Pferd zurückgehen. Seit 200 Jahren wurde kein fremdes Blut mehr zugeführt. Ein eigenes Stutbuch existiert seit 1968

Verbreitungsgebiet: die Camargue (Frankreich), in geringer Anzahl auch in Deutschland und Großbritannien

Canadian Cutting Horse

Kanada

Erscheinungsbild: typisches Western Horse; kurzer, oft leicht ramsnasiger Kopf; freundliche Augen und kleine spitze Ohren; mittellanger, tief angesetzter, gerader Hals; breite Brust; viel Gurtentiefe; markanter Widerrist; kurzer, kräftiger Rücken mit gut bemuskelter, abgeschlagener Kruppe; kurze, kräftige Beine und kleine, harte Hufe

Größe: etwa 150–160 cm Stockmaß

Farben: alle Farben, einschließlich Schecken und Palominos

Charakteristik: ausgeglichenes, überaus zuverlässiges Pferd mit *cow sense,* der wichtig für die Arbeit mit Rindern ist; trittsicher, wendig und willig

Eignung: Arbeitspferd der Rinderfarmer; gutes Gelände- und Trailpferd

Herkunft: Das Canadian Cutting Horse stammt vom American Quarterhorse ab, hat also auch den gleichen Ursprung. Speziell für die Arbeit mit Rindern gezüchtet

Verbreitungsgebiet: Kanada

Charolais-Halbblut

Frankreich

Erscheinungsbild: starkes Pferd im Huntertyp stehend. Großer, nicht sehr schöner Kopf; kräftiger, mittellanger Hals; gute, schräge Schulter; langer, manchmal weicher Rücken mit schwacher Nierenpartie; lange Kruppe; etwas lange Röhren

Größe: etwa 150–162 cm Stockmaß

Farben: alle Grundhaarfarben

Charakteristik: sensibel und gesund; mit viel Leistungsbereitschaft; von gutem Charakter und freundlich

Eignung: früher Kavalleriepferd, jetzt Jagd- und Sportpferd

Herkunft: Gebiet von Charolais/ Frankreich
Kreuzungsprodukt aus Englischen Vollblütern und Anglo-Normannen. Dem Charolais sind das **Nivernais-** und das **Bourbonnais-Halbblut** sehr ähnlich. Alle drei bilden inzwischen keine eigene Rasse mehr, sondern gingen im **Selle Français** auf

Verbreitungsgebiet: Frankreich

Chinapony

China

Erscheinungsbild: sehr ähnlich dem *Mongolischen Wildpferd;* nicht besonders schön; etwas schwerer, oft ramsnasiger Kopf mit kleinen, mandelförmigen Augen und kleinen Ohren; oft nicht gut angesetzter, unterentwickelter Hals; kräftige Schulter; wenig markierter Widerrist; muskulöser, gerader Rücken und abfallende Kruppe; gesunde, harte Beine und Hufe

Größe: 122–135 cm Stockmaß

Farben: alle Grundhaarfarben, aber bevorzugt Falben mit Aalstrich und schwarzen Beinen

Charakteristik: ausgesprochen zäh und trittsicher; manchmal etwas wild; über kurze Strecken sehr schnell

Eignung: Reitpony, Packpony, Helfer in der Landwirtschaft

Herkunft: China
Keine eigenständige Rasse, da man Ponys des gleichen Typs im ganzen Fernen Osten finden kann

Verbreitungsgebiet: China

Chincoteague- und Assateaguepony

USA

Erscheinungsbild: verkümmertes wild lebendes Pony; uneinheitlich im Typ; kein Ponykopf und auch sonst eher ein kleines Pferd

Größe: im Durchschnitt 122 cm Stockmaß

Farben: hauptsächlich Schecken und Schimmel

Charakteristik: wie alle Wildpferde sehr eigenwillig und widerspenstig im Charakter

Eignung: bei sehr vorsichtiger Ausbildung kann es ein gutes Kinderreitpony werden, wenn nichts Besseres zur Verfügung steht; wird auch als Kutschpferd verwandt

Herkunft: die Inseln vor Virginia und Maryland
Niemand weiß, wie die Ponys auf die beiden Inseln gelangt sind. Vermutlich haben sie sich schwimmend von einem vor dieser Küste untergegangenen Schiff auf die beiden vorgelagerten, durch eine schmale Meerenge voneinander getrennten Inseln gerettet. Einmal im Jahr werden heute die überzähligen Junghengste und -stuten beider Inseln ausgesondert und auf einer Auktion verkauft

Verbreitungsgebiet: USA

Cleveland Bay
26
Großbritannien

Erscheinungsbild: hübsches, kräftiges Warmblutpferd mit großem, schön getragenem Kopf; leichte Ramsnase; sanfte Augen und große Ohren; langer, muskulöser Hals; gute Schulter und tiefe Brust; flacher Widerrist; etwas langer Rücken mit ebensolcher Kruppe und hoch angesetztem Schweif; kurze, harte Beine mit kräftigen Gelenken und festen Hufen

Größe: 162–172 cm Stockmaß

Farben: nur Hellbraune und Braune möglichst ohne Abzeichen, höchstens kleiner Stern am Kopf und weiße Sprenkler an Ballen und Kronenrand sind erlaubt

Charakteristik: intelligent, ruhig und sensibel; sehr wendig; stark und ausdauernd; langlebig; oft natürliche Springbegabung

Eignung: sowohl Reit- als auch erstklassiges Kutsch- und Landwirtschaftspferd; gute Huntereigenschaften; durch seine Springbegabung oft auch ein ausgezeichnetes Vielseitigkeitspferd

Herkunft: Bezirk Cleveland im Nordosten von Yorkshire
Sehr alte, möglicherweise die älteste britische Rasse
Ursprünglich war es als Chapman Horse, das Packpferd der umherziehenden Händler bekannt. Einem Teil dieser Rasse wurde in starkem Maße englisches Vollblut zugeführt. Es entstand ein hervorragender Karossier, das *Yorkshire Coach Horse,* ein wesentlich eleganterer, edlerer Verwandter, der heute allerdings fast ausgestorben ist.
Der andere Teil der Rasse blieb bis auf einige Spritzer englischen Vollbluts rein und ist heute als Kutschpferd für feierliche Anlässe sehr gefragt. Neuerliche vermehrte Einkreuzung von englischen Vollblütern ergibt ausgezeichnete Hunter

Verbreitungsgebiet: Großbritannien und andere Länder

25

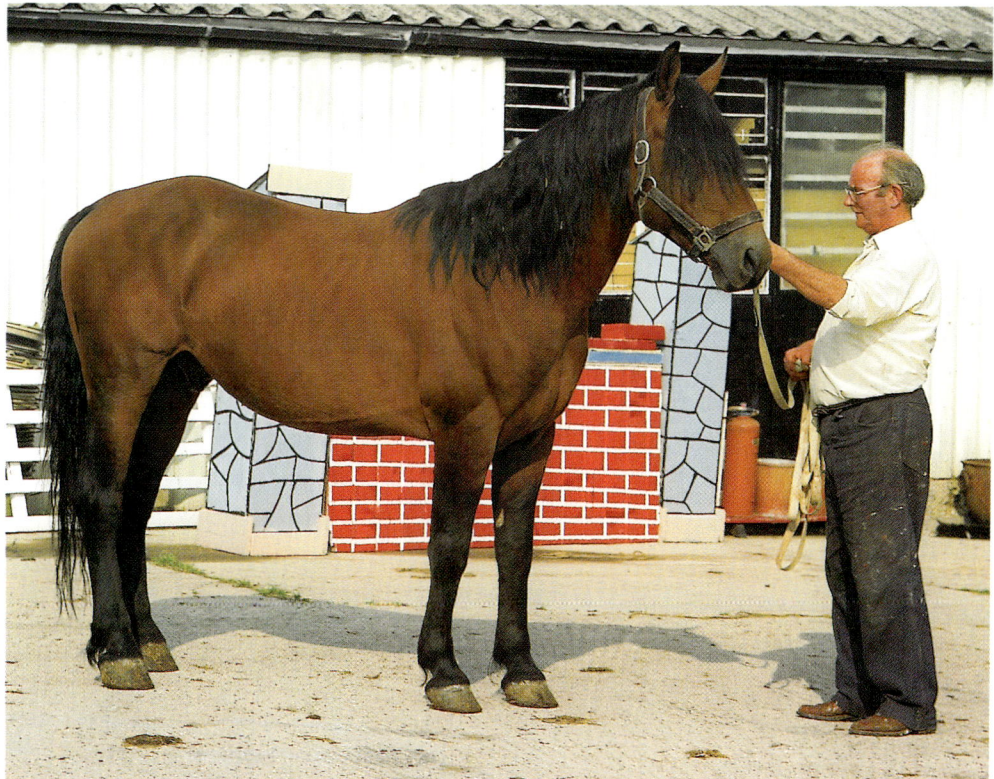

26

Hufen; üppiger Fesselbehang, insgesamt eine kraftvolle, aber nicht schwerfällige Erscheinung

Größe: zwischen 165 und 172 cm Stockmaß

Farben: vorherrschend Hellbraune und Braune, manchmal Rappen, selten Schimmel; manchmal stichelhaarig; häufig mit vielen Abzeichen nicht nur am Kopf und an den Beinen, sondern auch am Körper (meist im Bauchbereich)

Charakteristik: sehr temperamentvolles, aktives Pferd mit energischer Aktion; ausgesprochen freundlich und von gutem, ausgeglichenem Charakter; sehr fleißig und ausdauernd; von robuster Gesundheit

Eignung: starkes, williges Zugpferd, vielseitig einsetzbares Landwirtschaftspferd

Herkunft: Großbritannien Entstanden in der ersten Hälfte des 18. Jahrhunderts im schottischen Tal des Flusses Clyde, in Lanarkshire. Die Kreuzung basiert ursprünglich auf schweren einheimischen Stuten und ebensolchen Kaltbluthengsten aus Flandern, aber auch englischen. Gesucht waren damals starke Zugpferde für die dortigen Kohlebergwerke. Daher wurden schwere belgische Hengste eingeführt und mit den heimischen Landstuten gekreuzt. Der Clydesdale wurde überall dorthin exportiert, wo schwere Zugpferde gebraucht wurden

Verbreitungsgebiet: Großbritannien, Amerika, Australien, Neuseeland und Südafrika

Clydesdale
Großbritannien

Erscheinungsbild: großes, sehr starkes Kaltblutpferd mit nicht sehr großem, aber breitem Kopf mit meist gerader Profillinie, manchmal auch leicht ramsnasig; etwas kleine Augen und kleine, spitze Ohren; langer, kräftiger, gewölbter Hals und gut gelagerte, kompakte, schräge Schulter; markierter Widerrist; breite tiefe Brust; viel Gurtentiefe, kurzer Rücken, sehr kräftig und stark bemuskelt mit ebensolcher Hinterhand; kräftige, abgeschlagene Kruppe; lange Beine mit starken Gelenken und festen, gut geformten, flachen

Cob
Großbritannien

Mit Cob bezeichnet man keine Rasse, sondern einen bestimmten Pferdetyp, der durchaus unterschiedlicher Rasse sein kann. Es bestehen jedoch genaue Vorstellungen über das Aussehen und die Eigenschaften eines Cobs.

Erscheinungsbild: kräftiges Warmblutpferd; in der Regel großer Kopf, der Qualität zeigen sollte; starker, gebogener Hals; kräftige, schräge Schulter; kurzer, starker Rücken; tiefe Brust; viel Gurtentiefe; starke bemuskelte, breite Kruppe; kurze, stämmige Beine mit starken Knochen und harten Hufen

Größe: etwa 148–155 cm Stockmaß

Farben: nicht festgelegt

Charakteristik: sehr zuverlässig; ruhig und beständig; kraftvoll und ausdauernd; Gewichtsträger; mit angenehmen Gängen

Eignung: zuverlässiges und sicheres Reit- und Kutschpferd; auch für ältere Reiter bei Jagden geeignet

Herkunft: unterschiedlich. Vorwiegend in Irland und England z.B. aus Irish Draught Stuten, Connemaras und Vollblütern gezogen; häufig auch Zufallsprodukte anderer Kreuzungen. Sie werden betreut von der *British Hack and Cob Association*

Verbreitungsgebiet: Großbritannien und andere Länder

Comtois
Frankreich

Erscheinungsbild: leichtes bis mittelschweres Kaltblutpferd mit großem, markantem Kopf und großen, lebhaften Augen; gerader, nicht sehr langer Hals; starke Schulter; tiefe Brust; viel Gurtentiefe; genügend Widerrist; starker, kurzer Rücken; gute Rippenwölbung; muskulöse, breite, abfallende Spaltkruppe mit tiefem Schweifansatz; starke Beine mit stabilen Knochen und leichtem Fesselbehang; harte, kleine Hufe

Größe: etwa 145–155 cm Stockmaß

Farben: hauptsächlich Füchse

Charakteristik: sehr lebhafte Bewegungen; trittsicheres Gebirgspferd; stark und ausdauernd; fromm und gutmütig; sehr eifrig; von robuster Gesundheit; oft säbelbeinig

Eignung: sicheres Gebirgspferd; jahrhundertelang ausgezeichnetes Armeepferd; Zug- und Arbeitspferd

Herkunft: schweizerisch-französisches Grenzgebiet
Man sagt, daß dieser Kaltblüter dort schon seit ca. 1500 Jahren lebt. Im Mittelalter wurde er als Zug- und Schlachtroß verwendet. Die Rasse erlebte Blütezeiten und Verfall. Seit Mitte des 19. Jahrhunderts geht die Zucht durch Einsatz bester französischer Hengste wieder aufwärts. Ein Stutbuch existiert seit 1925

Verbreitungsgebiet: Frankreich

Connemarapony
28
Irland

Erscheinungsbild: kräftig gebautes, hübsches Pony im Reitpferdetyp stehend; gut proportioniert. Hübscher, gut getragener Kopf mit lebhaften Augen und Ohren; starker, mittellanger Hals auf schräger Schulter; kurzer, muskulöser Rücken; viel Gurtentiefe; kräftige Kruppe; klare, kurze Beine und harte Hufe

Größe: etwa 130–148 cm Stockmaß

Farben: Schimmel, Braune, Hellbraune, Rappen, Falben mit Aalstrich und schwarzen Beinen; auch mit Abzeichen

Charakteristik: zähes, ausdauerndes Pony mit robuster Gesundheit; freundlich und intelligent; natürliches Springtalent; kann ganzjährig im Freien gehalten werden

Eignung: Reitpony sowohl für Kinder als auch für Erwachsene. Wird oft mit Vollblut veredelt, um Hunter und Vielseitigkeitspferde zu erzielen

28

Herkunft: Westküste Irlands
Sehr alte Rasse; wahrscheinlich verwandt mit dem Western Isles Typ des Highlandponys. Später bekam das Connemara spanisches und Araberblut zugeführt. Auch kleine Englische Vollblüter haben ihre Spuren hinterlassen. Da die verschiedenen Zuchtergebnisse immer gut ausfielen, differieren die, die als Connemara bezeichnet werden, heute oft beträchtlich. Nur Connemaras, die heute noch wild in den Bergen der irischen Westküste in der Provinz Connaught leben, und zwar ohne menschliche Zufütterung, stellen durch die natürliche Auslese die typischsten Vertreter ihrer Rasse dar. Seit kurzem wieder Reinzucht

Verbreitungsgebiet: Irland und übriges Europa

Criollo
29
Lateinamerika

Erscheinungsbild: starkes, stämmiges, hübsches Warmblutpferd mit keilförmigem Kopf; durch die breite Stirn stehen die ausdrucksvollen Augen weit auseinander; kleine spitze Ohren; muskulöser Hals mit deutlichem Widerrist; lange schräge Schulter; tiefe Brust; kurzer, kräftiger Rücken mit starker Nierenpartie, runde, muskulöse Kruppe; starke Gliedmaßen mit kurzen, kräftigen Röhren und kleinen, sehr harten Hufen

Größe: 140–152 cm Stockmaß

Farben: hauptsächlich Mausfalben, Fuchsfalben, Falben mit Aalstrich und Zebrastreifen an den Beinen, oft auch mit Abzeichen an Kopf und Beinen. Es kommen aber auch Isabellen, Schecken, Füchse, Schimmel, Rappen und Braune vor

Charakteristik: ausgeglichen, ausdauernd und widerstandsfähig; gesund; überaus genügsam

Eignung: unermüdliches Reitpferd der Gauchos in Südamerika; kräftiges Zugpferd; ausgezeichneter Gewichtsträger

Herkunft: Lateinamerika Abstammend von den Pferden, die die Konquistadoren im 16. Jahrhundert mitgebracht hatten, hat sich der Criollo unterschiedlich entwickelt, je nach Klima und Nahrungsangebot. Den Namen Criollo trägt er nur in Argentinien und Uruguay, in Chile heißt er **Caballo Chileno,** in Peru **Costeno,** in Venezuela **Llanero,**

in Brasilien **Crioulo Brazileiro**. Die Argentinier veranstalten jährlich Leistungsprüfungen, um die Härte und Ausdauer dieser Rasse zu kontrollieren. Dabei müssen die Pferde eine Strecke von 750 km mit einem zusätzlichen Gewicht von wenigstens 110 kg (Reiter samt Sattel und Zubehör) in 14 Tagen zurücklegen und sie dürfen sich nur von Wasser und Futter ernähren, das sie unterwegs finden

Verbreitungsgebiet: Lateinamerika, aber auch USA und Europa

Dalespony
30
Großbritannien

Erscheinungsbild: hartes, starkes Pony mit trockenem, kleinem, geradem Kopf, breiter Stirn und kleinen Augen und Ohren; kurzer, starker Hals; etwas steile Schulter; starker, etwas langer Rücken und gut bemuskelte Hinterhand; breite, muskulöse, leicht abfallende Kruppe; Kötenbehang; üppiges Mähnen- und Schweifhaar

Größe: 140–147 cm Stockmaß

Farben: Rappen, Braune, manchmal Schimmel; Abzeichen nicht erwünscht

Charakteristik: sehr starkes Zugpferd, dabei sensibel und freundlich; ausgesprochen trittsicher; mit schönen, freien Bewegungen

Eignung: ausgesprochen starkes Lastenpony für jegliche landwirtschaftliche Arbeit; wurde auch als Zugtier

zur Grubenarbeit herangezogen. Als Reitpony ist es ein ausgezeichneter Gewichtsträger, überaus ausdauernd und daher für lange Strecken geeignet

Herkunft: Durham und Northumberland
Sehr alte keltische Abstammung; Verwandter des Fellponys. Im 17. und 18. Jahrhundert reines Bauernpferd für die Landwirtschaft und zum Reiten. Auch als Packpferd für den Transport des Bleis aus den Gruben bis zur Küste tat es hervorragende Dienste. Im 19. Jahrhundert hatte der zur Blutauffrischung eingeführte Welsh-Cob-Hengst „Comet" sehr starken Einfluß auf die Zucht. Sie ist im Vergleich zum 19. Jahrhundert stark zurückgegangen und wurde erst wieder durch das in letzter Zeit stark zunehmende Pony-Trekking belebt. Seit 1916 gibt es für diese Rasse einen Zuchtverband mit eigenem Stutbuch.

Verbreitungsgebiet: Großbritannien

Danubier
Bulgarien

Erscheinungsbild: schweres Warmblutpferd mit kräftigem, aber harmonischem Gebäude. Ausdrucksvoller, trockener, gerader oder leicht geramster Kopf mit freundlichen Augen und mittellangen, lebhaften Ohren; kräftiger Hals mit gut bemuskelter Schulter; markierter Widerrist; tiefe, breite Brust; starker Rücken und leicht abgeschlagene Kruppe mit hohem Schweifansatz; schlanke,

aber stabile Gliedmaßen mit breiten Gelenken und kurzen Fesseln; harte Hufe; wenig Behang; manchmal Stellungsfehler

Größe: etwa 153–156 cm Stockmaß

Farben: Rappen, Dunkelbraune und Füchse

Charakteristik: eifrig und beständig; fromm und ausdauernd; widerstandsfähig; leichtfuttrig; energische Bewegungen

Eignung: gutes Arbeitspferd in der Landwirtschaft; im leichteren Schlag auch als Reit- und Springpferd im Einsatz

Herkunft: Bulgarien
Eine recht junge Zucht aus diesem Jahrhundert aus Nonius-Hengsten und Anglo-Araberstuten; gezüchtet im Donaugebiet, daher auch sein Name

Verbreitungsgebiet: Bulgarien

Dartmoorpony
31
Großbritannien

Erscheinungsbild: kräftiges Gebirgspony. Gut getragener, harmonischer, schmaler Kopf mit kleinen, spitzen Ohren; dichtes Mähnen- und Schweifhaar; kräftige, schräge Schulter; gut bemuskelter Rücken und ebensolche Hinterhand; breite, abgeschlagene Kruppe; kräftige Beine mit starken, gut gewinkelten Sprunggelenken; Fesselbehang; harte, kleine Hufe

Größe: bis ca. 130 cm Stockmaß

31

Farben: hauptsächlich Hellbraune, Braune, Rappen, selten Füchse und Schimmel

Charakteristik: sensibel, langlebig, trittsicher und widerstandsfähig; hart und ausdauernd; sehr kinderfreundlich; schöne, freie Bewegungen. Der schön getragene Kopf und Hals gibt kleinen Reitern ein größeres Gefühl der Sicherheit

Eignung: ideales, vertrauenswürdiges Kinderreitpony

Herkunft: Dartmoorgebiet in Devonshire
Das Dartmoorpony ist ein etwas größerer Verwandter des Fellponys. Geprägt von der unwirtlichen Gebirgslandschaft lebte es bis zum Ende des 19. Jahrhunderts halbwild und nicht registriert. Der Versuch,

durch Einkreuzung von kleinen Shetlandponys möglichst kleine, kräftige Ponys für die Arbeit in den Minen zu erzielen, schlug fehl, die Rasse degenerierte. Heute werden nur Tiere ins Stutbuch aufgenommen, die auf den ursprünglich reinen Dartmoortyp zurückgehen.

Verbreitungsgebiet: Großbritannien

D

Deutscher Traber

32

Deutschland

Erscheinungsbild: im Vollbluttyp stehendes, recht edles Pferd; Kopf etwas größer als der des Vollblüters mit großen, lebhaften Augen und weiten, faltenfreien Nüstern; etwas steile Schulter, was jedoch durch die günstige Winkelung des Oberarmbeines (Traberwinkel) ausgeglichen wird (der Renntrab wird dadurch begünstigt); viel Gurtentiefe; kräftiger, muskulöser Rücken und ebensolche Hinterhand sowie klare, lange Beine mit trockenen Sehnen und Gelenken und harten, gesunden Hufen

Größe: 155–165 cm Stockmaß

Farben: meist Braune, aber auch Füchse und Rappen

Charakteristik: da Trabrennen – im Gegensatz zu Galopprennen – das ganze Jahr über und bei jeder Witte-rung geritten werden, hat der Deutsche Traber eine eiserne Konstitution, ist genügsam und ausdauernd. Er ist mutig und gelehrig, gutmütig und von tadellosem Charakter

Eignung: vielseitig einsetzbar; unter dem Reiter, in der Landwirtschaft und im Gespann

Herkunft: auf der Grundlage russischer *Orlow-Traber* gezüchtet, werden heute vermehrt *amerikanische* und *französische Traber* eingekreuzt. Das erste Trabrennen in Deutschland wurde im Jahre 1874 mit Holsteinern und Oldenburgern auf einer 1700 m langen Bahn gelaufen. Die dabei erreichten Zeiten waren keineswegs vergleichbar mit denen von Trabern, die bereits auf Schnelligkeit und Ausdauer hin selektiv gezüchtet wurden. Dennoch fand dieser neue Sportzweig viele begeisterte Anhänger

Verbreitungsgebiet: Deutschland, aber auch übriges Europa

Deutsches Reitpony

33

Deutschland

Erscheinungsbild: noch etwas uneinheitlich wegen unterschiedlicher
Abstammungen. Zuchtziel: kleiner,
trockener, edler Kopf mit genügend
Ganaschenfreiheit; lebhaftes, freundliches Auge; eher kleine Ohren;
große, weite Nüstern; langer, breiter,
gut aufgesetzter, sich zum Genick
hin verjüngender Hals; gute, schräge
Schulter; hoher, langer Widerrist;
mittellanger Rücken mit guter Sattellage; möglichst lange Kruppe,
leicht abfallend; nicht zu hoch angesetzter Schweif; schlanke Beine mit
stabilen Knochen; feste, mittelgroße
Hufe

Größe: zwischen 138–148 cm
Stockmaß

Farben: alle Farben, auch Schecken

Charakteristik: ausgeglichen, gutartig, willig, leistungsbereit und mutig;
sehr gelehrig; mit viel Nerv und
Härte; große Trittsicherheit; raumgreifende, elastische Bewegungen
mit viel Schub aus der Hinterhand

Eignung: Dressur- und Springpony
für Kinder; elegantes Fahrpony; auch
sehr gutes Freizeit- und Wanderpony

Herkunft: Kreuzungszucht aus vorwiegend englischen Ponyrassen
sowie Arabern, Anglo-Arabern, Vollblütern und auch Warmblütern. Da
die Zuchtgrundlage wegen unterschiedlicher Abstammungen recht
uneinheitlich war, sind Streuungen
im Typ festzustellen

Verbreitungsgebiet: Deutschland

Dölepferd

34

Dänemark

Erscheinungsbild: man unterscheidet 3 stark unterschiedliche Typen:
● einen leichten Reitpferdetyp
● einen schweren kaltblütigen Typ
● einen Trabertyp

Heute werden hauptsächlich der
leichte Reitpferdetyp und der daraus
entstandene Trabertyp gezüchtet.
Den ursprünglichen, kaltblütigen Typ
findet man nur noch selten.
Der leichte Reitpferdetyp: hübscher,
gerader Kopf und stark bemuskelter
Halsaufsatz; schräge Schulter; wenig
Widerrist; etwas langer Rücken mit
mächtiger, abgerundeter Kruppe;
kurze, sehr stämmige Beine mit viel
Fesselbehang; harte, gesunde Hufe
Trabertyp: etwas leichter als der
obenbeschriebene Typ mit mehr
Ähnlichkeit zum englischen Fellpony;
hübscher, oft orientalisch wirkender
Kopf mit glänzenden Augen, weiten
Nüstern und lebhaften, spitzen Oh-
ren; gut getragener, kräftiger Hals;
manchmal etwas steile, aber kräftige
Schulter; tiefe, breite Brust; gerader
Rücken mit muskulöser Kruppe; sehr
harte, kurze Beine mit viel Knochen;
Beinbehang

Größe: Reitpferdetyp: etwa
145–155 cm Stockmaß
Trabertyp: um 155 cm Stockmaß

Farben: meist Rappen oder Braune

Charakteristik: hart und genügsam;
energisch und beweglich; auffal-
lende, raumgreifende Bewegungen
im Trab; ausgeglichen und gutmütig;
starkes Mähnen- und Schweifhaar

34

Eignung: je nach Typ: Zugpferd für
Land- und Forstwirtschaft, aber auch
gutes Reitpferd sowie Trabrennpferd

Herkunft: Norwegen
Es weist sowohl Ähnlichkeit mit dem
Friesenpferd als auch mit dem Dales
Pony auf. Eine Vielzahl von Einkreu-
zungen – vom schweren Kaltblüter
bis zum Englischen Vollblüter, je nach
Verwendungszweck – hat die verschiedenen Typen erzeugt. Heute ist
der schwere, kaltblütige Typ kaum
noch gefragt; hauptsächlich wird der
heute gewünschte Reitpferdetyp
sowie der daraus entstandene
Trabertyp in staatlichen Gestüten
gezüchtet

Verbreitungsgebiet: Norwegen

Donpferd
35
Rußland

Erscheinungsbild: hochrechteckiges Pferd mit edlem, trockenem Kopf; breite Stirn mit weit auseinanderliegenden, großen Augen und kleinen, lebhaften Ohren; schöner, langer, gerader Hals; manchmal auch Hirschhals; häufig kurze, steile Schulter; langer, flacher Widerrist; gut bemuskelter Rücken; kräftige, leicht abgeschlagene Kruppe; sehr lange, trockene und harte Beine und Hufe

Größe: 155–163 cm Stockmaß

Farben: vorwiegend Füchse, sonst alle Grundhaarfarben

Charakteristik: sehr hartes, ausdauerndes, zähes und tapferes Pferd, das auch unter klimatisch extremen Bedingungen überlebt

Eignung: Reit-, Spring-, Kutsch-, Distanz- und Rennpferd

Herkunft: Donsteppe, Kirgisien/ Rußland
Früher das Lieblingspferd der Kosaken, weil es ein unglaublich zuverlässiges, ausdauerndes und tapferes kleines Pferdchen war. Es machte schon Napoleon zu schaffen, weil es sich fast von nichts ernährte und dennoch lebhaft angriff, während die Pferde Napoleons vor Schwäche niederbrachen. Durch die Einkreuzung von orientalischen Hengsten und Englischen Vollblütern sowie von Orlow-Hengsten wurde es größer, verlor aber nicht an Substanz

Verbreitungsgebiet: Rußland

Dülmener
36
Deutschland

Erscheinungsbild: etwas uneinheitliches Pony. Trockener, kleiner Kopf mit spitzen Ohren und lebhaften Augen; mittellanger, gut angesetzter Hals; gut gelagerte Schulter; genügend Gurtentiefe; kräftiger Rücken; abgeschlagene Kruppe mit tief angesetztem Schweif; trockene, harte Gliedmaßen mit kleinen, gesunden Hufen

Größe: etwa 125–140 cm Stockmaß

Farben: meist Mausgraue, Braune oder verschieden schattierte Falben mit Aalstrich und schwarzen Zebrastreifen an den Beinen

Charakteristik: vielseitig einsetzbar, lebhaft und gelehrig, Ponys mit viel Nerv, erstaunliches Galoppier- und Springvermögen; bei hoher Leistungsfähigkeit sehr genügsam

Eignung: vielseitiges Kinderreitpferd. Die größeren Exemplare sind auch für nicht zu schwere Erwachsene geeignet; gutes Fahrpferd

Herkunft: Dülmen (Münsterland) Eine alte Rasse, die schon seit dem 14. Jahrhundert besteht. In einem eingezäunten Gehege im Merfelder Bruch lebt heute eine Herde von noch ca. 200 Stuten und Fohlen im Besitz des Herzogs von Croy. Einmal im Jahr werden diese halbwild lebenden Ponys zusammengetrieben, gesichtet, medizinisch begutachtet und die Hengstjährlinge eingefangen und verkauft

Verbreitungsgebiet: Deutschland

Einsiedler
37

Schweiz

Erscheinungsbild: im Typ des Anglo-Normannen stehendes, kräftiges Warmblutpferd; gerader Kopf mit breiter Stirn, weit auseinanderliegenden Augen und lebhaften Ohren; kräftiger, langer Hals mit muskulöser, schräger Schulter; breite Brust; ausgeprägter Widerrist; viel Gurtentiefe; etwas langer, gerader Rücken mit guter Rippenwölbung; kräftige Hinterhand; leicht abfallende Kruppe mit gut angesetztem Schweif; lange Gliedmaßen mit starken Knochen und gut eingeschienten Sprunggelenken; gut geformter, harter Huf

Größe: etwa 153–162 cm Stockmaß

Farben: alle Grundhaarfarben

Charakteristik: ruhig; gesund, sensibel und aufmerksam; springbegabt

Eignung: vielseitiges Reit- und Fahrpferd, oft auch gutes Springpferd

Herkunft: Benediktinerabtei Einsiedeln/Schweiz
Dort wurde es schon im 11. Jahrhundert auf der Grundlage von Normänner Hengsten mit Stutbuch gezüchtet. Im 19. Jahrhundert hat man englische Voll- und Halbbluthengste zur Blutauffrischung eingekreuzt. Der Einsiedler wurde zu einem beliebten italienischen und schweizerischen Kavalleriepferd. Bis heute betreibt das Kloster seine Zucht, allerdings nur noch in geringem Maße

Verbreitungsgebiet: Schweiz

Englisches Vollblut (xx)
38

Großbritannien

Erscheinungsbild: sehr elegantes Pferd von hohem Adel; sehr schöner, fein modellierter, gerader Kopf mit lebhaften, großen Augen und spitzen Ohren; sehr langer, schön getragener, gebogener Hals, der in einen ausgeprägten Widerrist übergeht; lange, schräge Schulter; viel Gurtentiefe; kräftiger Rücken mit leicht abfallender, gut bemuskelter Kruppe; gut angesetzter, schön getragener Schweif; schlanke Gliedmaßen mit gut markierten Sehnen und Gelenken

Größe: je nach Verwendungszweck und Zucht können sie sehr unterschiedliche Größen aufweisen. Kleine Vollblüter sind oft nicht größer als 145 cm, es gibt sie aber auch – besonders unter den Steeplechasern und Jagdpferden – mit weit über 170 cm Stockmaß. Die vollblütigen Reitpferde sind im Durchschnitt circa 150–165 cm groß

Farben: hauptsächlich Braune, aber auch Füchse, Rappen und Schimmel

Charakteristik: ausgesprochen mutig, temperamentvoll, sensibel und in der Regel sehr nervig; trocken, zäh, ausdauernd und hart; sehr schnell (zur Rassenbezeichnung gehört das Zeichen xx)

Eignung: Rennpferd, aber auch Reit-, Spring- und Militarypferd; nicht für jeden Reiter geeignet

Herkunft: England
Die drei männlichen Begründer dieser Rasse sind „Byerley Turk", „Darley Arabian" und „Godolphin Barbe", die mit englischen Rennstuten gekreuzt wurden. Nur Pferde, die auf einen dieser drei Hengste zurückgingen, wurden in das im Jahre 1793 gegründete General Stud Book eingetragen. Da die Engländer schon seit Jahrhunderten Pferderennen über alles liebten, wurden die englischen Vollblüter rein für Rennen gezüchtet. Nur mit den erfolgreichsten Hengsten darf bis heute weitergezüchtet werden. Das ist auch unbedingt notwendig, um Degenerationserscheinungen durch Inzucht (seit mehr als 250 Jahren werden nur Angehörige der gleichen Rasse miteinander gekreuzt) auszumerzen und diese Rasse lebensfähig zu erhalten

Verbreitungsgebiet: fast weltweit

Englisches Reitpony

Großbritannien

Erscheinungsbild: ausnehmend elegantes Pony mit harmonischem Fundament. Hübscher, kleiner Kopf mit geradem Profil; große, ausdrucksvolle Augen; kleine Ohren; wohlgeformter und schön getragener, langer Hals; tiefe, breite Brust; gut gelagerte, schräge Schulter; deutlich markierter Widerrist; viel Gurtentiefe; etwas langer, gerader, gut bemuskelter Rücken mit schöner runder Kruppe; klare, gesunde Gliedmaßen mit stabilen Gelenken; kurze Röhren; harte, kleine, gesunde Hufe

Größe: kleiner Typ bis 124 cm, mittlerer Typ von 125–134 cm und der große Typ von 135–145 cm Stockmaß

Farben: alle Haarfarben

Charakteristik: leistungsfähig, ausgeglichen, willig und energisch; schöne, freie Bewegungen

Eignung: Reit- und Springpony von hoher Qualität

Herkunft: Großbritannien
Produkt der Kreuzung englischer und arabischer Vollblüter mit einheimischen Ponyrassen

Verbreitungsgebiet: Großbritannien

Exmoorpony

39

Großbritannien

Erscheinungsbild: sehr hübscher Kopf mit leicht hervorquellenden Augen, breiter Stirn und weiten Nüstern; kurze, spitze Ohren; kurzer, muskulöser Hals und breite, tiefe Brust; schräge Schulter; deutlicher Widerrist; kräftiger, mittellanger Rücken und breite, muskulöse, leicht abfallende Kruppe; kurze, kräftige Gliedmaßen mit harten, kleinen Hufen

Größe: im Durchschnitt ca. 122 cm Stockmaß

Farben: Braune und Braunfalben, alle mit dem charakteristischen Mehlmaul und hellen Augenrändern; helle Schattierungen ebenfalls am Bauch und an der Innenseite der Schenkel; dunkle Beine sowie dunkles Schweif- und Mähnenhaar

39

Charakteristik: hart, ausdauernd und gelehrig, bei korrekter Behandlung auch zutraulich und anhänglich; Gewichts- und Lastenträger, sehr trittsicher; lebhaftes Temperament; harmonische, freie Bewegungen und ein erstaunlich schneller Galopp; oft gutes Springtalent; das Haarkleid ist im Winter dicht und borstig, eine Besonderheit dieser Rasse

Eignung: bestes Trag- und Zugtier; wird auch als Jagdpferd von Erwachsenen im Moor geritten

Herkunft: Großbritannien
Gilt als älteste britische Ponyrasse, beheimatet in der Gegend von Devonshire und Somerset, einer wilden Moorlandschaft. Die Tiere leben dort auch im härtesten Winter und bei meterhohem Schnee frei und ohne menschliche Zufütterung, was sie extrem widerstandsfähig macht. Ihre Abstammung ist nicht gesichert. Die einen zählen sie zu den Keltenponys, andere datieren ihre Entstehung sogar noch weiter zurück, in die Zeit, als Britannien noch keine Insel war

Verbreitungsgebiet: Großbritannien

Falabella

40

Argentinien

Erscheinungsbild: hübsches Miniaturpferd

Größe: maximal 72 cm Stockmaß

Farben: alle Haarfarben möglich, neuerdings bevorzugt Appaloosazeichnung

Charakteristik: ausgeglichen, liebenswert und gutartig, intelligent und freundlich

Eignung: als Haustier, für den Zoo und für den Zirkus

Herkunft: Argentinien
Die Familie Falabella züchtete diese kleinste Rasse der Welt aus einem sehr kleinen Vollblüter und einem sehr kleinen Shetlandpony. Danach wurden nur die kleinsten Nachkommen zur Weiterzucht verwendet

Verbreitungsgebiet: Argentinien und USA

Fellpony

41

Großbritannien

Erscheinungsbild: hübscher, trockener Kopf mit spitzen Ohren; kurzer, kräftiger Hals; schöne, schräge Schulter; starke Rückenpartie mit ebensolcher, leicht abgeschlagener Kruppe; üppiges Mähnen- und Schweifhaar; leichter Kötenbehang; kräftige, trockene Gliedmaßen mit harten Hufen. Eigentlich kein typisches Pony, sondern mehr ein sehr kraftvoll gebautes Kleinpferd

Größe: 130–140 cm Stockmaß

Farben: meist Rappen, möglichst ohne Abzeichen; gelegentlich Braune oder Schimmel

Charakteristik: hart und ausdauernd; sehr widerstandsfähig, stark und genügsam; angenehm weiche und freie Bewegungen und große Trittsicherheit

Eignung: ausgezeichnetes Reit- und Jagdpony, das auch als Zugpferd eingesetzt werden kann

Herkunft: Westmorland und Cumberland
Eine sehr alte Ponyrasse auf britischem Boden. Sie soll von Friesenpferden abstammen, die von den Römern nach Britannien gebracht worden waren. Auch das Fellpony wurde im 17. und 18. Jahrhundert als unermüdlicher Träger von Blei aus den britischen Minen bis zur Küste benutzt. Heute jedoch ist es fast nur noch ein äußerst beliebtes Reitpony.

Verbreitungsgebiet: Großbritannien

40

41

Finnischer Klepper

42

Finnland

Unter dem Sammelbegriff „Finnischer Klepper" wurden in jüngster Zeit auch die Rassen Finnisch-Universal und das Finnische Zugpferd zusammengefaßt.

Finnisches Zugpferd

Erscheinungsbild: kleines, gedrungenes Kaltblutpferd mit kräftigem, gut proportioniertem Gebäude; mittelgroßer Kopf auf muskulöser, etwas steiler Schulter; breite, tiefe Brust; starker Rücken mit muskulöser, runder Kruppe; kurze, stämmige Beine mit viel Knochen und harte Hufe; etwas Kötenbehang

Größe: nicht über 152 cm Stockmaß

Farben: vorwiegend Füchse, auch Hell- und Dunkelbraune, Rappen

Charakteristik: lebhafte, raumgreifende Bewegungen; leicht zu lenken; ausgezeichnete Konstitution; vereinigt in sich sowohl Kalt- als auch Warmbluteigenschaften

Eignung: Zugpferd, aber auch Trabrenn- und Reitpferd

Herkunft: Finnland
Es entstand aus verschiedenen eingeführten Hengsten, die mit den einheimischen Ponys gekreuzt wurden

Verbreitungsgebiet: Finnland

Finnisch-Universal

Erscheinungsbild: gedrungenes, kräftiges Gebäude; ein Pferd, das sowohl Kaltblut- als auch Warmbluteigenschaften besitzt; gerader, langer, etwas klobig wirkender Kopf mit lebhaften Augen und gespitzten Ohren; dicker, relativ kurzer, gut getragener Hals; steile, aber muskulöse Schulter; üppiges Mähnen- und Schweifhaar; breite, tiefe Brust; markierter Widerrist; viel Gurtentiefe; kräftiger Rücken mit gut bemuskelter Hinterhand; leicht abgeschlagene, ebenfalls gut bemuskelte Kruppe; tiefer Schweifansatz; relativ schlanke, aber stabile, trockene, gesunde Gließmaßen mit harten, großen Hufen; wenig Fesselbehang; Stellungsfehler (Säbelbeinigkeit) möglich

Größe: zwischen 155 und 160 cm Stockmaß

Farben: vorwiegend Füchse, Braune und Hellbraune; seltener Rappen

Charakteristik: sehr ruhig und ausgeglichen; von freundlichem Wesen; lebhaftes Temperament in der Bewegung; willig und mutig; schnell; sehr gesund und langlebig; ausdauernd und leichtfuttrig

Eignung: sowohl gutes Reitpferd als auch Zug- und Kutschpferd; schneller Traber; wird auch für Trabrennen eingesetzt

Herkunft: Finnland
Wie auch das Finnische Zugpferd eine Kreuzung von eingeführten Kaltblütern und einheimischen Ponys

Verbreitungsgebiet: Finnland

42

Finnischer Klepper

Erscheinungsbild: ein Pferd, das sowohl die Merkmale des Kalt- als auch des Warmblüters in sich vereinigt. Mittellanger Kopf mit aufmerksamen Augen und spitzen Ohren; kurzer, starker Hals; etwas steile, muskulöse Schulter; wenig Widerrist; tiefe, breite Brust; entsprechend viel Gurtentiefe; kurzer, kräftiger Rücken und ebensolche Kruppe; kurze Beine mit harten Hufen, leichter Kötenbehang

Größe: etwa 155 cm Stockmaß

Farben: vorwiegend Füchse, aber auch Rappen und Braune

Charakteristik: hart und ausdauernd; energisch und schnell; gutmütiger Charakter und ruhiges Temperament; gesund und langlebig; dichtes Mähnen- und Schweifhaar

Eignung: Pferd für Land- und Forstwirtschaft, Renntraber, Reitpferd

Herkunft: Finnland
Stammt sowohl vom Finnischen Zugpferd als auch vom Finnisch-Universal ab

Verbreitungsgebiet: Finnland

Fjordpferd
43
Norwegen

Erscheinungsbild: sehr kompaktes, quadratisches Pony, dem Mongolischen Wildpferd sehr ähnlich. Großer, trockener Kopf mit breiter Stirn und klaren, ruhigen, weit auseinanderliegenden Augen; weite Nüstern; kräftige Ganaschen; muskulöser, kurzer Hals mit starker, zweifarbiger Stehmähne (jeweils außen helles und in der Mitte schwarzes Mähnenhaar), die in Sichelform geschnitten wird, in der Mitte 10 cm hoch. Schulter oft kurz und steil; breite, tiefe Brust; sehr wenig Widerrist; muskulöser Rücken mit ebensolcher, runder

Kruppe; klare, gesunde, kurze Beine mit viel Kötenbehang und harten, großen Hufen

Größe: etwa 135–145 cm Stockmaß

Farben: Falben mit Aalstrich in verschiedenen Schattierungen, Zebrastreifen an den Beinen, schwarz-silber gemischte Mähne und ebensolcher Schweif

Charakteristik: hart, ausdauernd und arbeitsfreudig; leichtfuttrig, gutmütig, manchmal aber auch sehr eigenwillig bis stur; langlebig

Eignung: Arbeits- und Reitpony, Trekkingpony

Herkunft: Westnorwegen
Eine mit Sicherheit sehr alte Pferderasse, die ihre wesentlichen Merkmale über die Jahrhunderte hinweg

erhalten hat. Das liegt daran, daß bis auf einen fehlgeschlagenen Versuch, Gudbrandsdaler und Vollblüter einzukreuzen, seit ca. 130 Jahren Reinzucht betrieben wird. Diese Rasse ist nicht nur in Norwegen sehr beliebt, sondern auch in vielen anderen Ländern Europas. Das liegt sicher an ihrer vielseitigen Einsetzbarkeit und ihrer unverdrossenen Arbeitsfreude

Verbreitungsgebiet: Norwegen und ganz Europa

Französischer Traber
44
Frankreich

Erscheinungsbild: wohlproportioniert, feinknochig; hübscher, gerader Kopf; meist schöne Halsung; oft steile Schulter; gut markierter Widerrist; tiefer Rumpf mit flacher Rippenwölbung; starker, gerader Rücken, gut bemuskelte, leicht abfallende Kruppe; tiefangesetzter Schweif; lange, widerstandsfähige Gliedmaßen, harte Hufe; oft Stellungsfehler (Foto: S. 68)

Größe: bis 168 cm Stockmaß

Farben: alle Grundhaarfarben, oft mit Abzeichen

Charakteristik: lebhaft, zäh und ausdauernd; willig und mutig; größer als die übrigen Traber, da in Frankreich auch Trabrennen im Sattel abgehalten werden und die Traber Reiter- und Sattelgewicht über relativ lange Strecken tragen müssen. Trab hervorragend; Schritt und Galopp oft mangelhaft; häufig erstaunliches Springvermögen

Eignung: Trabrennen, sowohl im Sulky als auch unter dem Sattel

Herkunft: aus dem Anglonormannen entwickelt; relativ junge Zucht, die erst ab Beginn des 20. Jahrhunderts zielstrebig betrieben wurde und 1922 zur Einrichtung eines eigenen Stutbuches führte. Seit 1937 wird diese Rasse rein gezüchtet

Verbreitungsgebiet: ganz Europa

Französisches Reitpony
Frankreich

Erscheinungsbild: insgesamt kräftiges, etwas langes Pony; kleiner Kopf mit gerader oder konvexer Nasenlinie; aufmerksame Augen und mittellange Ohren; kräftiger, gut angesetzter Hals; tiefe, breite Brust; lange, schräge Schulter; markierter Widerrist; viel Gurtentiefe; gerader Rücken mit leicht abfallender, gut bemuskelter Kruppe; trockene Gliedmaßen mit harten Hufen

Größe: 125–145 cm Stockmaß

Farben: alle Haarfarben

Charakteristik: ausgeglichen, fromm, energisch und leichtfuttrig

Eignung: Reit- und Zugpony

Herkunft: Frankreich
Noch junge Rasse aus der Kreuzung von z. B. Araber- oder Welshhengsten mit einheimischen Landstuten, aber auch andere Kreuzungsprodukte werden anerkannt

Verbreitungsgebiet: Frankreich

Frederiksborger

45

Dänemark

Erscheinungsbild: Kopf mit leichter Ramsnase, lebhafte Augen und Ohren; starker, hoch aufgesetzter Hals; kräftige, oft etwas steile Schulter; breite Brust; wenig Widerrist; viel Gurtentiefe; gerader, gut bemuskelter Rücken und ebensolche Kruppe; kurze, kräftige, trockene Beine; gesunde Hufe

Größe: etwa 153–163 cm Stockmaß

Farben: meist Füchse

Charakteristik: willig und fügsam; lebhaft mit aktiven Bewegungen

Eignung: vielseitiges Reit-, auch leichtes Zug- und Kutschpferd

Herkunft: Dänemark
Älteste dänische Pferderasse, im 16. Jahrhundert auf der Grundlage von Spaniern und Neapolitanern entstanden, die mit leichten dänischen Landstuten gekreuzt wurden. Das Ergebnis war ein sehr begehrtes Prunkroß, „der Däne"; der Frederiksborger gehört zu den berühmtesten Rassen der Welt – er wurde gern zur Veredelung anderer Rassen eingesetzt. Mit der Auflösung des königlichen Gestüts nach dem Staatsbankrott begann man, mit dem verbliebenen Rest ein Kutsch- und Reitpferd zu züchten, das aber mit dem alten, barocken Frederiksborgertyp nichts mehr gemein hatte. Erst nach dem 2. Weltkrieg gelang die Umstellung auf das elegante Reitpferd. Heute ist die Zucht im Dänischen Warmblut aufgegangen

Verbreitungsgebiet: Dänemark

Freiberger

46

Schweiz

Erscheinungsbild: kraftvolles, wohlproportioniertes Warmblutpferd; hübscher, mittelgroßer Kopf mit sehr schönen, großen Augen, weiten Nüstern und kleinen, spitzen Ohren; hoher Halsaufsatz; gut gelagerte Schulter; kurzer, kräftiger Rücken und leicht abfallende Kruppe; stämmige, kurze, gesunde Beine mit harten Hufen

Größe: etwa 152–165 cm Stockmaß

Farben: alle Grundhaarfarben, aber vorwiegend Braune

Charakteristik: lebhaft und intelligent, dabei willig und gutmütig; ausdauernd und sehr genügsam; ausgeglichen und leistungswillig

Eignung: Arbeitspferd, Zugpferd, Reitpferd

Herkunft: Schweiz
Zuchtgrundlage ist der ursprünglich kaltblütige Freiberger, dem Normänner Blut und ein großer Teil Araberblut zugeführt wurde, um die Reiteigenschaften zu fördern. Heute erinnert höchstens sein stabiler Knochenbau an seine kaltblütigen Vorfahren

Verbreitungsgebiet: Schweiz, Italien und auch restliches Europa

45

46

Friesenpferd
Niederlande

Erscheinungsbild: starkes, muskulöses, schweres Warmblutpferd an der Grenze zum Kaltblut; etwas langer, aber schön getragener, trockener und gerader Kopf mit lebhaften Augen und kleinen, spitzen Ohren; schöner, kräftiger Halsaufsatz; dichte, gewellte Mähne; genügend schräge und lange Schulter; kurzer, gerader Rücken mit abfallender Kruppe und tiefem Schweifansatz; kurze, klare Beine mit viel Fesselbehang; harte Hufe

Größe: etwa 155–165 cm Stockmaß

Farben: fast ausnahmslos Rappen, möglichst ohne Abzeichen

Charakteristik: hart, willig, mit viel Kraft; freundlich, sensibel und intelligent; hohe, elegante Trabaktion

Eignung: starkes Arbeitspferd, prächtiges Kutschpferd; vielseitiges Reitpferd

Herkunft: Niederlande
Eine der ältesten Rassen Europas, die über lange Zeit hinweg recht unbeeinflußt blieb. Erst im Mittelalter sollen spanische und orientalische Hengste eingekreuzt worden sein. Zu Beginn des 20. Jahrhunderts starb die Rasse beinahe aus und wurde nur dank einiger Privatzüchter vor dem Untergang bewahrt. Mit Hilfe von Oldenburgern hat man die Zucht wieder aufgebaut, die sich heute großer Beliebtheit erfreut

Verbreitungsgebiet: Niederlande und Europa

Furioso-Northstar
Ungarn

Erscheinungsbild: sehr edles, gut proportioniertes Warmblutpferd mit trockenem, hübschem Kopf; langer, gut getragener Hals; gute, schräge Schulter; ausgeprägter Widerrist; viel Gurtentiefe; gerader, kräftiger Rükken mit muskulöser, abfallender Kruppe; korrekt gestellte, trockene und gesunde Beine mit starken Knochen und harten Hufen

Größe: etwa 160–165 cm Stockmaß

Farben: Dunkelbraune und Rappen, oft mit Abzeichen

Charakteristik: williges, kluges und vielseitiges Pferd; hart und ausdauernd; sehr schöne raumgreifende, freie Bewegungen; etwas Sprungvermögen

Eignung: Reit-, Fahr-, Vielseitigkeits- und Jagdpferd

Herkunft: Ungarn
Die Zucht basiert auf den beiden Hauptvererbern, dem Englischen Vollblüter „Furioso" und dem Norfolk-Roadster „North Star", die Mitte des 19. Jahrhunderts mit ungarischen Stuten gekreuzt wurden, da man auf der Suche nach einem guten Kavalleriepferd war. Später hat man weitere Vollblüter eingekreuzt

Verbreitungsgebiet: Ungarn, Tschechien und Slowakei, Rumänien, Polen, Österreich und Deutschland

Galiceñopony
Mexiko

Erscheinungsbild: eher einem kleinen, schmalen Pferd ähnlich als einem Pony; mit edlem Kopf und klugen Augen; der Körper wirkt oft etwas dürftig; schmale Brust und steile Schulter; wenig Widerrist; starker, genügend tiefer Rücken mit abfallender Kruppe; sehr schlanke Gliedmaßen mit harten, kleinen, runden Hufen

Größe: 120–135 cm Stockmaß

Farben: Hellbraune, Schimmel, Rappen und Falben. Schecken sind nicht zugelassen

Charakteristik: kluges und wendiges Pony, mit fleißigen Bewegungen und hoher Aktion; natürlicher *cow sense*, mit einem angeborenen „Rennschritt" ausgestattet, dessen Bewegungen angenehm und bequem für den Reiter sind; gelehrig, hart und genügsam; Anlage zum Paßgang, den die Vaqueros sehr schätzen

Eignung: vielseitiges Reit- und Arbeitspferd, auch Wagenpferd; oft gute Springanlagen

Herkunft: Mexiko bis in die USA Die Vorfahren stammen aus dem spanischen Galicien und gelangten mit Hernan Cortez, dem spanischen Eroberer, nach Mexiko.

Verbreitungsgebiet: Mexiko bis in die USA

Garrano-Pony
Portugal

Erscheinungsbild: kleines, sehr harmonisches Pony, mit sichtbar arabischem Einfluß; gerader oder leicht konkaver Kopf mit lebhaften Augen und kleinen Ohren; genügend langer, gerader Hals; wenig markierter Widerrist; kräftige, schräge Schulter; etwas langer, aber gut bemuskelter Rücken; tonniger Rumpf; abfallende Kruppe mit tief angesetztem Schweif; klare, stabile Gliedmaßen; harte, kleine Hufe; sehr dichtes Mähnen- und Schweifhaar

Größe: 120–130 cm Stockmaß

Farben: hauptsächlich Dunkelfüchse

Charakteristik: lebhaftes, sehr trittsicheres Pony; zäh und ausdauernd; freie, fördernde Bewegungen

Eignung: Reitpony, aber auch Lastenpony; Landwirtschaftspferd

Herkunft: Provinz Garrano do Minho und Tras dos Montes/Portugal Sehr alte Rasse, die den steinzeitlichen Höhlenmalereien ähneln soll. Jahrtausendelang blieb die Rasse offensichtlich unbeeinflußt. Sie soll auch eine der vielen Andalusierlinien begründet haben

Verbreitungsgebiet: Portugal

Gelderländer
Niederlande

Erscheinungsbild: kein besonders edler, mittelgroßer Ramskopf, freundliche Augen, lebhafte Ohren; starker, hoch aufgesetzter Hals; lange, etwas steile, aber kräftige Schulter; oft wenig Widerrist; kräftiger, breiter, langer Rücken, breite, ziemlich gerade Kruppe; Schweif hoch angesetzt und getragen; stabile, kurze Beine, klare Sprunggelenke; große Hufe

Größe: etwa 155–165 cm Stockmaß

Farben: Füchse, Schimmel und Braune, oft mit Abzeichen

Charakteristik: freundlich, stark und mutig; hohe, energische Aktion im Trab, raumgreifende Bewegungen; Schritt und Galopp etwas schwerfällig; einwandfreier Charakter

Eignung: leichtes Zug-, Arbeits- und Kutschpferd; Reitpferd mit zuweilen beachtlichem Springvermögen

Herkunft: Gelderland/Niederlande Auf der Grundlage von *Andalusiern*, *Normännern* und *Norfolk Roadstern* gezogen. Später auch andere Rassen wie *Oldenburger*, *Hackneys* und *Ostfriesen* eingekreuzt. Die besten Produkte hat man im 19. Jahrhundert systematisch untereinander gepaart, um ein einheitliches Arbeits- und Kutschpferd zu gewinnen. In neuerer Zeit, wo der moderne Reitpferdetyp zum Zuchtziel erklärt wurde, vermehrt Englische Vollblüter, Trakehner, Holsteiner und Anglo-Normannen eingesetzt

Verbreitungsgebiet: Niederlande

Giara-Pferd
Italien

Erscheinungsbild: kleiner, gerader Kopf; manchmal leichte Ramsnase; große, freundliche Augen; kleine Ohren; kräftiger Hals; wenig Widerrist; schöne, schräge Schulter; etwas tiefer Rücken mit abfallender Kruppe und tief angesetztem, üppigem Schweif; üppige Mähne; schlanke, lange Gliedmaßen und gesunde Hufe; oftmals kuhhessige Beinstellung

Größe: 125–132 cm Stockmaß

Farben: Rappen, Braune verschiedener Farbabstufung, auch Dunkelfüchse

Charakteristik: sehr lebhaft; oft sehr nervig; nicht für jeden Reiter geeignet; sehr genügsam und hart

Eignung: Reit- und Landwirtschaftspferd

Herkunft: Sardinien
Alte Rasse unklaren Ursprungs. Heute leben diese Pferde halbwild in den Bergen mit kärglichem Futterangebot

Verbreitungsgebiet: Italien

50

Gidran
50
Ungarn

Erscheinungsbild: stark arabischer Kopf mit großen, glänzenden Augen und feinen, spitzen Ohren; schön geformter und getragener Hals; gut gelagerte Schulter; markierter Widerrist; geräumige Brust; viel Gurtentiefe; kräftiger Rücken mit breiter, langer, leicht abfallender Kruppe und hohem Schweifansatz; trockene und klare Gliedmaßen mit kurzen Röhren und gut markierten Sehnen und Gelenken; etwas kurze Fessel; harte Hufe

Größe: etwa 155–165 cm Stockmaß

Farben: meist Füchse, aber auch alle anderen Araberfarben; häufig kleine Abzeichen

Charakteristik: anpassungsfähig, intelligent; genügsam und ausdauernd; lebhaftes, manchmal schwieriges Temperament; gute Springanlagen

Eignung: vielseitiges Reit-, aber auch Kutschpferd

Herkunft: Ungarn
Anfang des 19. Jahrhunderts aus ungarischen Stuten, die mit Arabern und Englischen Vollblütern gekreuzt wurden, entstanden. Heute sorgfältige Reinzucht im ungarischen Gestüt Marocpuszta

Verbreitungsgebiet: Ungarn, aber auch Rumänien und Bulgarien

Gotlandpony
51
Schweden

Erscheinungsbild: leichtes Pony mit geradem, hübschem Kopf; breite Stirn, ausdrucksvolle Augen und kleine Ohren; kurzer, aber muskulöser Hals; gute Schulter; relativ breite, tiefe Brust, ausgeprägter Widerrist; langer, nicht sehr starker Rücken; abgeschlagene Kruppe mit tief angesetztem Schweif; harte Beine mit trockenen Gelenken und festen Hufen

Größe: etwa 122–126 cm Stockmaß

Farben: alle Grundhaarfarben, auch Falben, Palominos und Schecken

Charakteristik: lebhaft und freundlich, manchmal auch eigenwillig oder sogar störrisch; oft gutes Springpferd; raumgreifende Bewegungen

Eignung: früher Arbeitspferd in der Landwirtschaft, heute Renntraber, Kinderreitpony

Herkunft: Insel Gotland/Schweden Sehr alte, bodenständige Rasse, die angeblich vom Tarpan abstammt. Schon 3000 v. Chr. soll diese Rasse wild auf der Insel Gotland gelebt haben. Nur wenig Fremdblut floß in der langen Zeit seiner Entwicklung in diese Rasse ein, weshalb sie bis heute kaum verändert ist

Verbreitungsgebiet: Schweden, Deutschland und USA

Groninger
52
Niederlande

Erscheinungsbild: kräftiges Warmblutpferd; hübscher Kopf mit gerader Nasenlinie; schöner, kräftiger Halsaufsatz; gut gelagerte Schulter; breite Brust; viel Gurtentiefe; gut bemuskelter Rücken und ebensolche Kruppe; hochangesetzter und getragener Schweif; kräftige, trockene, gesunde Beine

Größe: etwa 150–165 cm Stockmaß

Farben: meist Rappen und Dunkelbraune mit kleinen Abzeichen, seltener auch Schimmel

Charakteristik: stark und ausdauernd; mit hoher Aktion; ruhig und willig; guter Charakter; Gewichtsträger, äußerst zugkräftig und gleichzeitig leichtfuttrig

Eignung: früher ein reines Wagenpferd, wird es heute mehr als vielseitiges, leistungsfähiges Reitpferd verwendet

Herkunft: Groningen/Nordholland Produkt der Kreuzung zwischen Friesen und Oldenburgern

Verbreitungsgebiet: Niederlande

51

52

Hackney
53
Großbritannien

Erscheinungsbild: edler, gerader Kopf mit ausdrucksvollen, großen Augen und spitzen Ohren; Hals schön getragen, gut bemuskelt und gut aufgesetzt; steile, muskulöse Schulter; hoher Widerrist; kräftiger Rücken und muskulöse, runde Kruppe; extrem hoch getragener Schweif; kräftige, korrekte Gliedmaßen; kleine, harte Hufe

Größe: meist 150–160 cm Stockmaß

Farben: Braune, Rappen, Füchse, aber auch andere Farben, oft mit Abzeichen

Charakteristik: energisch und furchtlos, mit sehr eleganten Bewegungen. Hohe Aktion aus der Vorhand, die durch überaus starke Schubkraft aus der Hinterhand unterstützt wird. In den USA wird die Schweifhaltung durch eine Operation korrigiert (siehe auch Hackney Pony). Bewegungen in jeder Gangart leicht, federnd und rhythmisch

Eignung: aufsehenerregendes Kutschpferd für Pferdeschauen, Turniere und Paraden

Herkunft: Großbritannien
Im 19. Jahrhundert aus *Norfolk-Roadstern, Arabern* und *Englischen Vollblütern* gezüchtet, ist es bis heute ein „Vorzeigepferd". Es hat seit seiner Entstehung nichts an Beliebtheit eingebüßt. Seit 1878 gibt es einen Zuchtverband und seit 1883 ein Stutbuch

Verbreitungsgebiet: Großbritannien und USA

Hackney Pony
54
Großbritannien

Erscheinungsbild: edler, trockener Ponykopf mit glänzenden, lebhaften Augen und kleinen, spitzen Ohren; schön getragener Hals; gute, schräge Schulter; Rücken kräftig, Kruppe muskulös; sehr harte Gliedmaßen und Hufe

Größe: 125–145 cm Stockmaß

Farben: vorwiegend Braune, Hellbraune, Füchse und Rappen, aber auch andere Farben; oft mit Abzeichen

Charakteristik: feurig und elegant, vollblutähnlich; enorm hohe „Knieaktion", wobei jedes Bein nach dem Abheben einen Moment in der Bewegung innehält, so daß der Eindruck des „Schwebens" entsteht. Es ist energisch und furchtlos und ein ausgesprochenes Show-Pony, daß sich überaus effektvoll präsentiert. Damit das Pony den Schweif hoch tragen kann, werden in den USA die Niederziehermuskeln operativ durchtrennt. Die hohe Aktion wird durch Gewichte an den Hufen verstärkt (siehe Spalte links)

Eignung: spektakuläres Kutschpony für Pferdeschauen und Turniere; wegen der starken Schubkraft aus der Hinterhand auch gutes Reit- und Springpony

Herkunft: Großbritannien
Das Hackney Pony hat seinen Ursprung im *Norfolk Trotter* bzw. *-Roadster* (Straßenpferd). Mit Beginn des 19. Jahrhunderts wurden *Araber, Vollblut* sowie *Fell- und Welshponys*

54

eingekreuzt. Gegen Ende desselben Jahrhunderts war die Rasse konsolidiert. Wegen seines außergewöhnlichen Aussehens war das Hackney Pony als Kutschpferd in ganz Europa und Amerika äußerst beliebt. Selbst zur Zeit der Motorisierung blieb es – wenn auch zahlenmäßig etwas reduziert – ein begehrtes Pony

Verbreitungsgebiet: Großbritannien und USA

Haflinger
Italien

Erscheinungsbild: gedrungenes, sehr kompaktes Kleinpferd (Pony) mit abgedrehten Formen; der kleine bis mittelgroße, edle Kopf mit ausdrucksvollen Augen, dehnfähigen Nüstern und lebhaften, kleinen Ohren zeigt deutlichen Arabereinfluß; kräftiger, etwas tief aufgesetzter Hals; üppiges Mähnen- und Schweifhaar; gut gelagerte, kräftige Schulter; fester, breiter, kurzer Rücken; muskulöse Nierenpartie und Kruppe; kurze, kräftige, trockene Beine mit breit eingeschienten Gelenken und gesunden, harten Hufen

Größe: etwa 135–145 cm Stockmaß

Farben: Füchse mit heller Mähne und einem Schweif in verschiedenen Schattierungen, häufig mit Abzeichen am Kopf, selten an den Gliedmaßen

Charakteristik: kraft- und temperamentvoll, sehr trittsicher, hart, zäh und ausdauernd; leichtfuttrig; gelehrig und leistungsbereit; werden erst mit 4 Jahren angeritten; sehr langlebig; sehr bequem zu sitzen, gutmütig und umgänglich; von guter Gesundheit; sehr fruchtbar

Eignung: ausgezeichnetes Gebirgssaumpferd, guter Gewichts- und Lastenträger, findet als Kutsch- und Freizeitpferd Verwendung; für Kinder wie für Erwachsene geeignet; kann robust gehalten werden

Herkunft: aus der Südtiroler Bergwelt, heute aber auch in vielen anderen Ländern gezüchtet
Der Haflinger entstand aus einem Landschlag, der mit *Norikern* und *Arabern* gekreuzt wurde. Bereits im 14. Jahrhundert wird er als Rasse erwähnt und sein Aussehen genau beschrieben. Das damalige Zuchtziel war, ein leistungsfähiges Lastenpferd für das Heer zu züchten. In jüngerer Zeit wird als Begründer des neuen Haflinger Pferdetyps der Shagya-Araberhengst „El Bedavi" bzw. sein Sohn „Folie 249" genannt. Sein Einfluß ist deutlich erkennbar

Verbreitungsgebiet: hauptsächlich Italien, Deutschland, Österreich, Schweiz

Hannoveraner
Deutschland

Erscheinungsbild: kraftvolles, überaus edles Warmblutpferd; wohlproportionierter, ausdrucksvoller Kopf mit großen, klugen Augen; schön getragener, langer Hals; gut bemuskelte, lange, schräge Schulter; viel Gurtentiefe, ausgeprägter Widerrist; kräftiger Rumpf mit gut bemuskeltem Rücken und ebensolcher Kruppe; gut angesetzter, schön getragener Schweif; kraftvolle, trockene Beine mit starken Gelenken

Größe: etwa 165–175 cm Stockmaß

Farben: alle Grundhaarfarben

Charakteristik: lebhaft und ausgeglichen, ausgezeichnete Gangmechanik, gute Nerven; oft ungeheures Springvermögen; außerordentliche Dressuranlagen; von gutem Charakter; sensibel und intelligent

Eignung: Dressur-, Spring- und Vielseitigkeitspferd, das auch in der Landwirtschaft eingesetzt werden kann

Herkunft: Hannover und Niedersachsen
Im Moment die berühmteste und begehrteste deutsche Rasse. Seit dem 18. Jahrhundert werden Hannoveraner gezüchtet. Dabei hatte das 1735 mit Holsteiner Hengsten gegründete Celler Landgestüt einen großen Einfluß auf die Zucht. Es folgte die Einkreuzung von vorwiegend Voll- und Halbbluthengsten aus England, aber immer wieder auch deutschen Warmbluthengsten. Nach dem 2. Weltkrieg vollendete die weitere Einkreuzung von Vollblütern und Trakehnerhengsten das erstrebte Zuchtziel des eleganten, leistungsfähigen und vielseitigen Reitpferdes

Verbreitungsgebiet: Deutschland und nahezu weltweit

Hessisches Warmblut
57
Deutschland

Erscheinungsbild: elegantes Warmblutpferd, das durch starken Einfluß von Hannoveranern und Trakehnern diesen sehr ähnlich geworden ist; ausdrucksvoller, gerader Kopf mit lebhaften Augen und Ohren; wohlproportionierter, langer Hals; markierter Widerrist; lange, schräge Schulter; viel Gurtentiefe; gut bemuskelter Rücken mit ebensolcher, leicht abfallender Kruppe; Schweif gut angesetzt und getragen; lange, korrekte, kräftige Gliedmaßen

Größe: etwa 165–175 cm Stockmaß

Farben: alle Grundhaarfarben

Charakteristik: sensibel, intelligent, von ausgeglichenem Temperament und gutem Charakter; oftmals viel Springbegabung; hohe Leistungsbereitschaft

Eignung: vielseitiges Reit- und Wirtschaftspferd

Herkunft: Hessen, Hauptgestüt Dillenburg
Ursprünglich wurden vorwiegend schwerere Wirtschaftspferde gezüchtet. Im Jahre 1962 hat man ein verändertes Zuchtziel definiert und beste Hannoveraner und Trakehnerpferde, aber auch Westfalen und Holsteiner eingesetzt, um dem inzwischen geforderten modernen Sportpferdetyp gerecht zu werden

Verbreitungsgebiet: Deutschland

56

57

Highlandpony
58
Großbritannien

Erscheinungsbild: kräftiges, harmonisches Gesamtbild. Im Verhältnis zum muskulösen, fast kaltblütig wirkenden Körperbau fein modellierter Kopf mit ausdrucksvollen Augen und kleinen, spitzen Ohren; starker, tief aufgesetzter Hals; schräge, stark bemuskelte Schulter; tiefe, breite Brust; kräftiger Rücken und ebensolche Hinterhand; kurze, klare, kräftige Gliedmaßen mit harten Hufen; dichte Mähne und langer, schön getragener Schweif
Der hier beschriebene Typ entspricht dem Festlandtyp, auch **Garron** genannt. Es existiert noch ein etwas kleinerer, drahtigerer und feingliedrigerer Typ dieser Rasse auf den Western Isles

Größe: 124–145 cm Stockmaß, je nach Typ

Farben: alle Falbfarben mit Aalstrich; schwarze Beine, helles Mähnen- und Schweifhaar; hauptsächlich Schimmel, seltener Füchse, Hellbraune und Braune

Charakteristik: intelligent und sensibel; nicht schnell (Hauptgangarten: Schritt und Trab), aber dafür ausdauernd; trittsicher; guter Gewichtsträger

Eignung: sowohl Last- als auch Kutsch- und Reitpferd. Highlandponys werden heute noch dazu benutzt, geschossenes Wild aus den Bergen zu Tal zu tragen. Es ist ein vorzügliches Trekkingpony. Zur Züchtung von Huntern wird das

Highlandpony mit Vollblut gekreuzt. Die kleinere Version von den Western Isles gibt auch ein vorzügliches Kinderreitpony ab

Herkunft: Schottland sowie die Hebriden
Entstanden im 19. Jahrhundert, wo starke Lasttiere gefragt waren. Vermutlich gehört es zu den Keltenponys. Highlandponys führen verschiedenes Blut, u. a. von Vollblütern, Arabern und Clydesdales. Außerhalb der britischen Inseln relativ unbekannt

Verbreitungsgebiet: Großbritannien

Hispano
59
Spanien

Erscheinungsbild: sehr elegantes Pferd mit besonders starkem Arabereinschlag (siehe Anglo-Araber Seite 40)

Größe: etwa 160 cm Stockmaß

Farben: Schimmel, Braune und Hellbraune

Charakteristik: sehr athletisches, agiles Pferd; mutig und intelligent; sehr gehorsam

Eignung: ausgezeichnetes Reit- und Springpferd; wird in Spanien wegen seines Mutes und seiner Wendigkeit auch zum Testen junger Kampfstiere benutzt

Herkunft: Produkt der Kreuzung spanischer Araberstuten mit Englischen Vollblütern

Verbreitungsgebiet: Spanien

Holländisches Warmblut
60
Niederlande

Erscheinungsbild: im modernen Sportpferdetyp stehend mit manchmal etwas grobem Kopf, aufmerksamen Augen und gespitzten Ohren; wohlgeformter, mittellanger Hals, schöne lange und schräge Schulter; tiefe, breite Brust; viel Gurtentiefe; gut markierter Widerrist; stabiler Rücken mit muskulöser, leicht abfallender Kruppe; kräftige Gliedmaßen mit großen, nicht sehr harten Hufen

Größe: etwa 165–175 cm Stockmaß

Farben: alle Grundhaarfarben

Charakteristik: leistungsfähiges, ausgeglichenes Pferd mit einwandfreiem Charakter. Oft sehr großes Springvermögen; gute Gangmechanik

Eignung: Allroundpferd mit Springbegabung, auch ein gutes Kutschpferd

Herkunft: Niederlande
Einheimische Warmblutstuten (meist Gelderländer und Groninger) wurden und werden vorwiegend mit Vollblütern und Holsteinern zu leistungsfähigen Sportpferden gekreuzt. Der Zuchtverband betreibt konsequente Qualitätsauslese, weshalb holländische Pferde international zur Spitze im Turniersport gehören

Verbreitungsgebiet: hauptsächlich Niederlande, aber auch vereinzelt andere Länder der Welt

59

60

Holsteiner

61
Deutschland

Erscheinungsbild: Warmblutpferd ähnlich dem Hannoveraner, aber ein bißchen schwerer. Tiefes und breites, oft über viel Boden stehendes Pferd; ausdrucksvoller Kopf mit lebhaften Augen, weiten Nüstern und beweglichen Ohren; langer, gut aufgesetzter Hals; meist gut gelagerte Schulter; tiefe, breite Brust; kräftiger, manchmal etwas langer Rücken; muskulöse Nierenpartie; stark bemuskelte, leicht abfallende Kruppe; korrekte Gliedmaßen mit klaren, trockenen, kräftigen Gelenken; große Hufe

Größe: etwa 160–172 cm Stockmaß

Farben: alle Grundhaarfarben

Charakteristik: sensibel, intelligent, dabei gutmütig, mit einwandfreiem Charakter; vielseitig einsetzbar, sehr willig; raumgreifende, schwungvolle Bewegungen; sehr kräftig und gleichzeitig wendig

Eignung: früher hauptsächlich als Zug- und Kutschpferd eingesetzt, ist es heute durch starke Vollbluteinkreuzung zu einem vielseitigen Allroundreitpferd geworden, oft mit hervorragendem Springvermögen

Herkunft: Holstein
Eine sehr alte Warmblutzucht, entstanden aus dem schweren Marschpferd, das im Mittelalter als Schlachtroß sehr geschätzt war. Später wurde der Holsteiner durch Neapolitaner und Orientalen veredelt. Nachdem Kriege nicht mehr mit Pferden gewonnen wurden und auch Landwirtschaft und Industrie keinen Bedarf an schweren Zug- oder Kutschpferden mehr hatten, wurden eine Zeitlang englisches Vollblut und auch Anglo-Araberblut eingekreuzt. Davon ist man inzwischen wieder abgekommen, um den schweren Warmbluttyp zu erhalten

Verbreitungsgebiet: Deutschland mit nahezu weltweiter Nachzucht

61

62

Huzule

Polen

Erscheinungsbild: stark bemuskeltes, oft leicht überbautes Pony; hübscher, trockener Kopf, freundliche Augen und kleine, spitze Ohren; mittellanger, wohlgeformter Hals auf kräftiger Schulter; geräumige Brust; breiter, flacher Widerrist; gerader Rücken und kräftige, abfallende Kruppe; harte Beine und Hufe; steht manchmal etwas kuhhessig

Größe: etwa 125–145 cm Stockmaß

Farben: meist Braune und Falben

Charakteristik: äußerst trittsicheres Gebirgspony; furchtlos und willig; ausdauernd und genügsam; sehr langlebig

Eignung: Arbeitspferd in der Landwirtschaft

Herkunft: Karpaten
Er soll vom Tarpan abstammen. Im 19. Jahrhundert wurde sehr viel Araberblut eingekreuzt. Der Huzule wird heute in verschiedenen Gestüten Rußlands, Polens, Rumäniens und der Slowakei sehr sorgfältig gezüchtet

Verbreitungsgebiet: Polen, Rußland, Slowakei und Rumänien

Irish Draught

63
Irland

Erscheinungsbild: mittelschweres, starkes Warmblutpferd mit gesundem, stabilem Fundament; ausdrucksvoller, oft etwas langer Kopf mit gerader oder konvexer Nasenlinie; schwerer, eher etwas kurzer, muskulöser Hals; flacher Widerrist; kräftige Schulter; stabiler, langer Rücken und abgerundete, leicht abfallende Kruppe; klare, kurze, kräftige Beine mit etwas Kötenbehang; große Hufe

Größe: etwa 150–170 cm Stockmaß

Farben: Hell- und Dunkelbraune, Füchse und Schimmel

Charakteristik: bester Charakter; sensibel, intelligent und ausdauernd; trittsicher; sehr aktives Pferd mit großer Sprungkraft; kein schöner Galopp

Eignung: hervorragendes Arbeitspferd in der Landwirtschaft, starkes Zugpferd, auch Reitpferd, aber heute sehr viel wichtiger als Grundlage für die Zucht der berühmten Irischen Hunter

Herkunft: Irland
Der Ursprung dieser Rasse ist nicht gesichert. Möglicherweise wurde sie aus dem Connemarapony entwickelt und wuchs auf saftigeren Wiesen im Süden des Landes zu einem größeren Pferd heran. Leider gibt es diese Pferde heute nur noch in geringer Anzahl. Die Zucht wird jedoch wieder gefördert

Verbreitungsgebiet: Irland

63

Herkunft: Irland und England
Mit dem Beginn der Fuchsjagden im England und Irland des 18. Jahrhunderts, die auch dem Bürgerstand offen waren, wurden vermehrt zuverlässige Jagdpferde benötigt. Hierfür boten sich das englische Vollblut und die jeweiligen Landstuten an. Entscheidend war allein die Leistungsfähigkeit.

Verbreitungsgebiet: hauptsächlich Irland und England, aber auch Australien, Neuseeland und Südafrika

gutmütig; zäh und widerstandsfähig; sehr genügsam; ruhig und freundlich; dichtes Mähnen- und Schweifhaar. Spätentwickler; wird in der Regel erst mit 5 Jahren angeritten

Eignung: bis heute noch das beste Transportmittel auf der teils unwegsamen Insel; beliebtes Freizeit- und Treckingpony

Herkunft: Island
Mehr als 1000jährige Rasse; ca. 900 n. Chr. brachten norwegische Einwanderer die ersten Pferde auf die Insel. Es folgten Zuwanderer aus England und Schottland mit eigenen Pferden. Aus der Mischung dieser verschiedenen Ponyrassen entstand der Isländer. Aus Furcht vor der Einschleppung von Seuchen wurde um das Jahr 1200 ein Einfuhrverbot für Pferde verhängt, das 700 Jahre fortbestand. Unter extrem harten Überlebensbedingungen – die eine natürliche Auslese darstellten – entwickelte sich ein zähes, widerstandsfähiges und genügsames Pony. Bis heute wurde kein fremdes Blut eingekreuzt

Verbreitungsgebiet: ganz Europa, auch Übersee

Irish Hunter
Irland

Erscheinungsbild: keine eigene Rasse, sondern ein Halbbluttyp. Produkt der Kreuzung zwischen Irish Draught oder Cleveland Bay, Clydesdale, Welsh Cob oder Connemaras mit Vollbluthengsten. Steht im klassischen Jagd- und Springpferdetyp. Meist hübscher vollblutähnlicher Kopf auf mittellangem Hals; lange, schräge Schulter, kräftiger Rücken; viel Gurtentiefe; muskulöse, abfallende Kruppe, oft etwas überbaut; stabile Beine, harte Hufe

Größe: verschieden, aber meist zwischen 150 und 165 cm Stockmaß

Farben: alle Grundhaarfarben

Charakteristik: er soll Springvermögen besitzen, überaus geschickt und sehr mutig sein; zäh und ausdauernd; dabei intelligent und freundlich; willig und umgänglich; sehr reaktionsschnell; trittsicher.
Wichtig ist, daß er seinen Reiter auf jedem Gelände sicher und furchtlos über alle Hindernisse trägt.
Hunter werden in 4 verschiedene Klassen eingeteilt:
● schwere Hunter
● mittlere Hunter
● leichte Hunter
● kleine Hunter
Sie werden je nach Reitergewicht aus den oben angeführten Rassen gezüchtet

Eignung: ausgezeichnetes Jagd- und Springpferd

Isländer
64
Island

Erscheinungsbild: kräftiges, kompaktes Pony; großer Kopf mit leichter Ramsnase und Geißbart unter dem Kinn; lebhafte Augen und kleine Ohren; weite Nüstern; kurzer, dicker Hals; gut gelagerte, kräftige Schulter; wenig Widerrist; kurzer, starker Rücken mit breiter, kurzer, abfallender Kruppe; tief angesetzter, sehr üppiger Schweif; kurze, gesunde Gliedmaßen mit breiten Gelenken und harten Hufen

Größe: 122–132 cm Stockmaß

Farben: alle Haarfarben, auch Schekken, Falben und Isabellen

Charakteristik: vortreffliches Seh- und Orientierungsvermögen. Es soll das härteste aller Ponys sein. Neben Schritt, Trab und Galopp verfügt es noch über die Gangarten Paß (Trab, bei dem ein gleichseitiges Beinpaar gleichzeitig auffußt) und Tölt (ein sehr schneller Schritt). Langlebig und

Italienisches Kaltblut

Italien

Erscheinungsbild: schweres Zugpferd von ausgefallener Färbung und überraschend feinem, geradem, etwas langem Kopf; sehr starker, kurzer, gebogener Hals; wenig Widerrist; stark bemuskelte Schulter; tiefe, breite Brust; starker, breiter, kurzer Rücken und runde Spaltkruppe; kräftige Gliedmaßen mit stabilen Gelenken; Beinbehang; große, breite Hufe

Größe: 150–160 cm Stockmaß

Farben: überwiegend Leberfüchse mit heller Mähne und hellem Schweif

Charakteristik: sehr kräftig; freundlich und leistungswillig; mit energischen, lebhaften Bewegungen

Eignung: Zugpferd für schwere Lasten

Herkunft: Zentral- und Norditalien
Es stammt vom Bretonen ab und war in früheren Zeiten äußerst populär. Heute wird es nur noch zur Erhaltung der Rasse oder zur Produktion von Pferdefleisch gezüchtet

Verbreitungsgebiet: Italien

Jaf

Türkei, Iran

Erscheinungsbild: orientalisches Warmblutpferd im Araber-Typ. Hübscher, kleiner Kopf mit dehnfähigen Nüstern, lebhaften, großen Augen und kleinen, spitzen Ohren; kräftiger, wohlgeformter Hals auf guter Schulter; viel Brust; gerader Rücken und gerade Kruppe; hoch angesetzter und getragener Schweif; schlanke, trockene Beine mit harten, kleinen Hufen

Größe: sehr unterschiedlich, meist um 150 cm Stockmaß

Farben: Schimmel, Hellbraune, Braune und Füchse

Charakteristik: sehr temperamentvolles, feuriges Steppenpferd; intelligent und von gutem Charakter; hart, zäh und ausdauernd

Eignung: Reitpferd

Herkunft: Kurdistan und Iran
Durch häufige Einkreuzung von orientalischem Blut in vorhandene Araber- und Landstuten entstandene Rasse

Verbreitungsgebiet: Türkei, Iran

Jakut

Rußland

Erscheinungsbild: Pony vom Typ des mongolischen Przewalskipferdes. Schwerer, unedler Kopf mit dicker Mähne und dickem Schweif; kurzer, starker Hals; kräftige Schulter; breite, tiefe Brust, kurzer, starker Rücken mit ebensolcher Kruppe; stämmige, trockene Beine mit harten Hufen

Größe: um 130 cm Stockmaß

Farben: Schimmel und Mausgraue mit dunkleren Streifen auf der Schulter

Charakteristik: wahrscheinlich das härteste aller Pferde und eines der bemerkenswertesten. Es existiert im Winter bei -40°C und weniger und sucht sein Futter unter dem tiefen Schnee. In den kurzen, feuchten Sommern ist es den Insekten ausgesetzt; dabei ist es zugstark und ausdauernd

Eignung: Reit-, Pack- und Zugpony

Herkunft: Jakutien/Rußland
Mit Sicherheit eine sehr alte Rasse, die sich im Laufe der Zeit kaum verändert hat

Verbreitungsgebiet: Rußland

Javapony

Indonesien

Erscheinungsbild: kleines, wenig ansprechendes Pony. Plumper Kopf auf kurzem, dickem Hals; steile Schulter; wenig markierter Widerrist; gerader Rücken mit schwacher Kruppe; die Beinstellung ist in der Regel ungünstig (unterständig, kuhhessig, säbelbeinig) und trotzdem ist es ein unermüdlicher Arbeiter

Größe: um 126 cm Stockmaß

Farben: Schimmel, Rappen, Braune und Füchse

Charakteristik: hart, ausdauernd, genügsam und willig

Eignung: es wird als „das Taxi Javas" bezeichnet; zieht willig die meist überladenen Karren, „Sados" genannt

Herkunft: Java/Indonesien
Es scheint verwandt mit dem Timorpony zu sein, ist aber etwas größer; sichtbarer arabischer Einfluß

Verbreitungsgebiet: Indonesien

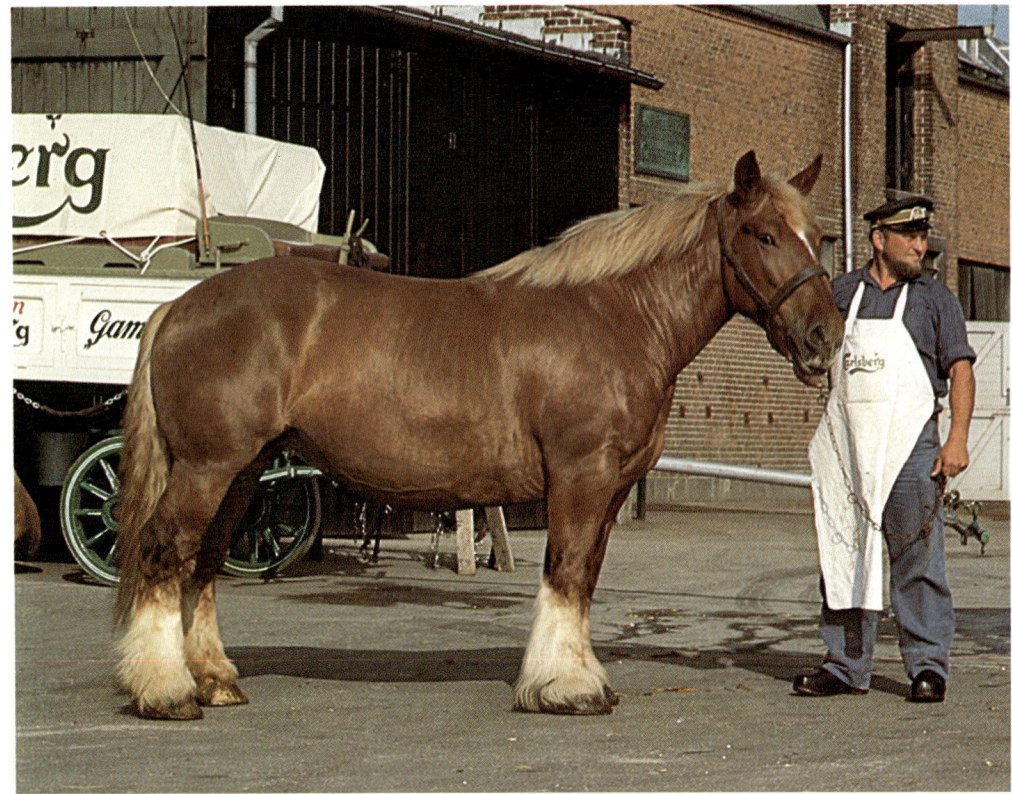

Jomud (Yamud)

Turkmenistan

Erscheinungsbild: dem Achal-Tekkiner sehr ähnliches, kleines Warmblutpferd mit noch mehr arabischem Einschlag; hübscher, gerader oder leicht konkaver Kopf mit lebhaften, großen Augen und kleinen, spitzen Ohren; schlanker, gut geformter Hals; ausgeprägter Widerrist; schräge Schulter; gerader, gut bemuskelter Rücken mit abfallender Kruppe; sehr feines Langhaar; schlanke, harte Gliedmaßen mit breit eingeschienten Gelenken; harte, gut geformte Hufe

Größe: etwa 145–153 cm Stockmaß

Farben: alle Grundhaarfarben

Charakteristik: drahtiges, nerviges, schnelles, ausdauerndes und widerstandsfähiges Pferd

Eignung: Reit- und Kutschpferd, auch erstklassiges Langstreckenrennpferd

Herkunft: Turkmenistan
Stammt, wie auch der Achal-Tekkiner, von alten, turkmenischen Blutlinien ab, die durch Araber veredelt wurden

Verbreitungsgebiet: Rußland

Jütländer

Dänemark

Erscheinungsbild: kompaktes, schweres Kaltblutpferd; markanter, gerader Kopf mit breiter Stirn und etwas langen Ohren; kurzer, stark bemuskelter, gewölbter Hals; kräftig bemuskelte Schulter und breite, tiefe Brust; kurzer, starker Rücken, außergewöhnlich viel Gurtentiefe; muskulöse Kruppe; kurze, stämmige Beine mit Kötenbehang

Größe: etwa 152–165 cm Stockmaß

Farben: überwiegend Füchse, aber auch alle anderen Grundhaarfarben

Charakteristik: freundlich, gutmütig; sehr stark und ausdauernd; dichtes Mähnen- und Schweifhaar

Eignung: schweres Zugpferd, vielseitig einsetzbar

Herkunft: Insel Jütland
Erste Erwähnung findet die Rasse im Jahre 1862 mit dem Import eines englischen schweren Kaltblutpferdes namens „Oppenheim". Mit Sicherheit existiert sie schon sehr viel länger, denn schon die Wikinger bedienten sich schwerer dänischer Kaltblutpferde. Im Mittelalter war es ein sehr begehrtes Turnierpferd. Auch einige Kaltblutrassen anderer Länder wurden vom Jütländer beeinflußt. Er ist ein Verwandter des Schleswigers

Verbreitungsgebiet: Dänemark

Kabardiner
66
Rußland

Erscheinungsbild: kräftiges, kleines Warmblutpferd mit geradem Kopf, manchmal auch mit leichter Ramsnase; mittellanger, hochgetragener Hals; wenig Widerrist, aber starker, ziemlich langer Rücken; kräftige Nierenpartie; abgeschlagene Kruppe; widerstandsfähige Beine mit harten Hufen

Größe: etwa 145–150 cm Stockmaß

Farben: hauptsächlich Braune und Rappen

Charakteristik: trittsicher und wendig; furchtlos und nervenstark; ruhiges und ausdauerndes Gebirgspferd, manchmal etwas eigensinnig; bemerkenswertes Orientierungsvermögen; langlebig und zäh

Eignung: Reitpferd; gut geeignet auch in den Bergen und als Distanzpferd

Herkunft: Nordkaukasus, im Stammesgebiet der Tscherkessen
Über seinen Ursprung ist fast nichts bekannt. Wahrscheinlich stammt er vom Mongolenpferd ab und wurde später mit Turkmenen und Orientalen veredelt

Verbreitungsgebiet: Rußland und Teile Europas

Karabaier
67
Usbekistan

Erscheinungsbild: Warmblutpferd mit deutlich orientalischem Einschlag; mittellanger, gerader Kopf mit breiter Stirn; lebhafte, große Augen und lange Ohren; relativ kurzer, muskulöser Hals; wenig markierter Widerrist; kräftiger Rücken mit leicht abgeschlagener Kruppe; kräftige, trockene, oft nicht korrekt gestellte Beine; dünnes Mähnen und Schweifhaar

Größe: 147–155 cm Stockmaß je nach Typ

Farben: Schimmel, Braune, Füchse

Charakteristik: sensibel, lebhaft, gelehrig, zuverlässig, zäh und ausdauernd; sehr trittsicher

Eignung: Drei Typen werden gezüchtet:
- vielseitiger Grundtyp, sowohl zum Reiten als auch zum Lastentragen oder -ziehen geeignet
- schneller, edler Reitpferdetyp
- starker Zugpferdetyp

Herkunft: Usbekistan
Sehr alte Rasse aus bodenständigen Pferden, die mit mongolischen und turkmenischen Pferden vermischt wurden; zeitweise wurde außerdem orientalisches Blut zugeführt. Der Karabaier ist auch an der Verbesserung des Donpferdes beteiligt gewesen

Verbreitungsgebiet: Rußland

66

67

68

Karabakh

Aserbaidschan

Erscheinungsbild: kräftiges und hübsches kleines Pferd, recht edler, trockener Kopf mit weit auseinanderliegenden großen und lebhaften Augen sowie mit kleinen, spitzen Ohren; kleines Maul; weite Nüstern; schön aufgesetzter und getragener Hals; gut gelagerte Schulter; markierter Widerrist; starker Rücken mit runder Kruppe und tiefem Schweifansatz; sehnige, korrekt gestellte Beine mit harten, kleinen Hufen

Größe: um 150 cm Stockmaß, manchmal kleiner

Farben: Füchse, Falben und Braune mit Goldglanz; zuweilen Aalstrich oder Abzeichen an Kopf und Gliedmaßen

Charakteristik: energisches, trittsicheres Gebirgspferd mit lebhafter Aktion; gutmütig; zäh und ausdauernd; sehr widerstandsfähig

Eignung: Reit- und Rennpferd

Herkunft: Aserbaidschan
Sehr alte Rasse, die von Turkmenen und Orientalen beeinflußt wurde. War an der Entstehung des Donpferdes beteiligt. Einen typischen Vertreter dieser Rasse, den goldfarbenen Hengst „Zaman", bekam Königin Elisabeth II. als Geschenk. In letzter Zeit nimmt die Zahl der noch vorhandenen Pferde leider beständig ab

Verbreitungsgebiet: Rußland

Karadagh heißt ein Pferd gleicher Rasse, das im Nordwesten des Iran, an der Grenze zu Aserbaidschan gezüchtet wird.

Karacabeyer

Türkei

Erscheinungsbild: Warmblutpferd von guter Qualität und harmonischem Gebäude. Mittellanger, gerader Kopf auf muskulösem mittellangem Hals; kräftige, schräge Schulter mit tiefer, breiter Brust; markierter Widerrist; viel Gurtentiefe; gerader Rücken mit schöner, runder Kruppe, gut getragener, dichter Schweif; schlanke, trockene Gliedmaßen

Größe: 155–165 cm Stockmaß

Farben: Schimmel, Rappen, Füchse und Braune, häufig mit Abzeichen

Charakteristik: feinfühlig, willig, gutmütig, zäh und ausdauernd; trittsicher; freie, eifrige Bewegungen

Eignung: vielseitiges Allroundpferd; Reitpferd, Kavalleriepferd, auch leichtes Zugpferd in der Landwirtschaft

Herkunft: Gestüt Karacabey in der Türkei
Hier handelt es sich um die einzige bodenständige Pferderasse der Türkei. Sie entstand Anfang dieses Jahrhunderts durch Kreuzung der einheimischen Stuten mit ungarischen Nonius-Hengsten

Verbreitungsgebiet: Türkei

Kasak Pony

Kasachstan

Erscheinungsbild: kleines, uriges Pony, dem Mongolenpony sehr ähnlich; etwas schwerer, unedler Kopf mit dicken Ohren; kurzer, muskulöser Hals; kräftige, oft etwas steile Schulter; tiefe, breite Brust; starker, kurzer Rücken mit ebensolcher, leicht abfallender Kruppe; sehr harte Gliedmaßen und Hufe

Größe: etwa 124–134 cm Stockmaß

Farben: alle Grundhaarfarben

Charakteristik: sehr zähes, ausdauerndes und widerstandsfähiges Steppenpony; äußerst genügsam; verträgt extreme Hitze und Kälte; sehr willig und ausgeglichen

Eignung: je nach Aufzucht und Veredelung sehr gutes Reitpony oder Langstreckenpony. Die Stuten werden gemolken. Ihre Milch wird hauptsächlich zu *Kumys* vergoren

Herkunft: Kasachstan
Das Kasak Pony weist eine große Ähnlichkeit mit dem Mongolenpony auf, von dem es wohl abzustammen scheint. Allerdings ist auch der Einfluß von eingekreuzten Donpferden nicht zu übersehen. Es veränderte sich in der Größe je nach Veredelung und Aufzuchtgebiet. Je härter die Überlebensbedingungen waren, desto kleiner blieben die Ponys

Verbreitungsgebiet: Rußland

Kaspisches Pony

69
Iran

Erscheinungsbild: wenig Ponycharakter, eher ein Miniaturpferdchen. Hübscher, kleiner Araberkopf mit großen, lebhaften Augen und kleinen, spitzen Ohren; mittellanger Hals; etwas steile Schulter; kräftiger Rücken mit gut bemuskelter, leicht abfallender Kruppe; hoch angesetzter, schön getragener Schweif; seidiges Mähnen- und Schweifhaar; schlanke, harte Beine mit langen Röhren; harte, kleine Hufe

Größe: etwa 105–125 cm Stockmaß

Farben: Schimmel, Braune, Hellbraune und Füchse

Charakteristik: willig, trittsicher und angeblich intelligent; gute Bewegungen und natürliches Springvermögen

Eignung: Reit-, aber auch leichtes Zugpony

Herkunft: Elbrusgebirge und Kaspisches Meer/Iran
Sehr alte Rasse, die schon von den Mesopotamiern 2000 Jahre v. Chr. gebraucht wurde. Ungefähr ein Jahrtausend schien dieses Pony ausgestorben zu sein, bis man im Jahre 1965 ein paar Pferdchen am Kaspischen Meer fand, die eine verblüffende Ähnlichkeit mit dem Mesopotamischen Pferd aufwiesen. Aufgrund von Knochen- und Blutuntersuchungen kam man zu dem Ergebnis, daß es sich wohl um Nachfahren des Mesopotamischen Pferdchens handeln könnte

Verbreitungsgebiet: Iran

Kathiawar- und Marwar-Pony

70
Indien

Erscheinungsbild: ein leichtes, schmal gebautes Pony, das viel Araberblut führt. Trockener, gerader Kopf; weit auseinanderstehende Augen und kleine, stark nach innen gedrehte, spitze Ohren; kräftiger Hals auf kräftiger, etwas steiler Schulter; wenig Widerrist; gerader Rücken und leicht abfallende Kruppe; lange, trockene Gliedmaßen und überaus harte, runde Hufe

Größe: etwa 140–150 cm Stockmaß

Farben: alle Grundhaarfarben, aber am häufigsten Füchse

Charakteristik: etwas unberechenbarer Charakter; überaus zäh und ausdauernd; hart und genügsam

Eignung: Reit-, Pack- und Zugpony; Renn- und Polopony

Herkunft: Halbinsel Kathiawar und Radschputana/Indien
Sie gehen auf etwas kümmerliche, indische Bauernponys zurück, die mit Arabern gekreuzt wurden. Letztere sollen bei einem Schiffsunglück vor der Küste an Land geschwommen sein und sich mit den Bauernponys vermischt haben

Verbreitungsgebiet: Indien

71

Kinsky-Pferd

Rußland

Erscheinungsbild: sehr eleganter Halbblüter mit hübschem, kleinem, trockenem Kopf; gerades Profil; breite Stirn mit weit auseinanderliegenden Augen und proportionierten Ohren; kräftiger, gut aufgesetzter und getragener Hals; gut gelagerte und bemuskelte Schulter; ausgeprägter Widerrist; schöne Rückenlinie; gut bemuskelte Kruppe mit hohem Schweifansatz; trockene, klare Gliedmaßen mit gut eingeschienten Gelenken und harten Hufen

Größe: 158–165 cm Stockmaß

Farben: nur Isabellen und helle Falben mit metallisch glänzendem Fell

Charakteristik: leistungsstark und -willig; lebhaft und freundlich; flache, raumgreifende Bewegungen; gutes Springvermögen; sehr schnell

Eignung: Reit-, Spring- und Rennpferd

Herkunft: Gestüt Ostrov/Rußland
Für ein isabellfarbenes Stutfohlen von Vollbluteltern, das wegen seiner ausgefallenen Farbe nicht ins General Stud Book eingetragen werden durfte, legte sein Besitzer, Graf Kinsky, ein eigenes Stutbuch an und züchtete mit ausgezeichnetem Erfolg ein Jahrhundert lang. Nach dem 2. Weltkrieg wäre die Zucht beinahe aufgegeben worden. Einige Exemplare wurden jedoch bewahrt. Auf dieser Basis päppelt man heute unter Verwendung von farbgleichen Hengsten die Zucht wieder auf

Verbreitungsgebiet: hauptsächlich Rußland

Kladruber

71

Tschechien

Erscheinungsbild: Warmblutpferd von imposanter Erscheinung mit oft sehr markantem Ramskopf; leicht vorstehende Augen; muskulöser, sehr gut getragener, hoch aufgesetzter Hals; gute Schulter; breite, tiefe Brust; wenig Widerrist; viel Gurtentiefe; langer, gerader Rücken mit runder Kruppe und hochgetragenem Schweif; klare Gliedmaßen mit starken, tiefen Sprunggelenken; harte, große Hufe

Größe: etwa 160–170 cm Stockmaß

Farben: nur Schimmel und Rappen

Charakteristik: hohe Knieaktion; viel Temperament, dabei gutartiger Charakter; spätreif und langlebig

Eignung: in erster Linie sehr elegantes Kutschpferd, aber auch zuverlässiges Reitpferd

Herkunft: Kladruby (Schimmel) und Stlatinany (Rappen)/Tschechien
Vor etwas mehr als 400 Jahren wurde das Hofgestüt Kladruby gegründet. Spanische und Neapolitanische Hengste wurden mit Landstuten verschiedener Herkunft gekreuzt. Von hier aus wurde der österreichische Hof mit hervorragenden Reit- und Kutschpferden versorgt. Zwei Linien bildeten sich heraus: eine Schimmellinie, deren Hauptvererber „Generali" war, und eine Rapplinie, die auf „Sacromoso" zurückgeht. Letztere wurde mit Lipizzanerhengsten der Favory-Linie und dem ebenfalls spanisches Blut führenden Friesenhengst „Romke" aufgefrischt

Verbreitungsgebiet: Tschechien und in geringem Ausmaß auch Mitteleuropa

Knabstrupper

72

Dänemark

Erscheinungsbild: etwas leichtere Ausgabe des Frederiksborgers; meist gerader Kopf; kräftiger, gerader Hals; steile Schulter; etwas wenig Widerrist; oft weicher Rücken mit abgeschlagener Kruppe; kurze, kräftige, trockene Gliedmaßen

Größe: etwa 155–160 cm Stockmaß

Farben: ausschließlich Tiger-, manchmal auch Schabrackenschecken

Charakteristik: sehr gelehrig und willig; ausgeglichenes, eher ruhiges Temperament

Eignung: Zirkuspferd mit hoher Dressurbegabung; gutes Familienreitpferd

Herkunft: vorwiegend Insel Seeland/Dänemark
Die Rasse geht mit Sicherheit auf altspanische Pferde zurück. In diesem Falle soll eine Anfang des 19. Jahrhunderts von einem spanischen Offizier nach Dänemark mitgebrachte

Stute, die er an einen Metzger verkauft haben soll, die Stammutter geworden sein. Der Metzger hatte sie an das Gestüt Knabstrupp weiterverkauft, das damit sehr erfolgreich züchtete. Heute werden Knabstrupper nur noch privat in geringer Anzahl gezüchtet

Verbreitungsgebiet: hauptsächlich Dänemark

Konik
Polen

Erscheinungsbild: gut proportioniertes Pony ähnlich dem Huzulen. Kleiner Kopf mit gerader bis konkaver Nasenlinie; breite Stirn mit weit auseinanderliegenden Augen und kleinen, spitzen Ohren; eher kurzer, kräftiger Hals auf schöner, schräger Schulter; wenig Widerrist; kurzer, kräftiger Rücken mit gut bemuskelter, abgeschlagener Kruppe; üppige Mähne und ebensolcher Schweif; trockene Gliedmaßen mit widerstandsfähigen Sehnen und Gelenken; kleine, harte Hufe; z.T. kuhhessige Beinstellung; Kötenbehang

Größe: etwa 135 cm Stockmaß

Farben: hauptsächlich Braun-, Grau- und Mausfalben mit Zebrierung

Charakteristik: zäh und widerstandsfähig, sehr genügsam; lebhaftes Temperament, eifrig und willig; manchmal allerdings auch schwierig bis bösartig; fruchtbar und langlebig

Eignung: vielseitiges Pony für die Landwirtschaft

Herkunft: Polen
Sehr alte Rasse, die vom Tarpan abstammen soll. Lebte bis zu Beginn dieses Jahrhunderts in wilden und halbwilden Herden, später in Reservaten, wo selektive Zucht betrieben wurde. Im Staatsgestüt Racot wird heute rein gezüchtet

Verbreitungsgebiet: Polen

Kurdisches Halbblut
Türkei

Erscheinungsbild: sehr graziles Halbblutpony; mittelgroßer, gerader Kopf mit weit auseinanderliegenden Augen und kleinen Ohren; dünner, nicht sehr langer Hals; etwas steile Schulter; schmale Brust; gerader, etwas langer Rücken und ebensolche Kruppe; hoch angesetzter und schön getragener Schweif; sehr feine Beine und Gelenke; harte, kleine Hufe

Größe: etwa 128–145 cm Stockmaß

Farben: alle Grundhaarfarben

Charakteristik: drahtig, genügsam und ausdauernd; gutartig und eifrig; leichtfuttrig

Eignung: leichtes Zug- und Packpony, aber auch Reitpony

Herkunft: Kurdistan/Türkei
Pony, das sich in den unwegsamen Gebirgsgegenden Kurdistans als Saumtier bestens bewährt hat. Entstanden ist es aus Gebirgsponys, die mit Englischen Vollblütern und kleinen Arabern verbessert wurden

Verbreitungsgebiet: Türkei

72

73

Kusnetzer Pferd

Rußland

Erscheinungsbild: etwas uneinheit-liche Warmblutrasse. Meist großer, grober Kopf mit freundlichen Augen und langen Ohren; mittelmäßiger Hals; Schulter etwas steil, aber meist lang; deutlicher Widerrist; tiefe Brust; oft langer, etwas tiefer Rücken und oft schwache, abfallende Kruppe mit tiefem Schweifansatz; stabile Glied-maßen mit knochigen Gelenken, oft nicht korrekt gestellt; harte Hufe

Größe: etwa 150–158 cm Stockmaß

Farben: meist dunkle Farben, auch mit Abzeichen

Charakteristik: fleißig, willig, robust und ausgeglichen, mit oft gutem Trabvermögen

Eignung: früher vielseitiges Wirt-schaftspferd, später brauchbares Kavalleriepferd, heute Reit- und Wirt-schaftspferd

Herkunft: Kusnetzk/Sibirien
Rasse, die schon im 19. Jahrhundert entstand, als Steppenrassen Sibiriens mit russischen Trabern und auch leichten Kaltblütern gekreuzt wur-den. Immer wieder hat man ver-sucht, die Zucht durch Selektion zu verbessern. Da dies mit Beschälern unterschiedlicher Rassen geschah, ist die Zucht heute etwas uneinheitlich

Verbreitungsgebiet: Rußland

Kustanaier

Kasachstan

Erscheinungsbild: mittelgroßer, trockener Kopf mit breiter Stirn; schlanker, langer, gut getragener Hals; muskulöse, etwas steile Schul-ter; geräumige Brust; deutlicher Widerrist; kurzer, kräftiger Rücken mit leicht abfallender Kruppe; kurze, klare Beine und harte Hufe

Größe: um 155 cm Stockmaß

Farben: vorwiegend Füchse, aber auch alle anderen Grundhaarfarben

Charakteristik: wach und freundlich, anpassungs- und widerstandsfähig, hart und ausdauernd

Eignung: 3 Typen werden gezogen:
● vielseitiger Grundtyp zum Reiten, Lastentragen und -ziehen
● leichtes Reitpferd
● massives Zugpferd

Herkunft: Kasachstan
Sehr alte, wenig beeinflußte Rasse, die in der sehr rauhen und unwirtli-chen Witterung Kasachstans in Her-den wild lebte. Bessere Fütterung und Aufzucht ließen sie schnell größer werden. Die Einkreuzung an-derer hochwertiger russischer Rassen trug weiter zur Veredelung bei

Verbreitungsgebiet: Rußland

Landais Pony

Frankreich

Erscheinungsbild: leicht gebautes, schmales Pony mit hübschem, klei-nem, orientalischem Kopf; lebhafte, große Augen und Nüstern; schlan-ker, gerader Hals; langes Mähnen-haar; lange, gut gelagerte Schulter; gerader Rücken mit abgeschlagener Kruppe; schöner, langer Schweif; schlanke, klare Gliedmaßen mit harten, kleinen Hufen

Größe: um 120 cm Stockmaß

Farben: nur Schimmel

Charakteristik: robust und lebhaft, manchmal etwas eigenwillig; gute Trabeigenschaften

Eignung: bei sorgfältiger Ausbil-dung Kinderreitpferd

Herkunft: lebt noch heute halbwild in den Wäldern von Les Landes/Frankreich.
Es ist eng verwandt mit den **Ponys von Chalosse** und dem **Barthais-Pony**, die ganz in seiner Nähe leben, jedoch wegen besserer Fütterung etwas größer sind. Ihre Fellfarben sind Fuchs oder Rappe. Frühe Ver-edelung durch Berber und orientali-sche Pferde haben das Aussehen beeinflußt

Verbreitungsgebiet: Frankreich

Lettisches Warmblut

74

Lettland

Erscheinungsbild: kräftiges, harmo-nisch gebautes Pferd; gerader Kopf; kräftig bemuskelter Hals; starke, schräge Schulter, tiefe, breite Brust, viel Gurtentiefe; breiter und flacher Widerrist; gerader, oftmals etwas langer, weicher Rücken; runde Rippen; kräftige, breite, abfallende Kruppe; besonders dichter Schweif und ebensolche Mähne; korrekte, starkknochige Gliedmaßen und harte Hufe; leichter Fesselbehang

Größe: 155–167 cm Stockmaß

Farben: Hellbraune, Braune, Füchse, Rappen

Charakteristik: hart; gutmütig, leistungswillig, lebhaft; schnell; viel-seitig einsetzbar; energische, raum-greifende Bewegungen. Bei Heng-sten wird eine besondere Zuglei-stungsprüfung unter schwerem Gewicht verlangt

Eignung: Zug-, Kutsch- und Reit-pferd

Herkunft: Lettland
Entstanden aus den kleinen, einhei-mischen Pferden, die ab dem 17. Jahr-hundert beständig mit russischen und finnischen Rassen gekreuzt wur-den. Seit Mitte des 19. Jahrhunderts setzte man u. a. auch europäische Warm- und Kaltblüter zur Verbesse-rung ein

Verbreitungsgebiet: Lettland

Lewitzer Pony
75
Deutschland

Erscheinungsbild: mittelgroßer, gerader Kopf mit lebhaften Augen und kleinen, spitzen Ohren; schöner, harmonischer Hals; Schulter häufig zu steil; Widerrist häufig undeutlich; gerader, kräftiger Rücken mit ebensolcher Kruppe; kurze, kräftige und korrekt gestellte, harte Gliedmaßen

Größe: 130–148 cm Stockmaß

Farben: fast nur Schecken

Charakteristik: Freundlich und lebhaft, leichtfuttrig, ausdauernd, mit schönen, freien Bewegungen

Eignung: Kinderreitpony, Kutschpony, Sportpony

Herkunft: Gestüt Lewitz in Mecklenburg-Vorpommern
Der Gründer dieser jungen Rasse ist Ulrich Scharfenorth, zu Zeiten der DDR Gestütsleiter in Lewitz. Mit zwei qualitativ guten Ponyhengsten und verschiedenen Ponystuten begann er die Zucht und selektierte nach Reiteigenschaften und Farbe. Heute wird die Zucht von Paul Schockemöhle, der das Gestüt 1992 kaufte, fortgesetzt. Auch das Gestüt Innleiten in Bayern züchtet inzwischen Lewitzer Ponys

Verbreitungsgebiet: Deutschland

Limousin-Halbblut
●
Frankreich

Erscheinungsbild: Pferd im schweren Huntertyp stehend mit stark arabischem Einschlag. Hübscher, kleiner, trockener Kopf mit Nasenknick, lebhaften Augen und kleinen, spitzen Ohren; schön getragener, kräftiger Hals; gut bemuskelte, schräge Schulter; markierter Widerrist; gerader, starker Rücken mit runder Kruppe; hoch angesetzter, schön getragener Schweif; trockene, stabile Gliedmaßen mit harten Hufen

Größe: über 165 cm Stockmaß

Farben: in der Regel Füchse und Hellbraune

Charakteristik: temperamentvoll und zäh; frommer Charakter; intelligent und willig

Eignung: gutes Mehrzwecksportpferd

Herkunft: ursprünglich stark von orientalischen Hengsten beeinflußt; heute mehr und mehr geprägt von Anglo-Normannen. Er wird unter der Rassebezeichnung **Selle Français** registriert

Verbreitungsgebiet: Frankreich

76

Lipizzaner

76

Österreich/Slowenien

Erscheinungsbild: mittelgroßes, kräftiges Warmblutpferd mit viel Persönlichkeit; großer, trockener, gerader Kopf, bisweilen geramst; große, ausdrucksvolle Augen; kleine Ohren; gut bemuskelter, hoch angesetzter, nicht sehr langer Hals; seidiges Mähnen- und Schweifhaar; muskulöse, oft ein wenig steile Schulter; wenig Widerrist; langer, muskulöser Rücken; kräftige, runde Kruppe mit schön getragenem Schweif, kurze, starke Röhren; klare Gelenke; kleine, harte Hufe

Größe: etwa 148–162 cm Stockmaß

Farben: meistens Schimmel, seltener auch Rappen und Braune

Charakteristik: energisch, ausdauernd, intelligent und ausgeglichen; sehr gelehrig; einwandfreier Charakter; Trab mit hoher Knieaktion

Eignung: hervorragendes Dressurpferd für die Hohe Schule, sowohl auf als auch über der Erde; wird auch in der Landwirtschaft eingesetzt

Herkunft: Lipizza, Slowenien; Staatsgestüt Piber in der Weststeiermark bei Koflach, Österreich; Ungarn und Rumänien
1580 wurde das Hofgestüt Lipizza gegründet, in der Hauptsache auf der Grundlage von überaus harten und genügsamen Karstpferden sowie spanischen und neapolitanischen Hengsten. Ebenso wurden Kladruber und Frederiksborger eingesetzt. Im 19. Jahrhundert fanden auch Araber-blutlinien Zugang. Heute gibt es im österreichischen Piber fünf Hengstlinien: *Conversano, Pluto, Neapolitano, Siglawy* und *Favory*. In Ungarn kommen mit *Incitato* und *Tulipan* zwei weitere hinzu.
Der österreichische Lipizzaner aus dem Staatsgestüt Piber stellt die „weißen Hengste" in der Spanischen Reitschule zu Wien

Verbreitungsgebiet: Österreich, Slowenien, Ungarn, Italien, Südafrika, USA

77

Litauisches schweres Zugpferd

77

Litauen

Erscheinungsbild: massives Kaltblutpferd; mittelgroßer, hübscher, trockener Kopf auf starkem, kurzem Hals; mächtige Schulter; breite Brust; tonniger Rumpf; abgeschlagene, gespaltene Kruppe; kurze, stämmige Beine; wenig Fesselbehang

Größe: etwa 150–155 cm Stockmaß

Farben: vorwiegend Falben mit flachsfarbiger Mähne und ebensolchem Schweif, aber auch andere

Charakteristik: gutmütiges Pferd mit freien, für seine Schwere schnellen Bewegungen; Neigung zu Fassbeinigkeit; sehr zugstark

Eignung: schweres Zugpferd für Landwirtschaft und Transport

Herkunft: Litauen
Relativ junge Rasse (seit 1963 anerkannt), planmäßig gezogen, indem man die kleinen litauischen Schmud-Pferde mit schwedischen Ardennern kreuzte. Inzwischen wird Reinzucht betrieben

Verbreitungsgebiet: Litauen

Lokaier

78

Usbekistan

Erscheinungsbild: nicht ganz einheitliches, drahtiges Warmblutpferd; meist gerader, manchmal auch konvexer Kopf mit lebhaften Augen; gerader Hals mit guter, schräger Schulter; deutlicher Widerrist; gerader Rücken mit leicht abfallender Kruppe und tief angesetztem, dünnem Schweif; ebenfalls dünne Mähne; harte Beine mit trockenen Gelenken und wohlgeformte, feste Hufe

Größe: 145–155 cm Stockmaß

Farben: alle Grundhaarfarben

Charakteristik: hartes, trittsicheres Gebirgspferd; schnell und beweglich; ausgeglichenes Temperament und guter Charakter; gute Galoppade; oft auch natürliches Springtalent; Neigung zu Faßbeinigkeit

Eignung: Reit- und Zugpferd

Herkunft: Usbekistan
Heimische Rasse, die schon im 16. Jahrhundert erwähnt wird. Später Zuführung anderer russischer Rassen mit dem Zweck, die einheimischen Pferde größer und eleganter zu machen

Verbreitungsgebiet: Rußland

78

Lusitano

Portugal

Erscheinungsbild: Noble Erscheinung im Quadratformat stehend; sehr viel Ähnlichkeit mit dem Andalusier, aber etwas kleiner und sehniger. Fein modellierter Kopf, manchmal mit Nasenknick (Araberprofil); schöne, glänzende Augen und dehnfähige Nüstern; ausgeprägte Ganaschen; lefthaftes Ohrenspiel; ideal geformter, schön aufgesetzter und getragener Hals; gut bemuskelte, lange und schräge Schulter; tiefe, breite Brust; schwach ausgeprägter, aber gut bemuskelter Widerrist; kurzer, gerader, muskulöser Rücken; viel Gurtentiefe; kräftige, gut abgerundete, manchmal leicht abfallende Kruppe; tiefer Schweifansatz; schlanke, trockene Gliedmaßen mit langen Röhren und stabilen Gelenken und harte, runde Hufe; in der Regel korrekte Beinstellung

Größe: zwischen 150 und 160 cm Stockmaß

Farben: vorherrschend Schimmel, Dunkelbraune, Füchse, auch Falben

Charakteristik: sehr ausgewogenes Temperament, sehr mutig und intelligent; sehr wendig; mit viel Feuer; willig, hart und genügsam; wie auch der Andalusier mit spektakulärer Knieaktion

Eignung: von Beginn an Kavalleriepferd; heute ausgezeichnetes Reitpferd, mit häufig ausgezeichnetem Springvermögen (Novilheiro von J. Whitacker); gutes Kutschpferd und auch leichtes Zugpferd; beliebtes Pferd für die Schulen über der Erde. Das ideale Pferd für den *Rejoneador,* den Stierkämpfer, der nur zu Pferde kämpft

Herkunft: Portugal
Sehr alte und berühmte Rasse, die wahrscheinlich auf das Sorraiapferd zurückgeht. Durch die Invasion der Mauren wurden hauptsächlich Berberpferde, aber auch einige Araber eingekreuzt.

Verbreitungsgebiet: hauptsächlich Portugal

Malopolska

Polen

Erscheinungsbild: eleganter Warmblüter mit stark dominierendem Arabereinschlag, aber im Langrechteckformat. Fein modellierter, edel wirkender Kopf mit wunderschönen, glänzenden Augen und kleinen, spitzen Ohren; erweiterungsfähige Nüstern; schön getragener, harmonischer, langer Hals; manchmal etwas steile Schulter; deutlich markierter Widerrist; tiefe Brust; ausreichend Gurtentiefe; langer, gerader Rücken, manchmal etwas matt; abgerundete, muskulöse Kruppe mit hohem Schweifansatz; lange, gut bemuskelte Gliedmaßen mit stabilen Gelenken und gut markierten Sehnen; kleine, harte Hufe; kein Behang

Größe: zwischen 155 und 162 cm Stockmaß

Farben: häufig Schimmel, auch Rotschimmel, aber auch alle anderen Grundhaarfarben

Charakteristik: ausgesprochen ruhiges und ausgeglichenes Pferd von guter Gesundheit; hart und ausdauernd; häufig gute Springanlagen; sehr mutig; sehr elegante Bewegungen in allen Gangarten

Eignung: sowohl Reit- als auch Spring-, auch gutes Militarypferd; ebenso gutes Wagenpferd; leichtes Zugpferd

Herkunft: Südwestpolen
Obwohl die Zucht von Anglo-Arabern in Polen seit dem 18. Jahrhundert Tradition hat, handelt es sich hierbei um eine recht junge Rasse, die stark von orientalischen Rassen, aber auch von englischen Vollblütern und Furioso-Hengsten beeinflußt wurde. Heute werden zwei Typen gezüchtet: ein leichter, edler Typ auf Shagia-Basis (Gidran), der sog. Dabrosko-Tarnowski-Typ und ein etwas kompakterer Typ auf Furioso-Northstar-Basis, der sog. Sadecki-Typ

Verbreitungsgebiet: Polen

Mangalarga Marchador
81
Brasilien

Erscheinungsbild: die Rasse hat einen mittelgroßen, geraden Kopf mit breiter Stirn und großen, ausdrucksvollen Augen; die Ohren sind klein, spitz und nach innen gedreht; gut geformter und angesetzter Hals; tiefe Brust und lange, schräge Schulter; ausgeprägter Widerrist; mittellanger Rücken mit langer, gut bemuskelter Kruppe, tief angesetzter Schweif und eine kräftige Hinterhand mit ziemlich langen, trockenen Beinen und Gelenken; mittelgroße, harte Hufe

Größe: um 150 cm Stockmaß

Farben: Schimmel, Hellbraune, Braune, Füchse

Charakteristik: willig, sehr zäh und ausdauernd; freundlich und sanftmütig; sehr unkompliziert; ein sicheres, im Gelände sehr leicht zu lenkendes Pferd; Mangalargas verfügen neben Schritt (falls erwünscht), Trab und Galopp über den **Marcha Batida** (Trabtölt) und den **Marcha Picada** (Tölt)

Eignung: Distanz-, Arbeits- und Reitpferd, gutes Freizeitpferd

Herkunft: Brasilien
Entstanden im 18. Jahrhundert aus dem portugiesischen Altér Real-Hengst „Sublime" mit Berber- und iberischen Stuten. Diese Pferde zeichneten sich durch besondere Trittsicherheit in der Gangart **Marcha** aus. Sie wurden an eine Hazienda in Mangalarga verkauft, die der Rasse den Namen gab

Verbreitungsgebiet: Brasilien, vereinzelt auch schon andere Länder und Europa

Maremmano
Italien

Erscheinungsbild: schweres Warmblutpferd von unscheinbarer Erscheinung. Relativ langer Ramskopf mit kleinen Augen und spitzen Ohren; kräftiger, nicht sehr langer Hals auf steiler Schulter; viel Widerrist; langer, muskulöser Rücken mit abgeschlagener, kurzer Kruppe und tief angesetztem Schweif; stabile Gliedmaßen mit gut eingeschienten Gelenken; sehr harte Hufe

Größe: meist über 155 cm Stockmaß

Farben: alle Grundhaarfarben, aber hauptsächlich Rappen und Dunkelbraune

Charakteristik: ruhiges, beständiges Pferd; widerstandsfähig und ausdauernd; sehr genügsam

Eignung: ehemals Truppen-, heute Polizeipferd; wird auch in der Landwirtschaft verwendet; Trekkingpferd

Herkunft: Italien
Sein Ursprung ist nicht herauszufinden. Es wurden und werden unterschiedliche Rassen eingekreuzt.

Verbreitungsgebiet: Italien

Mecklenburger
82
Deutschland

Erscheinungsbild: durch seine nahe Verwandtschaft mit dem Hannoveraner diesem sehr ähnlich, manchmal etwas schwerer. Sehniger, ausdrucksvoller Kopf; langer, schön getragener Hals; gut gelagerte Schulter; guter, muskulöser Rücken; viel Gurtentiefe; gute Hinterhand; klare, regelmäßige, kräftige Gliedmaßen; deutlich markierte Sehnen und Gelenke und harte Hufe

Größe: etwa 160–170 cm Stockmaß

Farben: alle Grundhaarfarben, vorwiegend Braune

Charakteristik: ausgeglichen, zuverlässig, ruhig, hart und ausdauernd

Eignung: vielseitiges Reitpferd, oft mit hoher Springbegabung; auch als leichtes Wagenpferd einsetzbar

Herkunft: Raum Mecklenburg
Zum Teil wurden die gleichen Vererber wie beim Hannoveraner eingesetzt, deshalb die nahe Verwandtschaft. Zu Zeiten der DDR ging der Mecklenburger in der Zuchtrichtung „Edles Warmblut der DDR" auf. Heute darf er wieder seinen alten Namen tragen

Verbreitungsgebiet: hauptsächlich Deutschland

nicht nur wegen ihrer günstigen Farbe, sondern auch wegen ihrer Stärke und Ruhe. Außerdem trugen sie fleißig Kohle, Erz und Holz zu Tal. Sowohl Kalt- als auch Vollbluteinflüsse haben diese Ponys zu einer Mischrasse gemacht. Der ursprüngliche Mérens-Typ ist heute nur noch selten in unzugänglichen Hochtälern zu finden. Seit 1947 wird die Rasse stutbuchmäßig geführt

Verbreitungsgebiet: Frankreich

Mexikanisches Pferd
Mexiko

Erscheinungsbild: kleines, drahtiges Warmblutpferd mit uneinheitlichem Erscheinungsbild; immer ein schmales Pferd mit kurzem Rücken, starker Kruppe und harten Beinen und Hufen

Größe: um 150 cm Stockmaß

Farben: alle Farben

Charakteristik: ein schnelles, mutiges, nerviges, aufmerksames, stets einsatzbereites Pferd; hart und ausdauernd

Eignung: vielseitiges Reit- und Arbeitspferd

Herkunft: Mexiko
Zweifelsohne bilden auch hier die spanischen Pferde der Eroberer die Grundlage der Zucht. Danach vermischten sie sich mit Mustangs und Criollos, aber auch mit Arabern und Andalusiern

Verbreitungsgebiet: Mexiko

Mérens-Pony
83
Frankreich

Erscheinungsbild: ist ein kräftiges Gebirgspony, ähnlich dem Dales- und Fell-Pony, mit ausdrucksvollem, geradem oder leicht geramstem Kopf; mit lebhaften Augen und kleinen, spitzen Ohren; kräftiger, breit angesetzter und schön getragener Hals; dichtes Mähnenhaar; steile und sehr muskulöse Schulter; nur wenig Widerrist; breite, tiefe Brust mit viel Gurtentiefe; etwas langer, aber gut bemuskelter Rücken mit leicht abgeschlagener Kruppe; dichter Schweif; kurze, stabile Beine mit harten, kleinen Hufen; die Stellung der Hinterbeine ist manchmal kuhhessig

Größe: um 140 cm Stockmaß

Farben: ausschließlich Rappen, selten mit Abzeichen

Charakteristik: energisch und fleißig; robust und ausdauernd; genügsam; sehr trittsicher; zuverlässig und gutmütig

Eignung: in erster Linie Landwirtschaftspony, aber auch Reit-, Saum- und Trekkingpony

Herkunft: Pyrenäen/Frankreich
Sehr alte Rasse, die schon auf Höhlenbildern aus dieser Region zu finden ist. Im französisch-spanischen Grenzgebiet waren diese Pferde lange Zeit ideale Schmugglerponys,

Missouri Foxtrotter
84
USA

Erscheinungsbild: sehr kräftiges Warmblutpferd mit trockenem, fein modelliertem Kopf; kleine, spitze Ohren, feine Nüstern und große, glänzende Augen; wohlproportionierter, schön getragener Hals mit dünnem Mähnenhaar, muskulöse, manchmal etwas steile Schulter; wenig Widerrist; kurzer, gerader Rücken mit leicht abfallender Kruppe und dünnem Schweifhaar; kurze, kräftige, gut geformte Beine mit harten Hufen

Größe: 140–160 cm Stockmaß

Farben: Schimmel, Rappen, Füchse und Braune

Charakteristik: lebhaftes Temperament; aufgewecktes, kluges, sanftmütiges Pferd, zäh und ausdauernd und trotz seiner energischen Bewegungen sehr leichttrittig; verfügt über die gebrochene Gangart **fox trot** (Fuchstrab), d. h., mit den Vorderbeinen geht es einen fleißigen Schritt, mit den Hinterbeinen trabt es. Dies ist zwar keine schnelle, aber eine bequeme und sichere Gangart. Das Pferd kann auf diese Weise bis zu 16 Kilometer in der Stunde zurücklegen

Eignung: angenehmes Reitpferd; Trag- und Showpferd

Herkunft: Ozark Plateau von Missouri und Arkansas
Diese Rasse beschränkt sich ausschließlich auf dieses Gebiet. Sie entstand zu Beginn des 19. Jahrhunderts aus den besten Pferden der nach Westen ziehenden Siedlertrecks, später wurden sie mit American Saddlebreds, Tennessee Walker und Standardbreds gekreuzt, um die bequeme Gangart zu fördern. 1948 wurde die erste Züchtervereinigung gegründet. Das Stutbuch wurde 1983 geschlossen

Verbreitungsgebiet: ausschließlich die USA

Mongolenpony
Mongolei

Erscheinungsbild: primitiver Ponytyp; etwas plumper, oft ramsnasiger, großer Kopf mit kleinen Augen und dicken Ohren; Stehmähne; kurzer, meist nicht schön angesetzter Hals; geräumige Brust; ausgeprägter Widerrist; muskulöser Rücken und ebensolche Kruppe; relativ hoch angesetzter, an der Wurzel dicht behaarter, später eher dünner Schweif; stabile, kurze Beine mit harten Hufen

Größe: 124–145 cm Stockmaß

Farben: Lichtfüchse, Falben verschiedener Schattierungen; Aalstrich, Maul und Körperunterseite meist heller, dunkle Beine mit zebraartigen Querstreifen an Oberarm und Oberschenkel

Charakteristik: Wildpony von großer Kraft und Ausdauer, das auch unter härtesten Bedingungen überlebt; nicht ganz einfach in Temperament und Charakter; Paßgänger

Eignung: Reit- und Hütepony; Pack- und Zugpony, wird auch in der Land-

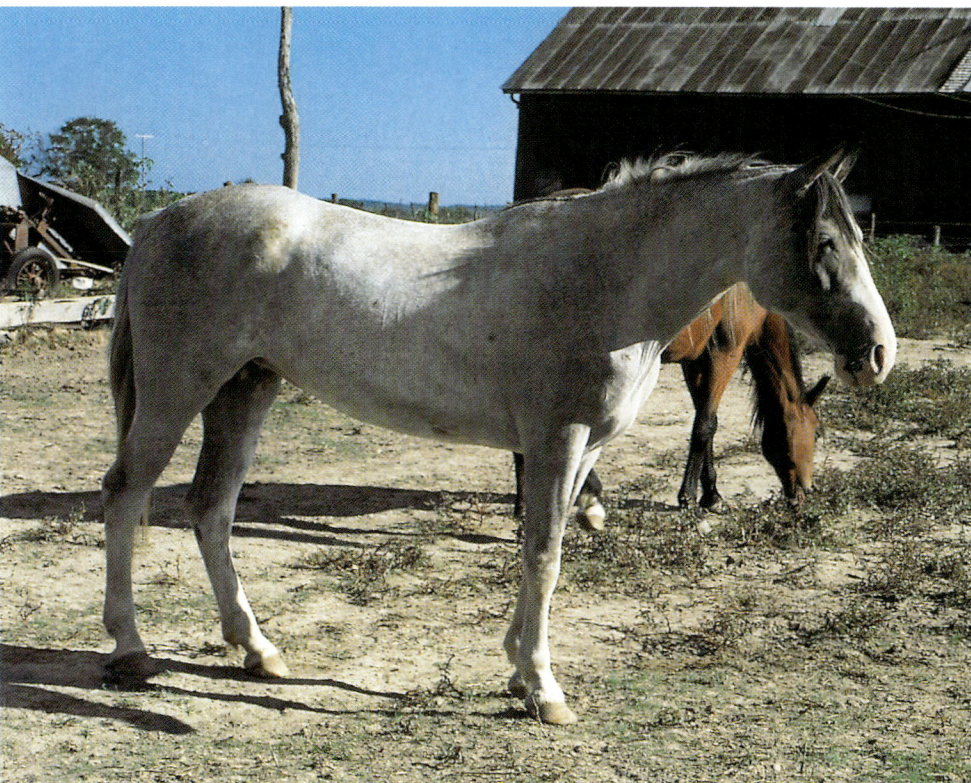
84

wirtschaft eingesetzt. Reitpony der Nomaden, die es als Fleisch-, Fell- und Milchlieferanten benutzen. Es wird auch von Kindern auf traditionellen Ponyrennen geritten

Herkunft: Mongolei
In diesem riesigen Lebensraum differiert das Aussehen dieses Ponys je nach Aufzucht oder Beeinflussung durch andere Rassen. Es ist ein naher Verwandter des mongolischen Wildpferdes

Verbreitungsgebiet: Mongolei

Mongolisches Wildpferd
Mongolei

Erscheinungsbild: primitiver Pony-typ; langer, grober, oft ramsnasiger Kopf mit kleinen Augen und Ohren; kurzer, muskulöser, tief angesetzter Hals; Stehmähne ohne Stirnschopf; kurze, steile kräftige Schulter; wenig markierter Widerrist; langer, gerader Rücken, der in eine kurze, leicht abgeschlagene Kruppe übergeht; tief angesetzter, dünner Schweif; kräftige, kurze Beine mit stabilen Gelenken und äußerst harten, gut geformten Hufen

Größe: 125–145 cm Stockmaß

Farben: Lichtfüchse, Falben in verschiedenen Schattierungen; mit Aalstrich; Mehlmaul; die Körperunterseite meist heller; dunkle Beine mit Querstreifen an Oberarm und Oberschenkel

Charakteristik: Pony von großer Kraft und Ausdauer, überlebt auch unter härtesten Bedingungen; nicht ganz einfach in Temperament und Charakter

Eignung: Da es im ursprünglichen Verbreitungsgebiet vermutlich ausgestorben ist, finden wir es heute nur in verschiedenen Tierparks, wo es sich jedoch gut vermehrt, so daß der Bestand gesichert ist. Früher war es das gefürchtete kleine zähe Reit- und Kriegspony der Hunnen und Chinesen

Herkunft: Das Tachin-Schara-Nuru-Gebirge (Gebirge der gelben Pferde) an der Westseite der Wüste Gobi, Mongolei. Hier wurden sie von dem Forschungsreisenden Nikolai M. Przewalskij Ende des 19. Jahrhunderts entdeckt. Spätere Expeditionen brachten einige Exemplare nach Europa. Sie haben noch viel Ähnlichkeit mit den Pferden des Pleistozäns

Verbreitungsgebiet: nur noch in Tierparks

Morgan
USA

Erscheinungsbild: Kompaktes, im Quadratformat stehendes, stark bemuskeltes Warmblutpferd; kurzer Kopf mit meist gerader, manchmal auch konkaver Profillinie und breiter Stirn; weit auseinanderliegende, große, freundliche Augen; kleine, spitze Ohren; kräftiger, hoch aufgesetzter, gewölbter Hals; lange und breite, schräge Schulter; tiefe, breite Brust; viel Gurtentiefe; wenig markierter Widerrist; kurzer, starker, breiter Rücken; kräftige, runde, leicht abfallende Kruppe; stabile, klare Gliedmaßen mit kurzen Röhren und gut markierten Sehnen; harte, gut geformte Hufe; kein Behang

Größe: meist zwischen 143 und 155 cm Stockmaß, selten größer

Farben: vorherrschend Füchse, Hellbraune, Braune, Dunkelbraune und Rappen, auch mit kleinen Abzeichen

Charakteristik: ausgeglichenes Temperament und freundliches Wesen; dabei sehr schnell, energisch, hart und ausdauernd mit extremer physischer Kraft; klug und willig; sehr gelehrig; hohe Trittsicherheit

Eignung: ausgezeichnetes Reitpferd, hauptsächlich im Gelände, Arbeitspferd, Kutschpferd, wird auch gern auf Shows gezeigt

Herkunft: USA, hauptsächlich Vermont und Connecticut
Älteste, auf dem amerikanischen Kontinent entstandene Rasse, die zudem nur auf einen einzigen Stammvater zurückgeht. Ende des 18. Jahrhunderts wurde im Staat Massachusetts ein Hengst geboren, der aus einem englischen Vollbluthengst und einer Stute unklarer Abstammung (möglicherweise mit großem Welsh-Cob-Blutanteil) gezogen worden sein soll. Von seinem zweiten Besitzer, einem Gastwirt, erhielt er dessen eigenen Namen, Justin Morgan. Das Pferd war braun und nur ca. 140 cm groß, aber aufgrund seiner enormen Kraft, Schnelligkeit und Ausdauer unschlagbar auf Wagen- und Galopprennen. Als Deckhengst wurde er zu einem überaus getreuen Vererber. Die Nachkommen seiner drei Söhne, *Woodbury, Sherman* und *Bulrush,* die genaue Ebenbilder ihres Vaters waren, beeinflußten wegen ihrer außerordentlichen Eigenschaften auch die Zucht des American Saddle-Horses, des Tennessee-Walkers und des amerikanischen Trabers

Verbreitungsgebiet: hauptsächlich die USA

Murakoz
Ungarn

Erscheinungsbild: sehr qualitätvolles Kaltblutpferd mit geradem, bis ramsnasigem, trockenem Kopf; mächtiger, gewölbter Hals; starke Schulter mit breiter, tiefer Brust; kaum Widerrist; viel Gurtentiefe; kräftiger, etwas tiefer Rücken mit muskulöser, abfallender Kruppe; kurze, starke Gliedmaßen mit starken Knochen; große feste, runde Hufe; Fesselbehang

Größe: um 160 cm Stockmaß

Farben: meist Füchse mit heller Mähne und hellem Schweif, auch Braune, seltener Schimmel und Rappen

Charakteristik: gleichmäßiges, ruhiges Pferd mit enormer Kondition; ausgesprochen leichtfuttrig; gutmütiger Charakter; sehr leistungswillig; freie Aktion in Schritt und Trab

Eignung: schweres Zugpferd für die Landwirtschaft

Herkunft: Ungarn
Die Zucht basiert auf Norikern und etwas Araberblut gekreuzt mit ungarischen Landstuten. Gezüchtet wurden sie entlang dem Fluß Mura, von dem sie ihren Namen bekamen. Nach dem 1. Weltkrieg war der Murakozer sehr verbreitet. Heute geht seine Bedeutung immer mehr zurück

Verbreitungsgebiet: Ungarn, Tschechien und Slowakei, Polen, gesamtes ehemaliges Jugoslawien

Murgese
Italien

Erscheinungsbild: hübsches, kräftiges Warmblutpferd. Feurig, elegante Erscheinung: hübscher, trockener Kopf mit aufmerksamen, glänzenden Augen und lebhaften Ohren; schön getragener Hals; gute, schräge Schulter; viel Widerrist; kräftiger, gerader Rücken und gut bemuskelte Kruppe; harte, gesunde Gliedmaßen

Größe: 155–170 cm Stockmaß

Farben: Rappen

Charakteristik: elegant und schnell; intelligent und von gutem Charakter; sehr ausdauernd; oft gutes Springvermögen

Eignung: Reit- und Kutschpferd

Herkunft: stammt von Andalusiern ab, die von Ferdinand dem Katholischen im 16. Jahrhundert nach Italien gebracht worden waren. Ein italienischer Graf züchtete den Murgesen zu einem vorzüglichen Kutschpferd heran, das sich heute steigender Beliebtheit erfreut

Verbreitungsgebiet: Italien

Mustang
87
USA

Erscheinungsbild: unveredelte, halb-wilde Ponyrasse; recht grober Rams-kopf auf tief getragenem, kräftigem Hals; genügend Widerrist; stabiler, rundrippiger Rumpf; kräftiger Rük-ken mit leicht abgeschlagener Kruppe; starke, kurze Beine und unglaublich harte Hufe

Größe: 140–150 cm Stockmaß

Farben: alle Grundhaarfarben, dazu viele Schecken

Charakteristik: sehr schwer zu bän-digendes, wildes Pferd; sehr wach-sam, mutig, hart, ausdauernd, unver-wüstlich

Eignung: früher das Reitpony der Cowboys, der Indianer und der Kavallerie; heute wird es als Reit-pony mehr und mehr durch größere und qualitativ bessere Züchtungen verdrängt. Lediglich auf Rodeos wer-den sie als wilde Kämpfer noch ein-gesetzt (Broncos)

Herkunft: Nordamerika
Es handelt sich hierbei um die Nach-kommen der von den Konquistado-ren zurückgelassenen spanischen Pferde. Sie verwilderten und verän-derten sich durch die harte Auslese der Natur. In den weiten Grasebenen gediehen die Mustangs und ver-mehrten sich so stark, daß sie – als lästige Freßkonkurrenten der Rinder-herden – fast ausgerottet wurden. Daraufhin mußten Schutzzonen ein-gerichtet werden, um den Fortbe-stand der Rasse zu sichern. Es gibt eine *American Mustang Association,* die sich um die noch verbliebenen Bestände in Wyoming, Kansas und Kalifornien kümmert

Verbreitungsgebiet: USA

New Forest Pony
88
Großbritannien

Erscheinungsbild: großer Kopf auf eher kurzem Hals; gute Schulter; wenig markierter Widerrist; tiefe Brust; viel Gurtentiefe; kurzer, kräfti-ger Rücken; breite, muskulöse Kruppe; klare Beine mit kurzen Röhren und harten Hufen

Größe: 122–145 cm Stockmaß

Farben: alle Haarfarben, vorwiegend Braune verschiedener Schattierun-gen, Schecken unerwünscht

Charakteristik: verkehrssicher; aus-dauernd; mutig und sehr willig; intel-ligent und freundlich; ausgeglichen und sensibel; gute Gangmechanik

Eignung: sehr gutes, sicheres Kinder-reitpony. Wegen seiner angenehmen Charaktereigenschaften und seiner guten Reitponyqualitäten ein ausge-sprochen geeignetes Familienpony; ideales Jagdpony

Herkunft: Großbritannien
Der Ursprung dieser sehr alten Mischrasse aus dem weiten Gebiet des New Forest ähnelt dem Erschei-nungsbild seiner Nachbarn, der Exmoor- und Dartmoorponys. Es wurden häufig verschiedenrassige Hengste in dieses Gebiet entlassen, die unterschiedlichen Einfluß auf die Entwicklung dieser Rasse hatten. Seit

Ausgang des 19. Jahrhunderts be-müht man sich erfolgreich, durch Zuführung exzellenter Hengste die Rasse vor dem Untergang zu bewah-ren. Der moderne New-Forest-Typ wird durch fünf Hengstlinien als Stammväter vertreten

Verbreitungsgebiet: Großbritannien

Nigerianisches Pony
Nigeria

Erscheinungsbild: Kleinpferd im Berbertyp stehend mit geradem, schlichtem Kopf auf wenig schönem Hals; ausgeprägter Widerrist; gute,

starke Schulter; gerader Rücken mit schwacher Hinterhand; gesunde und harte Beine und Hufe

Größe: 140–145 cm Stockmaß

Farben: hauptsächlich Schimmel, aber auch alle anderen Farben

Charakteristik: bescheiden, willig, robust und ausdauernd; sehr hart; schnell und wendig; leichtfuttrig; braucht kaum Pflege

Eignung: leichtes Zug-, Pack- und Reitpony

Herkunft: Nigeria
Stammt von Berberpferden ab, die von Nomadenstämmen nach Nigeria gebracht wurden

Verbreitungsgebiet: Nigeria

Nonius

89
Ungarn

Erscheinungsbild: mittelschwerer, robuster Warmblüter mit geradem, bisweilen etwas ramsnasigem Kopf; lebhafte Augen und Ohren, weite Nüstern; schön aufgesetzter, langer Hals; gute, kräftige Schulter und markierter Widerrist; gut bemuskelter, gerader, langer Rücken mit gerader Kruppe und hochangesetztem Schweif; stabile Beine mit harten, runden Hufen

Größe: etwa 165 cm Stockmaß

Farben: Braune und Rappen ohne Abzeichen

Charakteristik: zäh, zuverlässig, ausdauernd und willig; raumgreifende, energische Bewegungen; ruhig und ausgeglichen; tadelloser Charakter; gutes Springvermögen

Eignung: Reit- und Kutschpferd; auch als Freizeitpferd geeignet

Herkunft: Ungarn
Die Zucht begann mit dem im Jahre 1810 in der Normandie geborenen Hengst „Nonius", dessen Vater ein Halbblüter und dessen Mutter eine Normänner Stute war. Er kam als Beutehengst nach Ungarn und hat dort in 22 Deckjahren viele Hengste und Stuten hervorgebracht. Bis 1961 wurden zwei verschiedene Größen gezüchtet, jetzt nur noch ein einheitlicher Typ, wie oben beschrieben

Verbreitungsgebiet: Ungarn

Nordlandpferd

Norwegen

Erscheinungsbild: ein dem Isländer ähnliches, kräftiges Pony; kleiner Kopf auf äußerst muskulösem Hals, der übergangslos in die Brust übergeht; etwas steile Schulter; wenig Widerrist; viel Gurtentiefe; kräftiger, gerader Rücken; muskulöse, runde Kruppe; dichtes Mähnen- und Schweifhaar; harte, trockene Gliedmaßen

Größe: um 130 cm Stockmaß

Farben: hauptsächlich dunkle Farben, aber auch andere

Charakteristik: abgehärtetes, genügsames Pony; zäh und ausdauernd; auffallend gesunde, harte Beine und Hufe

Eignung: Zug- und Reitpony

Herkunft: Gudbrandsdal/Norwegen
Seine Entstehung ist weitgehend unbekannt. Es gehört möglicherweise zu den keltischen Ponys, was seine Ähnlichkeit mit dem Isländer erklären würde. Das hieße auch, daß es ein direkter Nachkomme des **Tarpans** wäre, wie auch das inzwischen ausgestorbene **Lofotenpony**

Verbreitungsgebiet: Norwegen

Nordschwede

Schweden

Erscheinungsbild: kleines, sehr bewegliches Kaltblutpferd mit recht großem, geradem Kopf; mittellanger, kräftiger Hals; muskulöse, steile Schulter; tiefe, breite Brust; wenig Widerrist; viel Gurtentiefe; langer und breiter Rücken; gut bemuskelte, abfallende Kruppe; stämmige, kurze, gesunde Beine; große, aber harte Hufe; Kötenbehang; dichtes Mähnen- und Schweifhaar

Größe: etwa 153–158 cm Stockmaß

Farben: Rappen, Braune, seltener Falben und Füchse

Charakteristik: gesund und langlebig; hart und ausdauernd bei großer Genügsamkeit; aktiv und willig; mit raumgreifenden, energischen Bewegungen; einwandfreier Charakter

Eignung: früher ein ausgezeichnetes Armeepferd, wird es heute in der Land- und Forstwirtschaft als Zugpferd sehr geschätzt

Herkunft: Nordschweden
Es entstand aus dem bodenständigen schwedischen Landschlag und wurde lange Zeit wahllos gekreuzt. Erst mit der Gründung eines Zuchtverbandes, der Dölehengste einsetzte, wurde eine gewisse Einheitlichkeit im Typ erreicht. Seit ca. 1900 besteht ein eigenes Stutbuch

Verbreitungsgebiet: hauptsächlich Schweden

Nordschwedischer Traber

Schweden

Erscheinungsbild: leichtere Ausgabe des Nordschweden; nicht ganz so langer, gerader Kopf; kurzer, kräftiger Hals mit guter, schräger Schulter; viel Gurtentiefe; tiefe, breite Brust; langer, breiter Rücken; stark bemuskelte, abgeschlagene Kruppe; eisenharte, kurze Beine mit etwas Kötenbehang; große, runde Hufe

Größe: etwa 153–158 cm Stockmaß

Farben: Rappen, Braune, seltener Falben und Füchse

Charakteristik: gleiche Eigenschaften wie der Nordschwede; äußerst widerstandsfähig; anspruchslos und pflegeleicht; mit langen, energischen Bewegungen im Trab, die angeboren sind; ausgezeichneter Charakter verbunden mit großer Freundlichkeit

Eignung: Renntraber

Herkunft: gleicher Ursprung wie der Nordschwede. Da Trabrennen in Schweden sehr beliebt sind (der Nordschwedische Traber läßt sich allerdings in der Schnelligkeit nicht mit europäischen oder amerikanischen Trabern vergleichen), wurden die schnellsten Nordschweden auf Trabrennen vorgestellt. Mit den besten aus diesen Rennen wurde weitergezüchtet

Verbreitungsgebiet: Schweden

Noriker

90

Deutschland/Österreich

Erscheinungsbild: mittelschweres Kaltblutpferd; schwerer, aber gut proportionierter Kopf mit leichter Ramsnase; kurzer, muskulöser Hals; mächtige, steile Schulter; wenig Widerrist; kurzer, fester Rücken; breite Brust; lange, stark bemuskelte, gespaltene, abfallende Kruppe; kräftige Beine mit wenig Fesselbehang

Größe: etwa 160–165 cm Stockmaß

Farben: Braune, Füchse, Dunkelfüchse, Rappen; weniger häufig Schimmel und Tigerschecken

Charakteristik: gutmütig, kraftvoll, trittsicher, anspruchslos und langlebig; ruhiges Temperament; etwas langsam; raumgreifende, freie Bewegungen

Eignung: Zugpferd in Land- und Forstwirtschaft; schweres Kutschpferd

Herkunft: Stammgestüt Schwaiganger (Österreich), Landgestüt Marbach (Deutschland); in Österreich und Bayern auch privat gezüchtet. Entstanden in der römischen Provinz „Noricum", die damals im heutigen Staatsgebiet Österreichs lag. In späteren Jahren wurden spanische und neapolitanische Blutlinien zur Veredelung eingekreuzt. Als ausgesprochen angepaßtes Gebirgspferd ist es heute – im Gegensatz zu den meisten anderen Kaltblütern – sehr gefragt

Verbreitungsgebiet: Deutschland, Österreich

Nowokirgise

Kirgisistan

Erscheinungsbild: etwas langes Warmblutpferd mit edlem, geradem Kopf; mittellanger, gut geformter Hals (manchmal auch Hirschhals); kräftige Schulter mit tiefer, breiter Brust; langer, aber muskulöser Rükken mit abgeschlagener Kruppe; kurze, stabile Beine mit äußerst festen Hufen

Größe: etwa 145–154 cm Stockmaß

Farben: in der Regel Braune, oft mit Abzeichen

Charakteristik: widerstandsfähiges, ausdauerndes, trittsicheres, genügsames Gebirgspferd, das gewohnt ist, in großen Höhen zu leben (2000–3000 m über dem Meer) und schwere Lasten zu tragen

Eignung: Reit-, Pack- und Zugpferd; Langstreckenpferd

Herkunft: Kirgisien/Rußland
Relativ junge Rasse aus dem Kirgisenpony, das mit Donpferden und Vollblütern veredelt wurde

Verbreitungsgebiet: Rußland

Oldenburger

91

Deutschland

Erscheinungsbild: der Typ des alten Oldenburgers (Karossier) ist ein recht kurzbeiniges, korrekt gebautes, ausdrucksvolles Warmblutpferd mit schlichtem Kopf, viel Hals und schöner, schräger Schulter; tiefe, breite Brust; muskulöser Rücken mit ebensolcher Kruppe; kräftige Gliedmaßen mit gut eingeschienten Gelenken, kurzen Röhren und harten Hufen.
Seit einiger Zeit wird versucht, den Oldenburger dem Modell des modernen Mehrzweckpferdes mit betonten Reitpferdeeigenschaften anzupassen. Bisheriges Ergebnis: ein Pferd mit nicht zu großem, geradem oder leicht ramsnasigem Kopf; langem, gut geformtem und aufgesetztem Hals; langer, schräger Schulter; ausgeprägtem Widerrist; starkem Rücken; gut bemuskelter, nur wenig abfallender Kruppe mit hoch angesetztem Schweif; korrekt stehenden, kräftigen, trockenen Gliedmaßen

Größe: etwa 160–170 cm Stockmaß

Farben: meist Braune, Dunkelbraune und Rappen

Charakteristik: ruhig, mutig, zäh und ausdauernd

Eignung: ursprünglich ein stattlicher Karossier, ist er heute zu einem ausgezeichneten Reitpferd mit enormem Springvermögen geworden. Wegen seiner Zähigkeit und Ausdauer gutes Vielseitigkeitspferd mit hervorragender Gangmechanik

91

Herkunft: Raum Oldenburg
Der Typ des alten Oldenburgers basiert auf schweren *Friesenpferden*, die *Berber-, Neapolitaner-* sowie *Andalusierblut* führen und als Zug- und Kutschpferde die gesuchte Grundlage für einen eleganten Karossier bildeten. Auf dieser Grundlage wurden nun Hannoveraner, Anglo-Normänner, Vollblüter und Trakehner mit großem Erfolg eingekreuzt.
Da nach dem 2. Weltkrieg das Fahrund Wirtschaftspferd an Wichtigkeit verlor, versuchte man, den modernen Reitpferdetyp durch Einkreuzen von noch mehr Vollblütern, Hannoveranern, Trakehnern und auch Anglo-Arabern zu erzielen, was inzwischen gelungen ist

Verbreitungsgebiet: Deutschland mit weltweiter Nachzucht

108

Orlow-Traber

Rußland

Erscheinungsbild: sehr anmutiges Warmblutpferd mit edlem Kopf und ausdrucksvollen Augen; kleine, spitze Ohren; schöner, langer, gewölbter, gut aufgesetzter Hals; starke Schulter; nicht sehr viel Widerrist; kompakter Rumpf; tiefe, breite Brust; viel Gurtentiefe; kräftiger, langer Rücken; gut bemuskelte, leicht abgeschlagene Kruppe; lange, aber starkknochige Beine mit glasklaren Sehnen und Gelenken; leichter Fesselbehang

Größe: 155–164 cm Stockmaß

Farben: hauptsächlich Schimmel und Rappen

Charakteristik: robust; scheufrei; intelligent, willig; energisch und ausdauernd; von gutmütigem Charakter und ausgezeichneter Gesundheit

Eignung: Trabrennen, aber auch Wagen-, Schlitten- oder Reitpferd

Herkunft: Rußland
Eine Zucht des Grafen Alexeij Grigoriewitsch Orlow, der in seinem Gestüt in Chrenowoije in der zweiten Hälfte des 18. Jahrhunderts schnelle Wagen- und Schlittenpferde zu züchten begann, angeblich weil er so fett geworden war, daß ihn kein Pferd mehr tragen konnte. Er kreuzte seinen Araberhengst „Smetanka" mit einer dänischen Stute, die den Hengst „Polkan" gebar. Aus „Polkan" und einer Friesenstute entstand „Bars I", der Stammvater der Orlowrasse (Bars = Schneelöwe). Graf Orlow baute für seine Traber extra eine Trainingsrennstrecke. Zur dama-

ligen Zeit waren die Orlow-Traber die schnellsten Traber der Welt. Später wurden sie vom kommerziell gezüchteten Amerikanischen Traber an Schnelligkeit übertroffen und verloren die Dominanz auf den Rennplätzen

Verbreitungsgebiet: Rußland

Ostbulgare

Bulgarien

Erscheinungsbild: Pferd im Anglo-Arabertyp; hübscher, trockener Kopf mit gerader Nasenlinie; langer, gut geformter und getragener Hals; gut gelagerte, lange und schräge Schulter; tiefe, breite Brust; langer, markierter Widerrist; kompakter Rücken mit leicht abfallender, muskulöser Kruppe; schlanke, sehnige Beine mit stabilen Knochen und harten Hufen

Größe: meist um 160 cm Stockmaß

Farben: Füchse, Braune und Rappen

Charakteristik: fromm, eifrig, gutmütig und ausdauernd; mit lebhaften flachen, freien Bewegungen; gute Dressur- und Springanlagen

Eignung: Allroundreitpferd, das auch als Landwirtschaftspferd Verwendung findet.

Herkunft: Bulgarien
Entstanden Ende des vorigen Jahrhunderts aus Englischen Voll- und Halbblütern sowie Original- und Anglo-Arabern. Heute wird nur noch Englisches Vollblut eingekreuzt

Verbreitungsgebiet: Bulgarien

Ostfriese

93

Deutschland

Erscheinungsbild: kräftiges Warmblutpferd; kleiner, hübscher Kopf mit Ramsnase und stark bemuskeltem, schön angesetztem Hals und Aufsatz; gute Schulter; etwas wenig Widerrist; tiefer, breiter Rumpf mit einer stark bemuskelter Kruppe; kurze, starke Beine mit massiven Gelenken und deutlich markierten Sehnen

Größe: zwischen 155 und 165 cm Stockmaß

Farben: meist Füchse, selten auch Schimmel

Charakteristik: sehr nervig und aktiv, mit hoher, energischer Trabaktion; ausgeglichenes Temperament; guter Charakter

Eignung: Reit- und Kutschpferd

Herkunft: Ostfriesland
Ein naher Verwandter des Oldenburgers, der mit Hilfe von Arabern zu einem etwas leichteren Reitpferdetyp umgezüchtet werden sollte. Das Ergebnis entsprach allerdings nicht den Vorstellungen des Zuchtverbandes. Inzwischen wurde diese Zucht an den Hannoverschen Zuchtverband angeschlossen, dadurch verstärkte Einkreuzung von hannoverschen Hengsten

Verbreitungsgebiet: Deutschland

Palomino

94

USA

Erscheinungsbild: nicht einheitlich, da es sich hier um eine reine Farbrasse handelt. Die Nachfrage nach dieser Fellfarbe ist in Amerika sehr groß. Vom Typ her wird der elegante Reitpferdetyp bevorzugt, meist aus der Rasse der Quarter Horses. Es sollte daher edel und gut proportioniert sein.
Gewünscht ist ein gerader oder leicht konvexer Kopf auf einem mittellangen, kräftigen, geraden Hals; gute, schräge Schulter; genügend Widerrist; kräftiger Rücken mit leicht abfallender Kruppe; schön angesetzter Schweif; schlanke Gliedmaßen mit oft hellen Hufen

Größe: 145–156 cm Stockmaß

Farben: goldfarben mit dunklen Augen und flachsweißer oder silberweißer Mähne und ebensolchem Schweif; bis zu 15 % dunkles Haar in Mähne und Schweif zulässig

Charakteristik: lebhaftes Temperament; ausdauernd, zäh und widerstandsfähig; oft mit *cow sense;* freundlich und ausgeglichen

Eignung: Familienreit-, Parade- und Showpferd

Herkunft: USA
Die Ahnen dieses Pferdes sind die spanischen Pferde der Konquistadoren. Pferde dieser besonderen Farbe waren unter der spanischen Königin Isabella von Kastilien besonders beliebt, weshalb sie auch nach ihr benannt wurden (Isabellen). Der amerikanische Zuchtverband ist dabei, die Rasse aufzubauen, und nimmt deshalb nur Pferde auf, die bestimmte Kriterien wie sie oben beschrieben sind, erfüllen

Verbreitungsgebiet: hauptsächlich die USA, aber auch andere Erdteile

Paso Fino

95

Lateinamerika

Erscheinungsbild: sehr beeindruckende Gesamterscheinung; kleiner Warmblüter mit schönem geradem, oft auch arabischem Kopf; kleine, spitze Ohren und ausdrucksvolle Augen; stark bemuskelter Hals auf gut gelagerter Schulter; ausgeprägter Widerrist; kräftiger, kurzer, gerader Rücken mit runder, breiter Kruppe; zierliche, aber harte Beine mit kurzen Röhren und festen, kleinen Hufen

Größe: circa 140–157 cm Stockmaß

Farben: alle Farben einschließlich Schecken; Abzeichen möglichst klein

Charakteristik: freundliches, kluges, leicht zu reitendes Pferd. Besonderes Kennzeichen sind drei laterale Gangarten im Viertakt, die nicht antrainiert, sondern erblich sind: **Paso Fino,** einem sehr rasanten, versammelten Schritt; **Paso Corto, Tölt** im mittleren Arbeitstempo, mit dem man lange Strecken am hingegebenen Zügel zurücklegen kann, ohne daß Pferd oder Reiter ermüden; **Paso Largo,** schneller Tölt mit viel Raumgriff, die schnellste Bewegung im Viertakt

Paint

USA

Erscheinungsbild: mit dem des Quarter Horses (siehe Seite 36) identisch. Gehört damit auch zur Gruppe der Western Horses und muß mindestens die Anlage zur Scheckvererbung in sich tragen. Ansonsten gibt es drei Zeichnungsmuster: Overo, Tobiano und Tovero

Größe: etwa 148–160 cm Stockmaß

Farben: nur Schecken oder Pferde, die die Veranlagung zur Scheckvererbung in sich tragen

Charakteristik: sehr gelehrig; von ausgeglichenem Temperament, aber überaus antrittsschnell; sehr schnell auch auf kurzen Strecken; anhänglich, fromm; sehr umgänglich; *cow sense*

Eignung: Reit- und Arbeitspferd auf der Ranch; Freizeit- und Rodeopferd

Herkunft: Paints haben den gleichen Ursprung wie Quarter Horses, die auf die spanischen Pferde zurückgehen, die von den Konquistadoren Anfang des 16. Jahrhunderts mitgebracht worden waren. Unter diesen befanden sich auch einige Schecken, die ebenso wie die restlichen Pferde nach dem Abzug der Spanier verwilderten und sich als Mustangs erhalten haben. 1962 wurde die American Paint Association gegründet

Verbreitungsgebiet: USA, Kanada und Europa

94

P

Eignung: ausgezeichnetes, bequemes Reitpferd, besonders im Gebirge wegen seiner hohen Trittsicherheit und Ausdauer, aber auch Arbeits- und Showpferd. Zunehmend wird er in der letzten Zeit auch als Freizeit-, Trail- und Distanzpferd verwendet

Herkunft: Peru, Kolumbien, Karibik, Puerto Rico
Diese Rasse geht auf importierte spanische Pferde zurück. Verschiedene Kreuzungen mit dem Ziel, ein bequemes Reitpferd für lange Distanzen zu züchten – vorwiegend mit Gangpferden – erbrachten dieses Ergebnis

Verbreitungsgebiet: Lateinamerika, USA, Europa

Paso Peruano
96
Peru

Erscheinungsbild: edler, trockener Kopf mit geradem oder leicht konvexem Profil, hoch aufgesetzter, stolz getragener Hals; tiefe Brust; deutlicher Widerrist; gut bemuskelter, gerader Rücken und leicht abfallende Kruppe; gut angesetzter, voller Schweif; trockene, schlanke Gliedmaßen mit kleinen, festen Hufen

Größe: etwa 143–155 cm Stockmaß

Farben: alle Farben, auch Mischfarben, aber keine Schecken; Abzeichen möglichst klein

Charakteristik: leistungsbereit und ausdauernd, intelligent, von freundlichem, auffallend menschenbezogenem Wesen; lebhaft, dabei sanft und gutmütig. Die Gangarten des Paso Peruano neben Schritt und Galopp sind: **Paso Llano** – Tölt im klaren Viertakt in mäßigem Tempo und natürlicher Versammlung geritten; **Sobreandando** – Tölt zwischen Viertakt und Paß, in der Regel in verstärktem Tempo geritten. **Ambladura** oder **Huachano** (Paß) und **Trote** (Trab) sind beim gerittenen Pferd nicht erwünscht. Wichtig ist nicht nur ein klarer Viertakt, sondern weiche, möglichst erschütterungsfreie Bewegungen. Sie werden durch eine Seitlich-auswärts-vorwärts-Bewegung der Vorhand, genannt „Termino", erreicht, die sowohl Raumgriff als auch Aktion erlaubt, ohne die volle Bewegung auf den Rücken zu übertragen

Eignung: Arbeits- und Freizeitpferd, Showpferd

Herkunft: Peru
Die Grundlage für den Paso Peruano bildeten spanische Pferde, die die Eroberer Anfang des 16. Jahrhunderts auf ihren Schiffen mitbrachten, um damit Nachschub für ihre Schlachten ziehen zu können. Schön, stark und edel sollten diese Pferde aussehen und noch mit dem kleinen Finger zu reiten sein; darüber hinaus wollte man mit ihnen – möglichst bequem – enorme Wegstrecken zurücklegen können. So entstand der Nur-Tölter, der Paso Peruano, der bis heute konsequent auf besonders weiche Gänge hin gezüchtet wird. 1946 wurde ein offizieller Zuchtverband gegründet

Verbreitungsgebiet: Lateinamerika, USA; Europa

95

96

Peneiapony

Griechenland

Erscheinungsbild: klein, derb, leicht orientalischer Einschlag. Hübscher, gegerader Kopf mit lebhaften Augen und spitzen Ohren; kräftiger Hals; gute Schulter; breite, tiefe Brust; wenig Widerrist; gerader Rücken mit runder, leicht abfallender Kruppe; viel Gurtentiefe; sehr harte, kräftige Gliedmaßen; harte, kleine, runde Hufe

Größe: nicht über 141 cm Stockmaß

Farben: fast alle Farben

Charakteristik: arbeitswillig, gutmütig und außerordentlich hart; zäh, ausdauernd und genügsam

Eignung: Landwirtschafts- und Transportponys; Hengste werden häufig zur Maultierzucht eingesetzt

Herkunft: Peneiosebene auf dem Peloponnes
Bodenständige, alte Rasse mit arabischem Einschlag

Verbreitungsgebiet: Griechenland

Percheron

97

Frankreich

Erscheinungsbild: schweres Kaltblutpferd mit schönen Proportionen. Kleiner, trockener, gerader Kopf; breite Stirn; große, ausdrucksvolle Augen und lange, feine Ohren; schwerer, langer, gut aufgesetzter Hals; muskulöse, etwas steile Schulter; kräftiger Rücken mit breiter, gespaltener, leicht abgeschlagener Kruppe; tonniger Rumpf; trockene, harte und gesunde Beine mit offenen, großen Hufen; wenig Behang

Größe: etwa 160–170 cm Stockmaß

Farben: Schimmel verschiedener Schattierungen, seltener Rappen

Charakteristik: feinfühliger als die meisten anderen Kaltblutrassen, dabei gutartig und willig bei richtiger Behandlung; erstaunlich bewegliches Pferd; intelligent, energisch und fromm

Eignung: Arbeits-, Kutsch- und Zugpferd; Fleischlieferant

Herkunft: Landschaft Perche/Frankreich
Dieser alte Landschlag entstand aus einer Kreuzung zwischen Normännern und Arabern, in die dann später wieder schwere Kaltblüter eingekreuzt wurden. Um die araberähnliche Eleganz zu erhalten, hat man zwischendurch immer wieder kurzfristig Araber zur Veredelung eingesetzt. In Frankreich darf man nur diejenigen Pferde als Percherons bezeichnen, die in den Departements Sarthe, Eure-et-Loire, Loir-et-Cher und Orne gezüchtet werden. Dieser

schöne Kaltblüter hat selbstverständlich auch in anderen Ländern seine Anhänger, die ihn, wie in Amerika, auf Qualität und Reinheit züchten. In England kreuzt man ihn in der Regel mit Englischem Vollblut, um ein Pferd im schweren Huntertyp zu erzeugen

Verbreitungsgebiet: Frankreich, England, USA sowie Australien und Südafrika

Pindospony

Griechenland

Erscheinungsbild: leicht gebautes, orientalisch anmutendes Gebirgspony. Hübscher, gerader oder leicht ramsnasiger Kopf mit wachen Augen und lebhaften Ohren; muskulöser, gut aufgesetzter Hals mit kräftiger Schulter; wenig markierter Widerrist; kräftiger, gerader Rücken und abfallende Kruppe; klare, trockene Gliedmaßen mit harten, kleinen Hufen; häufig kuhhessige Stellung der Gliedmaßen

Größe: etwa 125–135 cm Stockmaß

Farben: Schimmel und dunkle Farben

Charakteristik: vielseitiges, ausdauerndes und sehr genügsames Gebirgspony von ausgeglichenem Temperament

Eignung: Reit- und Landwirtschaftspony, Lastenpony im Gebirge.

Herkunft: Pindos-Gebirge, Thessalien und Epirus/Griechenland

Verbreitungsgebiet: Griechenland

Pinto

98

USA

Erscheinungsbild: noch uneinheitliche warmblütige Farbrasse mit meist geradem Kopf und ausdrucksvollen, lebhaften Augen; schöner Hals; wenig Widerrist; starker Rücken, leicht abgeschlagene Kruppe; kurze, kräftige Beine

Größe: alle Größen. Fünf verschiedene Typen sehen die Zuchtrichtlinien vor: den Pony-Typ; Saddle-Typ, Stock-Typ, Hunter-Typ und Pleasure-Typ. Um einzelne gewünschte Merkmale zu erzielen, werden entsprechende Fremdrassen (Araber, American Saddle Horses, Quarter Horses oder Hackneys) eingekreuzt

Farben: Schecken in zwei Farbvarianten: *Overo* und *Tobiano*
Overo: Grundlage bildet ein dunkles Pferd mit weißen Flecken und Abzeichen. Hierbei sind häufig alle vier Beine dunkel; die Scheckung geht vom Bauch aus, kreuzt aber nicht die Rückenlinie des Pferdes; Mähne und Schweif sind in der Regel einfarbig; der Kopf weist häufig großflächige Abzeichen, wie z. B. eine breite *Blesse* oder *Laterne*, auf; die Scheckzeichnung des Overo-Typs vererbt sich rezessiv
Tobiano: großflächige Farbflecken auf Bauch und Rücken; das Weiß kreuzt hierbei die Rückenlinie des Pferdes. Tobianos haben immer vier, mindestens bis zum Vorderfußwurzelgelenk bzw. Sprunggelenk, weiße Beine; Mähne und Schweif sind meistens zweifarbig; die Tobiano-Zeichnung vererbt sich dominant.

Das Wort „Pinto" kommt aus dem Spanischen und bedeutet soviel wie „bemalt". Bezeichnet Pferde, deren Haarkleid neben der Grundfarbe große andere Farbflecken aufweist

Charakteristik: noch uneinheitlich, aber in der Regel schnell, widerstandsfähig und ausdauernd

Eignung: Allroundreitpferd, oft mit großer Springbegabung

Herkunft: Spanien, USA, auch andere Länder
Früher das Lieblingspferd der Indianer, wird es seit einiger Zeit selektiv gezüchtet. Im Jahre 1963 setzte die amerikanische „Pinto Horse Association" durch, daß der Pinto als Rasse anerkannt wurde

Verbreitungsgebiet: USA und Kanada, Europa

98

Pleven

Bulgarien

Erscheinungsbild: Warmblutpferd mit stark arabischem Einschlag, ähnlich dem Gidran, dabei etwas größer und kräftiger. Hübscher, gerader Kopf oder mit Araberknick, weite Nüstern, ausdrucksvolle Augen und lebhafte, kleine, spitze Ohren; wohlgeformter, hoch aufgesetzter, kräftiger Hals; lange und schräge Schulter; flacher Widerrist; gerader Rücken mit nur wenig abfallender Kruppe; schlanke, aber sehnige, sehr widerstandsfähige Gliedmaßen und runde, harte Hufe

Größe: um 155 cm Stockmaß

Farben: Füchse in verschiedenen Schattierungen, vorwiegend allerdings hell

Charakteristik: sehr aktives, mutiges und spritziges Pferd mit guten Anlagen zum Springen; gutwillig und intelligent; fleißige, raumgreifende Bewegungen

Eignung: Reit- und Springpferd, auch für leichte Arbeit in der Landwirtschaft geeignet

Herkunft: Pleven/Nordbulgarien
Diese Rasse entstand um die Jahrhundertwende aus russischen Anglo-Arabern gekreuzt mit bulgarischen Araberstuten sowie Landstuten. In der Folge wurden eine Zeitlang nur Vollblut-, Araber- und ungarische Gidranhengste eingesetzt, bis die Rasse gefestigt war. Inzwischen wird er in ganz Bulgarien gezüchtet

Verbreitungsgebiet: Bulgarien

Poitevin
Frankreich

Erscheinungsbild: ein großes und schweres Pferd, mit so ziemlich allen Mängeln behaftet, die ein Pferd haben kann: ein plumper, schwerer Kopf mit langen und dicken Ohren auf einem dicken, kurzen Hals; starke, oft steile Schulter; flacher Widerrist; langer Rücken; ausreichende Gurtentiefe; oft schlecht bemuskelte, stark abgeschlagene Kruppe mit tief angesetztem Schweif; platte Hufe; viel Fesselbehang

Größe: bis etwa 170 cm Stockmaß

Farben: Falben, manchmal Hellbraune, Braune, Graue und Rappen

Charakteristik: ein stumpfes, lethargisches und unintelligentes Pferd; aufgrund seiner physischen und psychischen Begrenzung schlechtes Arbeitspferd

Eignung: diese Pferde sind auch unter dem Namen **Mulassière** bekannt, was auf die einzig sinnvolle Verwendung hinweist, für die sie sich eignen: Die Stuten werden zur Maultierzucht herangezogen. Sie werden mit den Baudet Poitevines, besonders kräftigen und großen Eselshengsten, gepaart

Herkunft: Die Vorfahren des Poitevin stammen aus Dänemark, Norwegen und den Niederlanden und wurden gezüchtet, um das Marschland trockenzulegen, wofür ihre großen, platten Hufe nützlich waren

Verbreitungsgebiet: Frankreich

Pony of the Americas
99
USA

Erscheinungsbild: hübscher Kopf, meist mit Arabereinschlag (Nasenknick); große, ausdrucksvolle Augen mit kleinen, spitzen Ohren; schön bemuskelter, gut aufgesetzter Hals; tiefe, breite Brust und schöne, schräge Schulter; wenig Widerrist; kräftiger Rücken mit muskulöser, langer, runder Kruppe; hochgetragener Schweif und klare, trockene, gesunde Beine mit gut markierten Gelenken und harten, kleinen Hufen; dürftiges Mähnen- und Schweifhaar

Größe: mindestens 115 cm und höchstens 135 cm Stockmaß

Farben: nur Schabracken-, Leoparden-, Marmor- und Schneeflockenschecken

Charakteristik: lebhaftes Temperament; sanftmütig und anhänglich; leistungsfähig, hart und ausdauernd. Es ist sehr schnell und hat häufig große Springbegabung; schöne Bewegungen in den Grundgangarten

Eignung: ideales Kinderreitpony

Herkunft: ursprünglich Nordamerika, wird heute auch in Kanada gezüchtet. Erstmalig gezogen aus einer kleinen Appaloosastute und einem Shetlandhengst. Das Produkt dieser Kreuzung, ein Hengst namens *Black Hand,* sah aus wie ein Mini-Appaloosa. Er wurde der Stammvater dieser Rasse. Heute die beliebteste Ponyrasse Amerikas

Verbreitungsgebiet: hauptsächlich Nordamerika

99

100

Potok-Pony

Spanien

Erscheinungsbild: mittelgroßes, leichtes Pony mit relativ großem Kopf, gerade oder leicht ramsnasig und mit kurzer Unterlippe; freundliche Augen und mittellange Ohren; Hirschhals mit Stehmähne; steile Schulter; ausgeprägter Widerrist; langer, gerader Rücken mit leicht abfallender Kruppe; trockene, gesunde Gliedmaßen mit kleinen, harten Hufen; steht manchmal etwas kuhhessig

Größe: 120–130 cm Stockmaß

Farben: hauptsächlich Braune, Dunkelbraune und Rappen, seltener auch andere Farben

Charakteristik: sehr genügsames, hartes und ausdauerndes Pony; ruhig und ausgeglichen, aber energisch

Eignung: Freizeitpferd, Zugpferd, wird auch in der Landwirtschaft verwendet

Herkunft: sehr alte Rasse, deren Ursprung das Solutrépferd sein soll und deren sich schon die Westgoten bedient haben sollen. Später Einkreuzung von orientalischem Blut; lebt heute noch halbwild in den baskischen Bergen und ernährt sich von magerem Futter (in der Regel dornige Sträucher)

Verbreitungsgebiet: hauptsächlich Nordspanien

Rheinisch-Deutsches Kaltblut

100

Deutschland

Erscheinungsbild: Kaltblutpferd im Langrechteckformat mit schwerem, aber trockenem Kopf, großen Augen und geradem Profil; mächtiger, gut aufgesetzter Hals; kompakte, schräge Schulter; breite, tiefe Brust; gut bemuskelter, kurzer Rücken mit kräftiger, runder, oft gespaltener Kruppe; kurze, stämmige, trockene, korrekt gestellte Beine mit mäßigem Fesselbehang; harte Hufe

Größe: etwa 158–165 cm Stockmaß

Farben: Füchse, Fuchsschimmel mit flachsfarbener Mähne und ebensolchem Schweif, Braunschimmel und Braune, Rappschimmel, auch mit kleinen Abzeichen

Charakteristik: gutmütig, anspruchslos, zugstark, beweglich, leichtfuttrig und intelligent; harte Konstitution; energische, raumgreifende Bewegungen

Eignung: schweres Zugpferd für Land- und Forstwirtschaft; repräsentatives Gespannpferd

Herkunft: Rheinland, Sachsen-Anhalt (Altmark), Westfalen
Anfang des 19. Jahrhunderts, als Landwirtschaft und Industrie viele Kaltblüter benötigten, vor allem im Landgestüt Wickrath aus Ardennern und Belgiern entstanden. Heute, wo fast alle Kaltblutrassen im Niedergang sind, gibt es nur noch wenige Exemplare zur Rassenerhaltung

Verbreitungsgebiet: Deutschland

Riwoqe-Pferd

Tibet

Erscheinungsbild: kleines keilköpfiges Pony; mandelförmige Augen und kleine, spitze Ohren; kurzer Hals mit Stehmähne; steile Schulter, tonniger Rumpf; kurze, abgeschlagene Kruppe; kurze Gliedmaßen mit wenig Behang

Größe: etwa 120–130 cm Stockmaß

Farben: mausgrau und gelblichbraun mit Aalstrich und dunklen Beinen

Herkunft: Tibet
Erst kürzlich von einem französischen Forscher namens Peissel in einem unzugänglichen Hochtal von Tibet in der Region Riwoqe entdeckte Pferderasse, die wohl nur selten mit Menschen in Berührung gekommen ist. Eingekesselt von hohen Bergen, die zum Überqueren nicht geeignet erscheinen, fristen diese Tiere weitgehend unbehelligt ein kärgliches Dasein.
In einem ähnlichen Hochtal fand Peissel im Jahre 1993 eine andere Primitivrasse, die er *Nangchen-Pferd* nannte. Dabei stellte er fest, daß diese Ponys eine größere Lunge und ein stärkeres Herz hatten als andere Pferderassen. Die Gründe hierfür sind noch unbekannt

Verbreitungsgebiet: Riwoqe, Tibet

Rocky Mountain Pony

USA

Erscheinungsbild: hübscher, trockener Kopf mit gerader Nasenlinie; ausdrucksvolle Augen und kleine spitze Ohren; langer, gerader Hals; kurze, etwas steile Schulter; wenig Widerrist; langer, gerader Rücken mit leicht abfallender Kruppe und tief angesetztem Schweif; schlanke, trockene Gliedmaßen und harte kleine Hufe

Größe: etwa 135–142 cm Stockmaß

Farben: ausschließlich Braune mit heller Mähne und hellem Schweif

Charakteristik: zäh und ausdauernd; guter Gewichtsträger; viel Kraft; freundlich und fleißig; angeborene Anlage zum Paßgang

Eignung: Reitpferd auch für Erwachsene

Herkunft: sehr kleine und junge Zucht, gegründet mit Pferden spanischen Ursprungs

Verbreitungsgebiet: USA

Russischer Kaltblüter
Ukraine

Erscheinungsbild: kleinste Kaltblutrasse, die eher dem Typ eines schweren Cob entspricht als einem Kaltblüter. Meist kleiner Kopf mit lebhaften Augen und kleinen, spitzen Ohren; massiver, gebogener Hals auf langer, schräger Schulter und tiefer, breiter Brust; wenig Widerrist; viel Gurtentiefe; muskulöser, tiefer Rükken (Neigung zu Senkrücken); breite, muskulöse, manchmal überbaute, abgeschlagene Kruppe; kurze, kräftige Beine mit harten Hufen; mäßiger Fesselbehang

Größe: um 148 cm Stockmaß

Farben: vorwiegend Füchse, Hellbraune und Rotschimmel

Charakteristik: ruhiges Temperament; gutmütiger Arbeiter von mächtiger Zugkraft; erstaunlich lebhafte, freie und raumgreifende Bewegungen; sehr ausdauernd

Eignung: Landwirtschaftspferd, schweres Kutschpferd

Herkunft: Ukraine
Schon vor ca. 150 Jahren wurden die örtlichen Zugstuten mit schwedischen Ardennern, Percheron und Orlow-Hengsten gekreuzt. Die Ergebnisse waren sehr vielversprechend und erhielten unter der Rassenbezeichnung **Russischer Ardenner** höchste Auszeichnungen. Nach einem Niedergang erlebte die Zucht einen neuerlichen Aufschwung und wird seit Mitte dieses Jahrhunderts unter „Russischer Kaltblüter" registriert

Verbreitungsgebiet: Ukraine, Rußland und andere russische Republiken

Russischer Traber
Rußland

Erscheinungsbild: eine etwas leichtere Ausführung des Orlow-Trabers, aber nicht so elegant. Gerader oder leicht geramster Kopf; langer, in der Regel wohlgeformter Hals; etwas steile Schulter; markierter Widerrist; gerader (manchmal etwas weicher) Rücken; abfallende Kruppe; trockene, harte Gliedmaßen; kurze, starke Röhren

Größe: über 155 cm Stockmaß

Farben: alle Grundhaarfarben

Charakteristik: ebenso wie der Orlow-Traber intelligent, willig, scheufrei; von gutem Charakter und bester Gesundheit; sehr trocken, hart und ausdauernd; ausgezeichnetes Trabvermögen; schneller als der Orlow-Traber

Eignung: Renntraber, Kutsch- und Reitpferd

Herkunft: Rußland
Die Tatsache, daß der Orlow-Traber nicht mehr schnell genug war, ließ Ende des 19. Anfang des 20. Jahrhunderts eine neue Kreuzung, damals Metis-Traber genannt (amerikanische Traber + Orlow-Traber = Kreuzungsprodukt = métis) entstehen. Seit 1949 unter der Bezeichnung Russischer Traber geführt

Verbreitungsgebiet: Rußland

Sable-Island-Pony
Kanada

Erscheinungsbild: kleines, drahtiges Pony mit etwas großem Kopf und meist harmonischem Gebäude, das manchmal viel Qualität zeigt

Größe: um 142 cm Stockmaß

Farben: meist Braune, Dunkelbraune, Füchse und Dunkelfüchse, selten Rappen oder Schimmel

Charakteristik: wenn sie früh genug eingefangen und trainiert werden, relativ freundlich; später oft eigenwillig und störrisch; sehr hart und genügsam aufgrund ihres kargen Lebensraumes

Eignung: Reit- und Wagenpferd

Herkunft: Sable Island/Kanada
Eine Sandbank vor der Küste Neu-Schottlands, auf der kaum Gras wächst. Diese Tiere leben meist wild in kleinen Herden von sechs bis acht Stuten und einem Hengst; wenig Gras, aber viel Wasser bildet die Ernährungsgrundlage. Sie leben dort seit dem 18. Jahrhundert. Ihre Vorfahren sollen von einem Bostoner Hugenotten auf die Insel gebracht worden sein

Verbreitungsgebiet: Sable Island/Kanada

Salerner

Italien

Erscheinungsbild: kräftiges Warmblutpferd; mittelgroßer, edler Kopf, der auf seine neapolitanischen Vorfahren hinweist; schön getragener Hals; lange, schräge Schulter; tiefe, breite Brust; ausgeprägter Widerrist; gerader Rücken und gut bemuskelte, abfallende Kruppe mit tiefem Schweifansatz; stabile, lange Gliedmaßen mit harten Hufen

Größe: etwa 163–170 cm Stockmaß

Farben: alle Grundhaarfarben

Charakteristik: sensibel und intelligent; ausgeglichen und ruhig; gutes Gebrauchspferd; oftmals Neigung zum Springen

Eignung: früher Kavalleriepferd, heute Reitpferd

Herkunft: Salerno
Entstanden aus Landstuten, die mit neapolitanischen Hengsten gekreuzt wurden. Noch vor einiger Zeit begehrtes Kavalleriepferd; heute liegt die Zucht – nach der Auflösung des Staatsgestüts Persano – allein in Privathand. Das bekannteste Privatgestüt ist das von Morese, das einige berühmte Springpferde hervorgebracht hat

Verbreitungsgebiet: Italien

Sandelholzpony

Indonesien

Erscheinungsbild: sehr hübsches Pony mit geradem, trockenem Kopf, großen, ausdrucksvollen Augen und kleinen, spitzen Ohren, die Arabereinfluß erkennen lassen; schön getragener Hals auf guter Schulter; breite, tiefe Brust; kurzer, kräftiger Rücken mit runder Kruppe; seidenweiches, glänzendes Fell; besonders harte Beine und feste Hufe

Größe: etwa 122–135 cm Stockmaß

Farben: Schimmel, Rappen, Braune und Füchse

Charakteristik: schnell und feurig

Eignung: Rennen ohne Sattel; Reitpony

Herkunft: Kleine Sundainseln/ Indonesien

Verbreitungsgebiet: Indonesien

Sanfratellano

Italien

Erscheinungsbild: gerader, manchmal auch leicht ramsnasiger, etwas schwerer Kopf; schöne Augen und spitze Ohren; schön geschwungener, kräftiger Hals; schräge, gut bemuskelte Schulter; schwach markierter Widerrist, gerader Rücken mit gut bemuskelter, leicht abfallender Kruppe; viel Gurtentiefe; klare, gesunde Gliedmaßen mit viel Knochen; harte, gut geformte Hufe

Größe: ca. 150–158 cm Stockmaß

Farben: Braune, Dunkelbraune und Rappen

Charakteristik: robust und genügsam; sehr gehfreudig und ausdauernd; trittsicher; temperamentvoll; mit elastischen Bewegungen

Eignung: Freizeit-, Wanderreit-, Zug- und Packpferd; gutes Gebirgspferd

Herkunft: die Gegend um Messina/ Italien
Beeinflußt hauptsächlich von Salernern und Andalusiern; heute durch Einkreuzung von Nonius verbessert. Zucht auf Selektionsbasis

Verbreitungsgebiet: Sizilien

Sardinier

Italien

Erscheinungsbild: kleines Warmblutpferd mit ausgeprägten orientalischen Zügen. Harmonischer Körperbau; hübscher, gerader Kopf auf langem, gut geformtem Hals; lange, schräge Schulter; gut markierter Widerrist; etwas mangelhafter Rumpf; lange, kräftige Kruppe; schlanke, trockene Gliedmaßen mit harten Hufen

Größe: 155–165 cm Stockmaß

Farben: hauptsächlich Hellbraune, Braune und Füchse

Charakteristik: hart und ausdauernd; bei unkorrekter Behandlung auch bösartig; klug, zäh, wendig und trittsicher; sehr gesund; oft sehr springbegabt

Eignung: Reitpferd für alle Gelegenheiten

Herkunft: Sardinien
Alte Inselrasse, die bereits im 15. Jahrhundert von den Sarazenen mit orientalischem Blut verbessert wurde. Spätere Einkreuzung von Vollblut- und Anglo-Araberblut hat die Zucht weiterhin stark beeinflußt

Verbreitungsgebiet: Sardinien

101

102

Schleswiger
101
Deutschland

Erscheinungsbild: kräftiges, mittelgroßes Kaltblutpferd, ähnlich dem Jütländer im schweren Cob-Typ stehend. Großer, trockener, breitstirniger Kopf; massiver, gewölbter Hals; kurze, schräge, gut bemuskelte Schulter; kaum Widerrist; breite und tiefe Brust; kräftiger, kurzer Rücken; leicht abgeschlagene, kräftige Kruppe; tiefer Schweifansatz; stämmige, kurze Beine mit Fesselbehang; harte Hufe

Größe: etwa 155–165 cm Stockmaß

Farben: vorwiegend Füchse, aber neuerdings auch Rappen, Braune und Schimmel

Charakteristik: lebhafte Bewegungen, dabei willig, ruhig und gutmütig

Eignung: Zugpferd für Landwirtschaft und Transportwesen

Herkunft: Schleswig-Holstein Die Rasse entstand zu Beginn des 19. Jahrhunderts, um den enormen Bedarf an leistungsfähigen Kaltblütern für Landwirtschaft und Industrie zu decken. Hauptsächlich Jütländer und die englischen Suffolk Punchs bestimmten den Typ dieses Kaltblüters. Heute ist ihm die Existenzgrundlage entzogen worden, und entsprechend gering sind die Bestände. Sie werden nur noch zur Erhaltung der Art gepflegt

Verbreitungsgebiet: Deutschland

Schwarzwälder
102
Deutschland

Erscheinungsbild: kleines, mittelschweres Kaltblutpferd; hübscher, kleiner Kopf auf kurzem, gewölbtem Hals; steile Schulter; wenig Widerrist; viel Gurtentiefe; kurzer, starker Rücken; breite und lange, abfallende Kruppe mit tiefem Schweifansatz; kräftige, kurze, widerstandsfähige Gliedmaßen und harte, kleine Hufe

Größe: etwa 145 155 cm Stockmaß

Farben: meist Füchse verschiedener Schattierungen mit hellem Langhaar, oft mit Abzeichen

Charakteristik: hartes, genügsames und ausdauerndes Bergpferd; wendig; fleißig, gutmütig und lebhaft; mit energischen Bewegungen

Eignung: Zugpferd für Landwirtschaft und Forstwesen

Herkunft: Schwarzwald Entstanden aus Norikern, wurde er durch die speziellen Lebensverhältnisse in der Bergwelt des Hochschwarzwaldes im Laufe der Zeit kleiner, etwas leichter und auch wendiger

Verbreitungsgebiet: Deutschland

Schwedischer Ardenner

Schweden

Erscheinungsbild: kompaktes Viereckkaltblutpferd ähnlich dem belgischen Ardenner, von dem es abstammt. Ausdrucksvoller, etwas schwerer, gerader Kopf auf breitem, muskulösem Hals; mächtige, schräge Schulter; wenig markierter Widerrist; kräftiger, geräumiger Rumpf; kurzer, starker Rücken; gut bemuskelte Kruppe; kurze, stämmige Beine mit kräftigen Gelenken und schweren, festen Hufen; leichter Kötenbehang

Größe: etwa 150–160 cm Stockmaß

Farben: Rappen, Braune, Hellbraune und Füchse

Charakteristik: vielseitiges, aktives Arbeitspferd mit der den Kaltblütern eigenen Gutmütigkeit; stark und ausdauernd; langlebig; leichtfuttrig; mit energischen Bewegungen

Eignung: Land- und Forstwirtschaftspferd

Herkunft: Schweden
Aus einheimischen Kaltblütern und importierten Ardennerhengsten entstand diese Rasse, wobei der Ardenner dominierte

Verbreitungsgebiet: Schweden

Schwedisches Warmblut

Schweden

Erscheinungsbild: edles, wohlproportioniertes Pferd im Langrechteckformat; edel wirkender, kurzer, gerader, trockener Kopf mit gerader, manchmal auch leicht ramsnasiger Profillinie; ausdrucksvolle, glänzende Augen und kleine, spitze Ohren; gut aufgesetzter und wohlgeformter, mittellanger, gut getragener Hals, lange, schräge, gut bemuskelte Schulter; ausgeprägter Widerrist; guter, mittellanger, muskulöser Rücken; viel Gurtentiefe; kräftige, wenig abfallende Kruppe mit hoch angesetztem Schweif, trockene, stabile, korrekt gestellte Gliedmaßen mit kleinen, harten, gesunden Hufen: kein Behang

Größe: zwischen 160 und 166 cm Stockmaß

Farben: alle Grundhaarfarben, aber überwiegend Füchse, auch Braune und Dunkelbraune sind häufiger als Schimmel und Rappen

Charakteristik: feinfühlig, gelehrig und intelligent; gehorsam und von gutmütigem Temperament; einwandfreier Charakter; starkes und gesundes Pferd mit energischen, raumgreifenden, geraden Bewegungen; hervorragende Grundgangarten

Eignung: vielseitiges Reitpferd, häufig mit ausgezeichnetem Dressur- und Springtalent; auch elegantes Kutschpferd

Herkunft: Schweden
Aus der Notwendigkeit heraus, möglichst viele gute Kavalleriepferde zu erzeugen, entstand diese Rasse im 17. Jahrhundert. Die einheimischen Landstuten wurden dazu mit Friesen, spanischen und orientalischen sowie englischen Vollblut-Hengsten gekreuzt, was zu einer erheblichen Verbesserung der Zucht beitrug. In jüngerer Zeit zog man dazu auch Hannoveraner, Trakehner und Holsteiner sowie weiterhin englische Voll- und Halbblüter sowie arabische Vollblüter heran. Das Ergebnis ist ein Spitzenhochleistungspferd mit allerbesten Anlagen, das auch im Ausland hochgeschätzt wird. Es ist zu einem nicht unbedeutenden Exportfaktor geworden.

Verbreitungsgebiet: Europa und USA

Cob-Typ: kräftiges Warmblutpferd im sehr hochwertigen Huntertyp stehend. Gerader Kopf mit etwas tiefliegenden Augen und langen Ohren; hoch angesetzter, muskulöser Hals; lange, schräge Schulter; markierter Widerrist; viel Gurtentiefe; verhältnismäßig langer, manchmal etwas weicher Rücken; gut bemuskelte, lange Kruppe; lange Beine mit gut eingeschienten Sprunggelenken

Größe: etwa 152–170 cm Stockmaß

Farben: vorwiegend Füchse, aber auch andere Farben

Charakteristik: beide Typen sind mutig, freundlich, ausgeglichen und anpassungsfähig

Eignung: Selle-Typ: aus dem ursprünglichen eleganten Karossier wurde ein vielseitiges Reitpferd gezüchtet
Cob-Typ: ein agiles, leichtes Kutschpferd, das auch heute noch in der Landwirtschaft Verwendung findet

Herkunft: Das normannische Pferd war schon vor ca. 1000 Jahren ein begehrtes Kriegspferd. Nach dem Mittelalter, als schwere Kriegsrösser nicht mehr gefragt waren, verlor es an Bedeutung und ging fast unter. Im 16. und 17. Jahrhundert wurden hauptsächlich Berberhengste zur Verbesserung der Rasse importiert. Eine deutlich sichtbare Verbesserung trat aber erst durch die im 18. und 19. Jahrhundert vollzogene systematische Einkreuzung von englischen Voll- und Halbblütern ein. Seit 1958 werden alle französischen Halbblutrassen unter der Sammelbezeichnung **Cheval de Selle** mit eigenem Stutbuch geführt

Verbreitungsgebiet: Frankreich

Selle Français
104
Frankreich

Erscheinungsbild: Anglo-Normannen werden in zwei Typen gezüchtet, dem Selle-Typ und dem Cob-Typ
Selle-Typ: edles Reitpferd mit harmonischem Fundament. Mittelgroßer, hübscher Kopf mit meist gerader Profillinie, ausdrucksvollen Augen und lebhaften Ohren; mittellanger, gut angesetzter Hals; gut gelagerte, schräge Schulter; ausgeprägter Widerrist; kräftiger Rücken und gut bemuskelte Kruppe; stabile Gliedmaßen mit kurzen Röhren und breit eingeschienten Gelenken; harte, runde Hufe

Shagya-Araber
105
Ungarn

Erscheinungsbild: der trockene, klassische, kalibrige Araber im Reitpferdetyp stehend. Kleiner, konkaver Hechtskopf oder gerader Kopf; große Augen, kleine, spitze Ohren und dehnfähige Nüstern; starke Ganaschen; langer, gut bemuskelter und schön getragener Hals; kräftige, etwas steile Schulter mit tiefer Brust; kräftiger, kurzer Rücken und ebensolche Hinterhand; hochangesetzter „fasanenartig" getragener Schweif; trockene, korrekte Gliedmaßen und harte, kleine Hufe

Größe: etwa 150–160 cm Stockmaß

Farben: vorwiegend Schimmel, aber auch alle anderen Grundhaarfarben

Charakteristik: leichtfuttrig, hart, ausdauernd und sehr schnell; von tadellosem Charakter

Eignung: gutes Reit- und elegantes Kutschpferd, Freizeitpferd

Herkunft: aus dem ungarischen Gestüt Babolna stammende Araber. Hier entstanden sie in der ersten Hälfte des 19. Jahrhunderts aus einigen, wenigen Araberstuten und im übrigen Landstuten, die mit Original-Araberhengsten gekreuzt wurden. Ein aus Syrien eingeführter Schimmelhengst namens „Shagya" ist der Begründer dieser Araberlinie

Verbreitungsgebiet: nahezu weltweit

Shetlandpony

Großbritannien

Erscheinungsbild: kurzes, kräftiges Miniaturpony; kleiner Kopf und kleine Ohren; weite Nüstern; ausdrucksvolle, freundliche Augen; kurzer, sehr kräftiger, breiter Hals auf muskulöser, schräger Schulter; wenig Widerrist; tiefe, breite Brust; viel Gurtentiefe; muskulöser Rücken, ebensolche, runde Kruppe; kräftige Beine mit kurzen Röhren, kleine, harte Hufe

Größe: um 97 cm Stockmaß; soll 109 cm nicht überschreiten

Farben: alle Farben, auch Schecken

Charakteristik: in der Regel außerordentlich liebenswürdiger, gutmütiger Charakter; bisweilen aber auch munter und fleißig in allen Gangarten

Eignung: früher starker Lastenträger, heute beliebtes Kinderreitpony; kann auch vor kleine Wagen gespannt werden

Herkunft: Großbritannien Uralte, bodenständige Rasse der Shetland- und Orkney-Inseln, die bis heute unverändert blieb. Wie sie entstanden ist, konnte noch nicht mit Sicherheit belegt werden

Verbreitungsgebiet: Großbritannien und weltweit

Shirazpferd

Iran

Erscheinungsbild: ähnlich dem Jaf auch ein sehr hübsches, orientalisches Reitpferd; gerader bis Hechtskopf mit weiten Nüstern, hübschen, großen Augen und kleinen, spitzen Ohren; mittellanger, schöner Hals auf gut bemuskelter Schulter; gerader Rücken mit schön gewölbter Kruppe; feines, seidiges Mähnen- und Schweifhaar; sehr stabile Gelenke und Röhren; harte Hufe

Größe: etwa 150–155 cm Stockmaß

Farben: Schimmel, Füchse, Braune und Dunkelbraune, manchmal Rappen

Charakteristik: sehr lebhaft und klug; zäh und ausdauernd; freundlich und ausgeglichen; sehr fromm; sehr schnell

Eignung: elegantes Reitpferd

Herkunft: Iran, Provinz Fars

Verbreitungsgebiet: Iran

Shire

Großbritannien

Erscheinungsbild: sehr großes, kraftvolles und schweres Kaltblutpferd; wohlproportionierter Kopf mit Ramsnase; freundliche Augen; breite Stirn; lange Ohren; massiver, gebogener Hals; muskulöse, schräge Schulter mit mächtiger, breiter Brust; kurzer, starker Rücken; breite, manchmal leicht abgeschlagene Kruppe; lange, starke, trockene Beine mit üppigem Behang vom Vorderfußwurzelgelenk und vom Sprunggelenk abwärts

Größe: etwa 170–180 cm Stockmaß, bisweilen sogar größer; größtes Pferd der Welt

Farben: Hellbraune, Braune, Rappen, Schimmel, seltener Füchse, oft mit Abzeichen

Charakteristik: trotz seiner Größe liebenswürdig, sanft, leicht zu handhaben von unglaublicher Zugkraft; dabei willig und ausdauernd

Eignung: bestes Zugpferd, auch für schwerste Lasten; beliebtes Brauerei- und Paradepferd

Herkunft: Shire- und Fen-Distrikt Wahrscheinlich stammt es von friesischen Pferden ab. Im Mittelalter war es ein begehrtes Ritterpferd. Später wurde es wegen seiner ungeheuren Zugkraft in der Landwirtschaft und im Transportwesen eingesetzt. Im Jahre 1878 konstituierte sich die „Shire Horse Society"

Verbreitungsgebiet: hauptsächlich Großbritannien und die USA

Skyrospony
108
Griechenland

Erscheinungsbild: kleines, leichtes, etwas verkümmert wirkendes Pony; gerader Ponykopf auf mittelmäßigem Hals (manchmal Hirschhals); ziemlich schwache, steile Schulter; wenig Widerrist; gerader Rücken; Kruppe schwach und abfallend; schlanke Gliedmaßen mit kleinen, harten Hufen

Größe: etwa 100–110 cm Stockmaß, manchmal noch kleiner

Farben: Schimmel, Braune und Falben

Charakteristik: gutmütiges, ausgesprochen zähes und genügsames Pony von ruhigem Wesen; steht meist etwas kuhhessig

Eignung: beliebtes Kinderreitpferd; auch für leichte Arbeiten in der Landwirtschaft geeignet

Herkunft: Insel Skyros/Griechenland Sehr alte, bodenständige Rasse, die – gezeichnet vom sehr kargen Leben auf der Insel – verzwergte

Verbreitungsgebiet: Insel Skyros/Griechenland

Sokolsker
Polen

Erscheinungsbild: Kaltblüter mit großem, geradem Kopf, hübschen Augen und lebhaften Ohren; kräftiger, mittellanger bis langer Hals; erstaunlich schräge Schulter; wenig markierter Widerrist; breite, tiefe Brust; viel Gurtentiefe; langer, oft weicher Rücken und gut bemuskelte, leicht abgeschlagene Kruppe; kräftige, sehnige Beine mit kurzen Röhren und großen, runden Hufen; leichter Behang

Größe: 150–165 cm Stockmaß

Farben: gewöhnlich Füchse, aber auch andere Farben

Charakteristik: williges, gutmütiges Arbeitspferd; ausdauernd und genügsam; dabei recht schnell; sehr widerstandsfähig

Eignung: schweres Zugpferd für die Landwirtschaft; dient auch der Fleischerzeugung

Herkunft: Polen und Rußland Die Rasse entstand vor ca. 100 Jahren, als die heimischen Stuten mit einem Norfolk-Bretonen gekreuzt wurden; auch Belgier, Ardenner und Anglo-Normänner wurden zur Verbesserung eingesetzt

Verbreitungsgebiet: Polen

Sorraiapony

Spanien, Portugal

Erscheinungsbild: ein sowohl dem Tarpan als auch dem spanischen Andalusier ähnliches Pony. Schlichter, großer Kopf; hoch aufgesetzter, gerader Hals, oft Hirschhals; lange Schulter; markierter Widerrist; gerader Rücken mit abfallender Kruppe; klare, schlanke, äußerst widerstandsfähige Beine mit langen Röhren und harten Hufen

Größe: 140–150 cm Stockmaß

Farben: Falben mit Zebrastreifen an den Beinen und Aalstrich

Charakteristik: zähes, genügsames, williges Pony mit eleganter, hoher Trabaktion

Eignung: Allroundpony, Hütepony der Vaqueiros

Herkunft: Spanien entlang dem Sorraia Fluß und auch Portugal nördlich von Lissabon
Wird als Urahn aller iberischen Pferde betrachtet. Hierfür sprechen aufgefundene Höhlenbilder. Das Sorraiapony lebte lange Zeit wild oder halbwild und relativ unbeeinflußt von Menschen. Heute gibt es nur noch wenige Populationen in Spanien und Portugal und auch eine in Deutschland

Verbreitungsgebiet: hauptsächlich Spanien, Portugal

Spitipony

Indien

Erscheinungsbild: dem Bhutiapony sehr ähnlich, aber etwas kleiner. Hübscher, gerader Kopf mit weiten Nüstern, weit auseinanderstehenden, lebhaften Augen und kleinen, spitzen Ohren; kurzer, kräftiger Hals auf gut bemuskelter Schulter; markierter Widerrist; kurzer, kräftiger Rücken mit breiter Kruppe, leicht abfallend; kurze, stämmige Beine mit harten, runden Hufen

Größe: etwa 120 cm Stockmaß

Farben: hauptsächlich Schimmel

Charakteristik: anspruchslos, unermüdlich und ungeheuer trittsicher

Eignung: hauptsächlich Packpony

Herkunft: Himalaja/Indien

Verbreitungsgebiet: Indien

Suffolk Punch

Großbritannien

Erscheinungsbild: abgerundetes, kräftiges und muskulöses Kaltblutpferd mit schönem, trockenem Kopf; aufmerksame Augen; massiger, gebogener Hals; lange, starke Schulter, tiefe, breite Brust; flacher und breiter Widerrist; starker, kurzer Rücken; tonniger Rumpf; breite, muskulöse Kruppe; kräftige, stahlharte Beine mit kurzen Röhren; fast kein Beinbehang

Größe: etwa 160–170 cm Stockmaß

Farben: nur Füchse in allen Schattierungen ohne Abzeichen

Charakteristik: ruhig, freundlich, willig; genügsam; gesund, langlebig

Eignung: unverdrossenes, leichtfutteriges Arbeitspferd für Landwirtschaft und Transportwesen; ebenso ein williges Kutschpferd

Herkunft: Shire- und Fen-Distrikt, Grafschaft Suffolk
Aus normannischen Hengsten und heimischen Landstuten gezüchtet. Ab Ende des 18. Jahrhunderts planmäßige Züchtung mit dem Fuchshengst „Crisp's Horse". 1877 Gründung der Suffolk Horse Society. Nach dem 2. Weltkrieg ging die Zahl der Suffolks dramatisch auf ganze 75 zurück. Heute hat die Zucht wieder genügend Freunde gefunden

Verbreitungsgebiet: hauptsächlich England und USA

Syrischer Araber

Syrien

Erscheinungsbild: hübsches, dem Araber sehr ähnliches Beduinenpferd. Gerader, trockener Kopf mit breiter Stirn und spitzen Ohren; die Augen sind nicht so schön wie die des Arabers; gut angesetzter, schön geschwungener Hals, kräftig bemuskelt; starke, schräge Schulter; breite, tiefe Brust; viel Gurtentiefe; schön geschwungene Rückenlinie; gerade Kruppe mit hoch angesetztem Schweif; lange, trockene und widerstandsfähige Beine mit harten, kleinen Hufen

Größe: 145–158 cm Stockmaß

Farben: hauptsächlich Schimmel, Füchse oder Hellbraune

Charakteristik: lebhaftes, energisches Temperament; schnell und ausdauernd; zäh und genügsam; überaus leistungsfähig und sehr langlebig

Eignung: Reitpferd

Herkunft: Syrien
Seine Abstammung ist nicht geklärt, vermutlich geht er auf den Araber zurück, wurde aber häufig mit turkmenischen und auch völlig rassefremden Pferden gekreuzt. Eine Ausnahme bilden die berühmten Pferde der *Annazeh-Beduinen,* die dem Vollblutaraber an Leistungsfähigkeit noch überlegen sein sollen

Verbreitungsgebiet: arabische Länder, auch Europa

Sumba- und Sumbawapony

Indonesien

Erscheinungsbild: kleines Primitivpony von unscheinbarem Aussehen. Etwas schwerer Kopf mit gerader Nasenlinie und mandelförmigen Augen; kurzer, starker Hals mit Stehmähne; steile Schulter; wenig Widerrist; tiefe Brust; etwas langer Rücken mit abfallender Kruppe; kurze, kräftige Gliedmaßen mit gut geformten Hufen

Größe: um 125 cm Stockmaß

Farben: hauptsächlich Falben mit Aalstrich und dunklem Schweif- sowie Mähnenhaar und schwarzen Beinen

Charakteristik: sehr hart und ausdauernd, intelligent und willig; schnell

Eignung: sie werden als die „tanzenden Ponys" bezeichnet, die mit Glöckchen am Vorderfußwurzelgelenk zum Rhythmus der Eingeboreneninstrumente „tanzen". Außerdem werden sie wegen ihrer Schnelligkeit bei der Ausübung des Nationalsports, dem Lanzenwerfen, geritten

Herkunft: Sumba- und Sumbawainseln/Indonesien

Verbreitungsgebiet: Indonesien

Tarpan

111

Polen

Erscheinungsbild: langer, meist leicht konkaver Kopf, kleine Augen; lange Ohren; stark markierte Nüstern; kurzer, dicker Hals; gut gelagerte Schulter; wenig markierter Widerrist; langer, gerader Rücken mit kurzer, leicht abfallender Kruppe; trockene, sehnige Beine und harte Hufe; etwas Fesselbehang

Größe: um 132 cm Stockmaß

Farben: Mausgraue, Braune, Braunfalben mit Aalstrich, dunkler Mähne und dunklem Schweif; auch dunkler Streifen in der Mitte von Mähne und Schweif mit hellen Haaren zu beiden Seiten; zuweilen Zebrastreifen an Unterarm und Oberschenkel, die auch über den Rücken verlaufen können

Charakteristik: genügsam und sehr gesund; mutig; manchmal hartnäkkig bis widerspenstig; sehr fruchtbar

Eignung: keine, da ausgestorben

Herkunft: Der Tarpan wurde 1769 von Samuel Gottlieb Gmelin in der Steppe Südrußlands entdeckt; er wurde jedoch im 19. Jahrhundert völlig ausgerottet, weil sein Fleisch als Delikatesse galt; inzwischen wird er in verschiedenen Zoologischen Gärten und auch in Polen rückgezüchtet, und zwar aus polnischen Koniks oder ähnlichen Primitivrassen

Verbreitungsgebiet: nur die Rückzüchtungsversuche sind in verschiedenen Zoos und Reservaten als Wildpferde zu besichtigen

Tennessee Walker

112

USA

Erscheinungsbild: spektakulärer Warmblüter wie ihn die Amerikaner lieben. Großer, gerader, manchmal leicht ramsnasiger Kopf; freundliche Augen und schön gespitzte, bewegliche Ohren; erweiterungsfähige Nüstern; mittellanger, kräftig bemuskelter, gut aufgesetzter und schön getragener Hals; gut bemuskelte, lange und schräge Schulter; breite und tiefe Brust; ausreichender Widerrist; viel Gurtentiefe; kurzer, kräftiger Rücken mit muskulöser, leicht abfallender Kruppe; die hohe Schweifhaltung wird durch operative Manipultion erreicht; stabile, trockene Gliedmaßen mit breiten Gelenken; etwas lange Röhren; kleine, harte Hufe; kein Behang

Größe: zwischen 150 und 160 cm Stockmaß

Farben: Vorherrschend Rappen, Braune und Schimmel, auch Rotschimmel sowie Füchse

Charakteristik: ausgesprochen gutmütiger Charakter, robust und willig, intelligent und freundlich; ausgeglichen; sehr elegante, extrem weiche Bewegungen. Man sagt, es sei das bequemste Pferd der Welt, weil man durch seine „rollende" Aktion im Schritt, den sogenannten „running walk", kaum eine Bewegung im Sattel spürt. Der Reiter kommt relativ schnell vorwärts, weil die Vorhand trotz hoher Aktion sehr weit ausgreift und die Hinterhand sehr weit nach vorn untertritt. Auch bei dieser Rasse wird die hohe Aktion durch sehr lange Hufe und zusätzliche Beschwerung der Vordergliedmaßen gefördert (Spezialbeschlag)

112

Eignung: ursprünglich war es als besonders bequemes Reitpferd für die reichen Plantagenbesitzer gezüchtet worden. Heute ist es hauptsächlich ein gesuchtes Showpferd. Darüber hinaus wird es auch wieder als leichtes Reitpferd, vorzugsweise als Freizeitpferd sowie als leichtes Wagenpferd verwendet

Herkunft: Tennessee/USA
Die Zucht geht zurück auf einen Ende des 19. Jahrhunderts geborenen Standardbred-Traber namens „Black Allen", der ein sehr starker Vererber war und sowohl Morgan als auch Hambletonian in seinem Stammbaum aufwies. Aber auch andere Rassen wie Englisches Vollblut, Narragansett-Pacer und das American Saddle Horse wurden eingekreuzt. Mit der offiziellen Anerkennung dieser Rasse wurde auch die Tennessee Walking Horse Breeders Association of America gegründet

Verbreitungsgebiet: hauptsächlich die Oststaaten der USA

Tersker
113
Rußland

Erscheinungsbild: trockener, hübscher, gerader bis konkaver Kopf mit großen freundlichen Augen und kleinen Sichelohren; schön gewölbter, gut aufgesetzter Hals; gut bemuskelte, etwas steile Schulter mit breiter, tiefer Brust; ausgeprägter Widerrist; viel Gurtentiefe; gerader Rücken mit ebensolcher Kruppe und schönem Fasanenschweif; trockene Gliedmaßen und harte, kleine Hufe

Größe: um 150–155 cm Stockmaß

Farben: hauptsächlich Schimmel, auch Füchse, selten dunklere Farben

Charakteristik: sehr lebhaftes, intelligentes und liebenswürdiges Pferd mit einwandfreiem Charakter; hart, ausdauernd und genügsam; ausdauernde und schnelle Galoppade; gutes Springvermögen

Eignung: Allroundreitpferd, mit dem in Rußland auch Flachrennen geritten werden; ebenso ein beliebtes Zirkuspferd; Wagenpferd

Herkunft: Region Tersk im nördlichen Kaukasus
Weiterzucht des Streletzker Arabers, einem Anglo-Araber-Typ mit hohem Araberanteil, dem Don und Kabardinerblut und – viel entscheidender – Englisches und Arabisches Vollblut eingekreuzt wurde

Verbreitungsgebiet: Rußland

Tibetpony
(Nanfan-Pony)
China

Erscheinungsbild: sehr kräftiges Gebrauchspony; trockener, gerader Kopf mit lebhaften Augen und kleinen, spitzen Ohren; kurzer Hals mit dichter Mähne auf kompakter Schulter; tiefe, breite Brust; gut bemuskelter, gerader Rücken; runde Kruppe mit tief angesetztem, dichtem Schweif; kurze, stabile Beine mit wohlgeformten, harten Hufen

Größe: um 125 cm Stockmaß

Farben: alle Haarfarben

Charakteristik: hart, ausdauernd, genügsam; ein williges, trittsicheres Arbeitspferd mit aktiven Bewegungen; Paßgänger

Eignung: in erster Linie Packpony, wird aber auch als Reitpferd und in der Landwirtschaft eingesetzt

Herkunft: Tibet
Es ist sowohl mit dem Chinapony als auch mit dem Mongolenpony, dem Bhutia- und dem Spitipony verwandt

Verbreitungsgebiet: Tibet

Tinker Pony
114
Großbritannien

Erscheinungsbild: uneinheitlich, meist etwas schwerer Ramskopf mit freundlichen Augen und langen Ohren; etwas kurzer, muskulöser Hals; häufig steile Schulter; wenig Widerrist; langer, gut gewölbter Rücken mit muskulöser, leicht abfallender Kruppe; üppiges Mähnen- und Schweifhaar; stabile Gliedmaßen mit viel Knochen; große, flache Hufe; viel Behang

Größe: 135–148 cm Stockmaß

Farben: fast ausschließlich Schecken

Charakteristik: ruhiges Wesen, fleißig und ausdauernd; genügsames, zuverlässiges Pony; angenehme, freie und fleißige Bewegungen

Eignung: Allzweckreitpferd oft mit gutem Springvermögen, gutes Zugpferd

Herkunft: England und Irland
Rassepferde, die englische oder irische Kesselflicker (Tinker) im Tausch oder für wenig Geld erworben hatten, weil sie wegen ihrer Scheckzeichnung nicht in dem zu ihrer Rasse gehörenden Zuchtregister aufgenommen werden konnten. Ab 1950 gezielte Selektionszucht nach Farbe und Qualität, allerdings ohne Stutbuch. Beeinflußt wurde die Zucht durch Dales- und Fellponys, Welsh Cobs und Clydesdales

Verbreitungsgebiet: England und Irland, seltener auch Deutschland

Torisker

115

Estland

Erscheinungsbild: kräftiges Warm-blutpferd an der Grenze zum Kalt-blut; mittelgroßer Kopf; breite Stirn und freundliche Augen; starker, ge-wölbter, hoch angesetzter Hals; et-was steile, kompakte Schulter; breite Brust; wenig Widerrist; viel Gurten-tiefe; kurzer, starker Rücken; kräf-tige, leicht abfallende Kruppe; sehr harte, trockene Gliedmaßen; kurze Röhren; harte, gut geformte Hufe; leichter Kötenbehang

Größe: Stuten um 153 cm, Hengste etwa 156 cm Stockmaß

Farben: meist Füchse, auch mit Ab-zeichen, manchmal auch Braune

Charakteristik: ruhiger, eifriger und harter Arbeiter; ausdauerndes Pferd von guter Konstitution; schöne, flei-ßige, gerade und raumgreifende Be-wegungen; gute Galoppade; häufig erstaunliches Springvermögen

Eignung: Arbeits- und Zugpferd

Herkunft: Estland
Relativ junge Rasse, die um die Jahr-hundertwende aus dem Estnischen Klepper entstand, dem verschiede-nes in- und ausländisches Blut zuge-führt wurde. Orlow-Traber, Postier-Bretonen sowie englische und französische Blutlinien prägten den Torisker

Verbreitungsgebiet: hauptsächlich Estland, geringfügig auch Rußland

114

115

Trakehner
116
Deutschland

Erscheinungsbild: sehr gut proportioniertes Warmblutpferd; edler, ausdrucksvoller Kopf; große, lebhafte Augen; oft lange, spitze Ohren, manchmal sogar Schlappohren; eleganter, langer Hals; sehr gute, schräge Schulter; markierter Widerrist; viel Gurtentiefe; kurzer, aber kräftiger Rücken; gut bemuskelte, abgeschlagene Kruppe; hoher Schweifansatz; vorbildliche, klare, korrekt gestellte Gliedmaßen ohne Behang

Größe: etwa 160–168 cm Stockmaß

Farben: Braune, Rappen, Füchse, seltener Schimmel

Charakteristik: temperamentvoll, leistungsfähig, ausdauernd, hart, zuverlässig und schnell, mit elastischen, eleganten und raumgreifenden Bewegungen

Eignung: früher leichtes Kavalleriepferd, heute ausgezeichnetes Dressur- und Springpferd sowie Veredler vieler Rassen; manchmal etwas nervig

Herkunft: die ehemaligen Ostgebiete, heute Polen und Rußland Der Soldatenkönig, Friedrich Wilhelm I., gründete aus vielen kleinen Gestüten im Jahre 1732 das Hauptgestüt Trakehnen im damaligen Ostpreußen. Durch Einkreuzung von arabischen und englischen Vollblütern wurde die anfangs noch uneinheitliche Zucht veredelt. Das Ergebnis war ein gesuchtes Kavalleriepferd, leicht und elegant. Dank der guten Zuchtergebnisse wurden Tra-

Trait du Nord
Frankreich

Erscheinungsbild: dem Ardenner recht ähnlich, aber noch größer und schwerer (ca. 850 kg). Starkes, aber grobes Gebäude; schwerer Kopf auf massivem, stark bemuskeltem Hals; tiefe, breite Brust; massiver Rücken und abgeschlagene Kruppe; tiefer Schweifansatz; kräftige Beine mit gesunden Hufen; wenig Fesselbehang

Größe: um 160 cm Stockmaß

Farben: Hellbraune, Kastanienbraune, Rotschimmel, Füchse

Charakteristik: sehr freundlich und leicht zu führen; sehr stark und ausdauernd; energisches Temperament und vorzüglicher Charakter

Eignung: schweres Zug- und Arbeitspferd

Herkunft: Nordostfrankreich Entstanden ist diese Rasse im vorigen Jahrhundert vorwiegend aus Ardennern, aber auch Belgische und Holländische Zugpferde hatten Einfluß auf die Zucht. Ein Stutbuch wurde im Jahre 1919 angelegt

Verbreitungsgebiet: Frankreich

kehner künftig häufig zur Veredelung anderer Rassen eingesetzt. Während des 2. Weltkrieges konnten nur wenige Trakehnerpferde in einem unglaublich anstrengenden Treck von Ostpreußen nach Westdeutschland gerettet werden. Auf dieser zahlenmäßig so geringen Basis begann der Neuaufbau der Zucht, die heute schon wieder sehr bedeutend geworden ist

Verbreitungsgebiet: Deutschland, Polen, Rußland mit nahezu weltweiten Hobbyzuchten

Tschenerani
Iran

Erscheinungsbild: sehr hübsches, orientalisches Warmblutpferd im Typ des Arabers Kuhaylan stehend, der von Kennern als der edelste Typ bezeichnet wird. Sehr schöner, trockener, edler Kopf mit weiten Nüstern, weit auseinanderstehenden großen Augen und kleinen spitzen Ohren; schöner, mittellanger Hals, gute, etwas steile Schulter; gerader Rücken und gerade Kruppe; hoch angesetzter und getragener Schweif; schlanke, trockene Gliedmaßen mit harten, kleinen Hufen

Größe: um 152 cm Stockmaß

Farben: Goldbraune und Füchse

Charakteristik: feurig und sehr schnell; von großer Kraft und Ausdauer

Eignung: Reit- und Rennpferd

Herkunft: nördliches Persien
Diese Rasse entstand aus einem Plateau-Perserhengst und einer Turkmenenstute. Da alle anderen Kreuzungsversuche eine schlechtere Qualität ergaben, blieb man bei dieser Kreuzungsart

Verbreitungsgebiet: Iran

Ukrainer
⓺ Ukraine

Erscheinungsbild: edles Warmblutpferd; hübscher, trockener, gerader Kopf; mittellanger Hals; gut bemuskelte, schräge Schulter; markierter Widerrist; kräftiger, etwas langer Rücken mit leicht abfallender Kruppe; hoher Schweifansatz; kräftige, klare und gesunde Gliedmaßen

Größe: etwa 162–172 cm Stockmaß

Farben: vorwiegend Braune und Füchse, aber auch alle anderen Grundhaarfarben

Charakteristik: kräftig und ausdauernd; ausgeglichenes Temperament; einwandfreier Charakter; gute Grundgangarten

Eignung: vielseitiges Reitpferd mit oft großer Dressur- und Springbegabung

Herkunft: Ukraine
Aus den Resten der Orlow-Rostopchin-Bestände, heimischen Landstuten sowie englischen Vollblut-, Trakehner- und Hannoveranerhengsten entstandene junge Rasse

Verbreitungsgebiet: Rußland

⓺

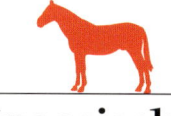

Ungarisches Sportpferd
Ungarn

Erscheinungsbild: uneinheitlich, aber mit wesentlichen Merkmalen: hübscher, trockener, kleiner Kopf mit gerader oder konkaver Nasenlinie, breiter Stirn, ausdrucksvollen Augen und spitzen Ohren; kräftiger, schön geschwungener Hals; Schulter etwas kurz und steil; tiefe, genügend breite Brust; deutlicher Widerrist; ausreichend Gurtentiefe; kräftiger, langer, meist gerader Rücken, muskulöse Kruppe; hoch angesetzter, schön getragener Schweif; harmonisch lange, trockene Gliedmaßen, kleine Hufe

Größe: in der Regel zwischen 160 und 170 cm Stockmaß

Farben: alle Grundhaarfarben

Charakteristik: lebhaft und von einwandfreiem Charakter; schnell und ausdauernd; manchmal gute Springanlagen; durchschnittliche Gangmechanik

Eignung: Allroundsportpferd

Herkunft: Ungarn
Zucht in verschiedenen Staatsgestüten. Junge Rasse, die erst nach dem 2. Weltkrieg den immer höheren Anforderungen an Sportpferde entsprechend aus heimischen Stuten und Hengsten verschiedener Rassen, z. B. Hannoveraner, Holsteiner oder auch Vollblüter, entstand

Verbreitungsgebiet: Ungarn

Waler
118
Australien

Erscheinungsbild: unheitliches Warmblutpferd; die besten lassen viele Merkmale des Vollblüters erkennen. Hübscher, gerader Kopf mit ausdrucksvollen Augen und langen Ohren; kurzer, starker, gut aufgesetzter Hals auf schöner, schräger Schulter; geräumige Brust; viel Gurtentiefe; kräftiger, gerader Rücken mit gut bemuskelter, stark abfallender Kruppe; starke, solide Beine

Größe: gewünschte Größe etwa 162 cm Stockmaß

Farben: alle Grundhaarfarben

Charakteristik: freundlich und sensibel; zäher, härter und ausdauernder als der Vollblüter; oft große Springbegabung; flache Gangmechanik

Eignung: Reitpferd

Herkunft: Neusüdwales/Australien Australien verfügt über keine eigene bodenständige Pferderasse. Die ersten Pferde kamen mit Einwanderern ins Land. Sie waren spanischen und englischen Ursprungs. Gezielt wurden diese verschiedenartigen Pferde in der Folgezeit mit eigens zur Zucht importierten englischen Vollblütern und Vollblutarabern gekreuzt. Als die Siedler – angezogen vom Goldrausch – ihre Siedlungen verließen, verwilderten die zurückgelassenen Tiere. Erst gegen Ende des Goldrauschs fing man an, mit den besten der verbliebenen Pferde wieder zu züchten.

Verbreitungsgebiet: Australien

Welsh Mountain Pony
119 120 121
Großbritannien

Das Zuchtbuch der Pony and Cob Society, das alle Welshrassen zusammenfaßt, teilt sie in 4 Typen von A bis D ein. Obwohl sie alle in Aussehen und Größe recht unterschiedlich sind, sind sie doch typische Ponys und haben alle bemerkenswert freie, fördernde Bewegungen

Typ A: Welsh Mountain Pony 119

Erscheinungsbild: bildhübscher, arabischer Kopf und große, glänzende, ausdrucksvolle Augen; weite Nüstern; kleine, spitze Ohren; schön getragener Hals mit langer, schräger Schulter; kurzer, kräftiger Rücken; viel Gurtentiefe; lange, gut bemuskelte Kruppe; hoch angesetzter und gut getragener Schweif; klare, gesunde Beine mit kurzen Röhren und harten, kleinen Hufen

Größe: nicht über 121,9 cm Stockmaß

Farben: Schimmel, Füchse, Braune und Rappen, selten Falben

Charakteristik: sehr kluges und mutiges Pony mit ausgezeichneten flinken, freien Bewegungen; viel Schubkraft aus der äußerst aktiven Hinterhand; sehr gesund, hart, ausdauernd und genügsam.

Eignung: ideales Kinderreitpferd, bestes Kutsch- oder Showpony

Herkunft: Erwähnt werden Welsh Ponys schon von den Römern, die bis nach Britannien gezogen waren. Nicht sicher ist, wie sie damals gezogen wurden. Da sie immer wild im

Bergwald von Wales lebten, wurden im Laufe der Jahrhunderte häufig rassefremde Hengste dort ausgesetzt. Mit Sicherheit waren darunter mindestens 2 Araberhengste, wohl aber auch Hackneys, Cobs und spanische Vererber.

Heute treibt man alljährlich alle Tiere dieser Rasse zusammen, um die Bestände zu sichten, die auszusondern, die nicht den Zuchtvorstellungen entsprechen und deshalb verkauft werden sollen, Kranke und Verletzte zu behandeln oder um sie mit dem notwendigen Brand zu versehen.

Verbreitungsgebiet: hauptsächlich England und Wales

Typ B: Welsh Pony 120

Erscheinungsbild: der gleiche Typ wie das Welsh Mountain Pony nur größer, mit etwas ausgeprägterem Reitpferdecharakter

Größe: 122–136,9 cm Stockmaß

Farben: Schimmel, Füchse, Braune und Rappen, selten Falben

Charakteristik: erstaunliche sportliche Qualitäten, ansonsten die gleichen Vorzüge, wie das Welsh Mountain Pony

Eignung: vorwiegend Reit- und Springpony

Herkunft: Seine Abstammung geht auf einen kleinen Vollbluthengst namens „Merlin" zurück, der Ende des 18. und zu Beginn des 19. Jahrhunderts frei in den Welsh Mountains lebte. Seine Nachkommen (Welsh Ponys Typ B) werden noch heute Merlins genannt.

Verbreitungsgebiet: hauptsächlich England und Wales

Typ C: Welsh Cob 121

Erscheinungsbild: eine größere Ausgabe des Welsh Mountain Ponys, etwas kräftiger gebaut; Kopf etwas weniger elegant modelliert

Größe: bis 136,9 cm Stockmaß

Farben: Schimmel, Füchse, Braune, Rappen, selten Falben

Charakteristik: freundlich, ausdauernd und mutig

Eignung: ausgezeichnetes Reit-, Spring-, Jagd- und Trekkingpony für Kinder und Jugendliche, das ebenso als Kutsch- und Zugpferd verwendet wird

Herkunft: Wales
Stammt vom Welsh Mountain Pony ab, bekam aber andalusisches Blut zugeführt

Verbreitungsgebiet: hauptsächlich England und Wales

Typ D: Welsh Cob

Erscheinungsbild: etwas größer als Typ C, folgt jedoch den idealen Linien des Welsh Mountain Ponys

Größe: bis 158 cm Stockmaß

Farben: vorherrschend Braune in verschiedenen Schattierungen, Rappen, Füchse und Falben

Charakteristik: feurig, mutig, kraftvoll, ausdauernd, intelligent, freundlich und ausgeglichen; trittsicher

Eignung: sehr gutes Reit-, Jagd- und Springpony; Gewichtsträger; ganz besonders auch als Kutschpferd geeignet

Herkunft: Wales

Verbreitungsgebiet: hauptsächlich England und Wales

120

121

Westfale

122

Deutschland

Erscheinungsbild: kräftiges, edles und harmonisches Warmblutpferd, dem Hannoveraner sehr ähnlich; großrahmiges Pferd mit geradem oder leicht ramsnasigem Kopf; schön aufgesetzter, langer Hals; lange, schräge Schulter; viel Gurtentiefe; gut bemuskelter Rücken und Kruppe mit schön angesetztem und getragenem Schweif; kräftige Gliedmaßen mit klaren, trockenen Gelenken und Sehnen; breit eingeschientes Sprunggelenk und große Hufe

Größe: etwa 165–175 cm Stockmaß

Farben: vorwiegend Füchse, aber auch Braune, Schimmel und Rappen

Charakteristik: ausgeglichen mit gutem Charakter; Dressur- und Springbegabung

Eignung: vielseitiges Reitpferd

Herkunft: Westfalen
Alte Landrasse, die seit dem Mittelalter gezüchtet wird. Seit dem 2. Weltkrieg wird der Westfale mit viel Erfolg durch Hannoveraner veredelt. Er ist heute ein gesuchtes Turnierpferd

Verbreitungsgebiet: Nordrhein-Westfalen, Deutschland

Wielkopolska

123

Polen

Erscheinungsbild: wohlproportioniertes Warmblutpferd im Typ eines Halbblüters mit starkem Trakehnereinschlag. Hübscher, trockener Kopf mit breiter Stirn, lebhaften Augen und kleinen, spitzen Ohren; gut aufgesetzter, kräftiger Hals; schöne, schräge Schulter; geräumige Brust; viel Gurtentiefe; ausgeprägter Widerrist; kräftiger Rücken mit schöner, runder Kruppe; klare Gliedmaßen mit trockenen Sehnen und Gelenken; lange Fesseln; harte, gut geformte Hufe

Größe: etwa 158–166 cm Stockmaß

Farben: meist Braune, aber auch Rappen und Füchse

Charakteristik: sensibel, gesund und mutig; schöne, freie Bewegungen; gute Galoppade; etwas Springvermögen

Eignung: gutes Reit- und Fahrpferd, auch Wirtschaftspferd

Herkunft: Polen
Nach 1945 aus den zurückgelassenen Trakehnern der deutschen Flüchtlinge gezogen. Unter dem Begriff „Großpolnische Rasse" (Wielkopolska) werden der Masure und auch das Posener Pferd zusammengefaßt. Beide werden sorgfältig in Staatsgestüten weiter gezüchtet und bilden inzwischen einen bedeutenden Wirtschaftsfaktor.

Verbreitungsgebiet: Polen

Wjatka-Pony

124

Erscheinungsbild: ein Pony, das dem polnischen Konik sehr ähnelt. Schlichter, ramsnasiger Kopf mit freundlichen, glänzenden Augen und kleinen, spitzen Ohren; kurzer, starker Hals mit kräftiger Schulter und breiter, tiefer Brust; gut bemuskelter, gerader Rücken mit breiter Kruppe; kräftige Gliedmaßen mit harten Hufen

Größe: 130–140 cm Stockmaß

Farben: vorherrschend dunkle Haarfarben

Charakteristik: robust, genügsam, ausdauernd und schnell; ehrlich und willig; häufig Fehlstellungen der Hintergliedmaßen

Eignung: nützliches, vielseitiges Wagen- und Arbeitspony

Herkunft: Baltische Republiken
Bei dieser Zucht wurden einheimische Stuten mit Estnischen Kleppern und Koniks gekreuzt. Seine Nützlichkeit hat das Wjatka-Pony sehr beliebt gemacht

Verbreitungsgebiet: Baltische Republiken

Wladimirer

125

Erscheinungsbild: schweres, harmonisch gebautes Kaltblutpferd im Cob-Typ. Kleiner Kopf mit Ramsnase; kräftiger, gebogener Hals; gut bemuskelte, schräge Schulter; breite, geräumige Brust; mittellanger Rücken mit Neigung zum Senkrücken; kräftige, leicht abfallende Kruppe; stämmige Beine mit viel Knochen und Fesselbehang, runde Hufe

Größe: Hengste um 162 cm Stockmaß, Stuten etwas kleiner

Farben: meist Füchse, Braune, Rappen, häufig mit Abzeichen

Charakteristik: energisches, bewegliches Pferd von guter Gesundheit und einwandfreiem Charakter; willig und gutmütig; mit ausgezeichneten Gängen

Eignung: Wagen- und Zugpferd

Herkunft: Distrikte Wladimir und Iwanow
Die Zucht entstand vor ca. 150 Jahren auf der Basis einheimischer Stuten, die mit englischen Kaltblütern (Suffolk Punch, Cleveland Bay) gekreuzt wurden. Auch Ardenner und Percherons waren daran beteiligt. Anfang des 20. Jahrhunderts wurde eine zeitlang nur Shire-Blut eingekreuzt. Ab ca. 1920 werden nur noch die besten Tiere rein gezüchtet. Seit 1946 wird der Wladimirer als Rasse unter der Bezeichnung „Wladimirer Traktorenpferd" geführt

Verbreitungsgebiet: Rußland

124

125

Z

126

Württemberger

126

Deutschland

Erscheinungsbild: Warmblutpferd mit geradem, manchmal edlem Kopf; große, ausdrucksvolle Augen; gut aufgesetzter Hals; oft schöne, schräge Schulter; guter Widerrist; fester, kurzer, gerader Rücken; kurze, wenig abfallende Kruppe; hoher Schweifansatz; korrekte Gliedmaßen

Größe: etwa 157–165 cm Stockmaß

Farben: Braune, Füchse, Rappen, oft mit Abzeichen

Charakteristik: ausgeglichen, mittelschwer, kräftig, robust, anspruchslos, hart, dabei willig und leistungsfähig

Eignung: Reit-, Arbeits- und Kutschpferd

Herkunft: Württemberg
Schon im Mittelalter gezüchtetes Warmblutpferd, das viele Fremdeinkreuzungen über sich ergehen lassen mußte, bis die Zucht seit dem Ende des vergangenen Jahrhunderts mit Anglo-Normännern gefestigt wurde. Nach dem 2. Weltkrieg hatte ein Trakehnerhengst namens „Julmond" einen maßgeblichen Einfluß auf die Württemberger Zucht im Hinblick auf den gewünschten edlen Reitpferdetyp

Verbreitungsgebiet: Deutschland

Zemaituka

Litauen

Erscheinungsbild: gerader, hübscher Kopf mit breiter Stirn, weit auseinanderliegenden, klugen Augen und kleinen Ohren; kräftiger, kurzer Hals; flacher Widerrist; breite, tiefe Brust; steile, aber kräftige Schulter; viel Gurtentiefe; muskulöser, gerader Rücken mit guter Rippenwölbung; leicht abgeschlagene Kruppe; kurze, aber sehr harte und trockene Gliedmaßen; häufig mangelhafte Sprunggelenke; feste Hufe

Größe: 130–140 cm Stockmaß

Farben: verschiedene Falbfarben mit Aalstrich, Braune, Dunkelbraune und Rappen

Charakteristik: sehr willig; freundlich, energisch; hart und ausdauernd; sehr zäh und unglaublich genügsam; widersteht den schlimmsten klimatischen Bedingungen und kann dabei auch noch täglich über 60 km zurücklegen

Eignung: Landwirtschafts- und Wagenpony

Herkunft: Litauen
Zucht, die vor einigen Jahrhunderten aus der Kreuzung von Asiatischen Wildpferden und Arabern und diversen anderen Rassen hervorgegangen ist

Verbreitungsgebiet: Litauen

Zweibrücker

127

Deutschland

Erscheinungsbild: kräftiges, mittelschweres Warmblutpferd, oft mit starkem Arabereinschlag. Ausgesprochen edler Kopf mit großen, ausdrucksvollen Augen, weiten Nüstern und spitzen Ohren; gut aufgesetzter Hals; oft schöne, schräge Schulter; markierter Widerrist; fester, kurzer, gerader Rücken; kurze, wenig abfallende Kruppe; korrekte Gliedmaßen mit harten Hufen

Größe: etwa 155–165 cm Stockmaß

Farben: alle Grundhaarfarben, aber meist Füchse, auch mit Abzeichen

Charakteristik: ausgeglichen; gediegen; leistungsfähig; hart und ausdauernd

Eignung: vielseitiges Reitpferd

Herkunft: das 1755 gegründete Gestüt Zweibrücken in der Pfalz Die Grundlage bildeten englische Halbblutstuten. Anglo-Normänner und Araber, die den edlen, trockenen Typ bewirkten. Nach dem 2. Weltkrieg wurden Trakehner-, Araber- und Hannoveraner-Blutlinien eingekreuzt

Verbreitungsgebiet: Deutschland

127

137

Übersicht nach Arten

Sportpferd

Achal-Tekkiner
Albino
Altér Real
American Saddle Horse
(Kentucky Saddler,
Virginia Saddler)
Amerikanisches
Quarterhorse
Andalusier
Anglo-Araber
(Frankreich)
Appaloosa
Arabisches Vollblut (ox)
Asturisches Pony
(Asturcon)
Azteke
Bayerisches Warmblut
Berber
Brandenburger
Britisches Warmblut
Brumby
Budjonny
Calabreser
Canadian Cutting Horse
Charolais-Halbblut
Cleveland Bay
Cob
Criollo
Danubier
Darashouri
(Shiraspferd)
Deutscher Traber
Dölepferd
(Gudbrandsdaler)
Donpferd
Einsiedler
Englisches Vollblut (xx)
Finnischer Klepper
(Finish-Universal,
Finnisches Zugpferd)
Französischer Traber
Frederiksborger
Freiberger
Friesenpferd

Furioso-Northstar
Gelderländer
(Niederländisches
Warmblut)
Giara-Pferd
Gidran (Ungarischer
Anglo-Araber)
Groninger
Hackney
Hannoveraner
Hessisches Warmblut
Hispano (Spanischer
Anglo-Araber)
Holländisches Warmblut
Holsteiner
Irish Draught
Irish Hunter
(Englischer Hunter)
Jaf
Jomud (Yamud)
Kabardiner
Karabaier
Karabakh
Karacabeyer
Kinsky-Pferd
Kladruber
Knabstrupper
Kurdisches Halbblut
Kusnetzer Pferd
Kustanaier
Lettisches Warmblut
Limousin-Halbblut
Lipizzaner
Lokaier
Lusitano
Malopolska
(Poln. Anglo-Araber)
Mangalarga Marchador
Maremmano
Mecklenburger
Mexikanisches Pferd
Missouri Foxtrotter
Morgan
Murgese

Mustang
Nonius
Nordschwedischer
Traber
Nowokirgise
Oldenburger
Orlow-Traber
Ostbulgare
Ostfriese
Paint
Palomino
Paso Fino
Paso Peruano
Pinto
Pleven
Russischer Traber
(Métis-Traber)
Salerner
Sanfratellano
Sardinier
Schwedisches Warmblut
Selle Français
(Anglo-Normanne)
Shagya-Araber
Standardbred
(Amerikanischer
Traber, Passer)
Syrischer Araber
Trakehner
Tschenerani und
Turkmene
Tennessee Walker
Tersker (ehem.
Streletzker Araber)
Torisker
Ukrainer
Ungarisches Sportpferd
Waler (Australian
Stockhorse)
Westfale
Wielkopolska (Masure,
Posener Pferd)
Württemberger
Zweibrücker

Kaltblut

Ardenner
Auxois
Belgier (Brabanter)
Boulonnais
Bretone
Clydesdale
Comtois
Italienisches Kaltblut
Jütländer
Litauisches schweres
Zugpferd

Murakoz (Murakosi,
Muraközi)
Nordschwede
Noriker (Süddeutsches
Kaltblut, Pinzgauer,
Oberländer)
Percheron
Poitevin
Rheinisch-Deutsches
Kaltblut (Altmärker)
Russischer Kaltblüter

Schleswiger
Schwarzwälder
Schwedischer Ardenner
Shire
Sokolsker
Suffolk Punch
Trait du Nord
Wladimirer

Pony

Aegidienberger
Amerikanisches
Shetlandpony
Australisches Pony
Aveglineser Pony
Balearenpony
Balipony
Bardigiano-Pony
Baschkirenpony
Basutopony
Batakpony
Bhutiapony
Bosnisches Gebirgspony
(Bosniake)
Camargue-Pferd
Chinapony
Chincoteague- und
Assateaguepony
Connemarapony
Dalespony
Dartmoorpony
Deutsches Reitpony
Dülmener
Englisches Reitpony
Exmoorpony

Falabella
Fellpony
Fjordpferd
Französisches Reitpony
Galiceñopony
Garrano-Pony
Gotlandpony
Hackney Pony
Haflinger
Highlandpony
Huzule
Isländer
Jakut
Javapony
Kasak Pony
Kaspisches Pony
Kathiawar- und
Marwar-Pony
Konik
Landais Pony
Lewitzer Pony
Mérens-Pony
Mongolenpony
Mongolisches Wildpferd
New Forest Pony

Nigerianisches Pony
Nordlandpferd
Peneiapony
Pindospony
Pony of the Americas
Potok-Pony
Riwoqe-Pferde
Rocky Mountain Pony
Sable-Island-Pony
Sandelholzpony
Shetlandpony
Skyrospony
Sorraiapony
Spitipony
Sumba- und
Sumbawapony
Tarpan
Tibetpony
(Nanfan-Pony)
Tinker Pony
Welsh Mountain Pony
(Typ A)
Welsh Pony (Typ B)
Wjatka-Pony
Zemaituka (Petschora)

Anhang

Glossar

A

Aalstrich Dunkler Fellstreifen, der entlang der Wirbelsäule über den ganzen Rücken läuft; meist bei Wildpferden, Falben und Isabellen zu finden

Abgedrehte Form Barockes Pferd

Abgeschlagene Kruppe Abfallende Linie der Kruppe, häufig rassebedingt

Antrittsschnell Pferde, die sehr schnell aus dem Stand antreten (-traben oder -galoppieren) können

Aufsatz Art und Weise, wie und wo der Hals an der Brust angewachsen (aufgesetzt) ist

B

Behang Behaarung an den Beinen, auch Fesselbehang, Kötenzopf, -schopf oder -behang genannt; vorwiegend bei kaltblütigen Pferden und Ponys aus kalten Regionen zu finden

Beinempfindlichkeit eines Pferdes beim Berühren eines Hindernisses. Große Schmerzempfindlichkeit; im Gegensatz dazu gibt es auch unempfindliche Pferde, die keinen Respekt vor einem Hindernis haben und die Beine im Sprung nicht genügend heben

Beizäumung Mittels energisch vortreibender Kreuz- und Schenkelhilfen in den anstehenden Zügel soll eine vermehrte Genick- und Halskrümmung bewirkt werden

Beschäler Zuchthengst

Brandzeichen Bestimmtes Rasse-, Gestüts- oder Besitzerzeichen, das mittels eines glühenden Eisens aufgebrannt wird

C

Cob-Typ Schwerer, untersetzter Pferdetyp, sehr guter Gewichtsträger

Cow sense Westernpferd, das die Fähigkeit besitzt, mit Hilfe des Reiters eine bestimmte Kuh von der Herde zu trennen und ihre Bewegungen so genau zu beobachten, daß es jeden Fluchtversuch ohne weitere Hilfen des Reiters durch blitzschnelles Reagieren verhindert

D

Distanzpferd Pferd, das geeignet ist, bei speziellem Training Langstrecken von 50–160 km zu absolvieren

E

Erhabene Gänge Besonders ausdrucksvoller Bewegungsablauf

Erweiterungsfähige Nüstern Nüstern, die sich bei entsprechend starker Atmung weiten

F

Fasanenschweif Natürlich gewachsener Schweif, der an seinem Ende nicht geradegeschnitten wurde

Faßbeinigkeit Fehlstellung der Hinterbeine: nach außen gedrehte Sprunggelenke

Fessel Bereich zwischen Fesselkopf (-gelenk) und Hufkrone

Flachrennen Pferderennen auf der Rennbahn ohne Hindernisse über eine Mindestdistanz von 1000 m

Fleißige Bewegungen Pferd, das eifrig vorwärtsgeht, ohne daß es getrieben werden muß

Fox trot (Fuchstrab) Spezielle Gangart, bei der das Pferd mit den Vorderbeinen einen fleißigen Schritt geht, während es mit den Hinterbeinen trabt

Freie, fördernde Bewegungen Gut ausgreifende und rege Vorwärtsbewegung

Fundament Grundlage des Körperbaues eines Pferdes, d. h. das Skelett

G

Galoppade Grundgangart des Pferdes; kann in unterschiedlicher Geschwindigkeit und Versammlung ausgeführt werden

Ganaschen Region hinter dem Unterkiefer und vor dem Hals; ist der Raum dort sehr eng, hat das Pferd wenig Ganaschenfreiheit, was Biegung und Beizäumung erschwert

Gangmechanik Durch den Knochenbau bedingte Arbeitsweise der Gliedmaßen

Geräumige Brust Breite, tiefe Brust, in der Herz und Lunge viel Platz finden

Geschlossene Flanken Wenn sich hinter den Rippen und vor dem Hüftknochen keine tiefe Grube bildet, bezeichnet man die Flanken als geschlossen

Großrahmig Großes Pferd im Verhältnis zur Durchschnittsgröße seiner Rasse; in der Regel sind großrahmige Pferde erwünscht

Gurtentiefe Maß für den Umfang des Brustkorbes; gemessen wird hinter den Vorderbeinen

Gut gelagerte Schulter Bei einem Reitpferd dann der Fall, wenn das Schulterblatt zum Oberarmbein einen rechten oder stumpfen Winkel bildet (siehe Skelettabbildung Seite 18)

H

Hechtskopf Kopf mit nach innen verlaufender Nasenlinie (Araber und arabische Typen)

Hirschhals Falsche Bemuskelung des Halses: übermäßig ausgebildete untere Halsseite und dagegen schwach oder gar nicht entwickelte obere Halsseite

Hunter Pferd, das für die Jagd geeignet ist; Zuchten vorwiegend in Irland und England aus kräftigen bis schweren Warmblutstuten mit Vollbluthengsten

Huntereigenschaften Springvermögen, robuste Konstitution, Ausdauer, schnelle Reaktion, ausgeglichenes Temperament und Rittigkeit

I

Isabellen Haarfarbe; goldgelb bis braungelb, fuchsfarbig oder grau (wildfarbig) im Deckhaar und immer mit hellem Langhaar

K

Kalibriges Pferd Pferd mit viel Gewicht bei relativ geringer Widerristhöhe

Kandare Gebiß mit kurzen bis langen Hebelstangen (Kandarenbäume) und Kinnkette; wegen der Hebelwirkung schärfer als die Trensenzäumung; erfordert mehr Feingefühl vom Reiter

Klar, trocken, markiert Wenn feine Haut mit fettlosem Unterhautbindegewebe die Knochen und Sehnen überzieht, so daß diese deutlich sichtbar unter der Haut hervortreten

Kötenbehang Lange Behaarung am Fesselkopf, die oftmals den ganzen Huf bedeckt

Kronbein Knochen zwischen Fessel und Huf

Kuhhessigkeit Fehlstellung der Hintergliedmaßen: nach innen gedrehte Sprunggelenke

Kurze Röhren Wenn das Röhrbein kürzer ist als das Oberarmbein (siehe Skelettabbildung Seite 18)

L

Laden Unterkieferäste; auch Bezeichnung für den zahnlosen Teil des Unterkiefers zwischen Schneidezähnen und Backenzähnen; in diesem Zwischenraum liegt das Gebiß

Langrechteckformat Pferd, das länger (gemessen von Brust zu Schweifrübe) als hoch (gemessen vom Boden bis zum Widerrist) gewachsen ist; der größte Teil der Pferderassen steht im Langrechteckformat

Laterale Gangarten Gangarten, bei denen die gleichseitigen Beinpaare zur gleichen Zeit abfußen (z. B. Paß)

Leberfuchs Sehr dunkler Fuchs, dessen Deckhaar farblich der Leber gleicht, auch Kohlfuchs genannt

Lebhaftes Ohrenspiel Sensible, aufmerksame Pferde haben in der Regel sehr bewegliche Ohren

Leichtfuttrig Pferde, die nur geringe Futtermengen benötigen und trotzdem nicht mager aussehen

Lichtfuchs Sehr heller Fuchs

M

Manaden Halbwilde Haltung von Camarguepferden in Herden von 40–50 Tieren

Matter Rücken Schwacher, schlecht bemuskelter Rücken

Mehlmaul Helle Partie um Maul und Nüstern bei ansonsten braunen Pferden; Rassemerkmal des Exmoorponys

O

Overo Scheckfarbe, bei der die Weißzeichnung vom Bauch ausgeht, wobei der Rücken und mindestens ein Bein farbig bleiben. Das Langhaar ist in der Regel dunkel, der Kopf entweder ganz weiß, oder er hat eine breite Blesse

P

Palomino Goldfarbenes amerikanisches Western Horse mit flachs- oder silberweißem Langhaar

Passer Paßgänger

Paß Sehr bequeme Gangart, bei der die Pferde die jeweils gleichseitigen Beine gleichzeitig vom Boden abheben (Kamelgang)

Pauschen Polsterung an den Sattelblättern als Kniestütze

Pinto Geflecktes (geschecktes) Pferd spanischen Ursprungs (pinto = bemalt)

Q

Qualitätvolles Pferd Pferd, das aufgrund seines optimalen In- und Exterieurs auch dem vorgesehenen Verwendungszweck voll gerecht wird

R

Rack Englische Bezeichnung für Tölt; in Amerika bezeichnet man als Rack auch den Renntölt

Ramskopf Kopf mit nach vorn gewölbter Profillinie

Ramsnase Kopf, bei dem lediglich die Nasenlinie gewölbt verläuft

Raumgriff Entsprechend der Winkelung von Schulterblatt zu Oberarmbein begrenztes Ausgreifen der Vorhand

Rennpaß Sehr schneller Paßgang, wobei die gleichseitigen Beinpaare nicht mehr gleichzeitig, sondern ganz kurz nacheinander auffußen; dadurch erhält die Bewegung eine zusätzliche Schwebephase

Rennschritt/running walk Sehr schnelle Vorwärtsbewegung im Viertakt (Tölt)

Rezessive Vererbung Wenn die ursprünglichen Erbmerkmale von anderen (dominanteren) Erbfaktoren überdeckt werden

Robusthaltung Ganzjährige Weidehaltung

Rotschimmel Als Fuchs geborener Schimmel

S

Sattelblätter Je nach Verwendungszweck des Sattels langgestrecktes oder vorgezogenes Lederblatt unterhalb der Sattelfläche, an dem der Schenkel und Knie des Reiters anliegen

Schabracke Rechteckige, große Satteldecke; auch Zeichnungsvariante des Appaloosas, dabei nur über Sattellage und Hinterteil andersfarbige, verschieden große Flecken verteilt (Schabrackenschecke)

Schweifriemen Speziell angefertigter Lederriemen, der das Vorrutschen des Sattels verhindert, vorzugsweise bei Pferden mit wenig Widerrist. Er wird an der hinteren Sattelmitte angelegt und über die Kruppe, um die Schweifrübe geschlossen

Schweifrübe Aus den Schweifwirbeln (18–21 Stück) und Muskeln bestehender Teil des Schweifes

Spaltkruppe Im Wirbelsäulenbereich eingebuchtete Kruppe

Springmanier Beurteilung der Rückenwölbung (Bascule) sowie der Beintechnik (Geschicklichkeit des Pferdes, vor und über dem Hindernis Vorder- und Hinterbeine extrem anzuwinkeln, um Abwürfe zu vermeiden) beim Springen

Steeplechaser Jagdrennpferd, das früher querfeldein auch über Hindernisse Rennen von einem Kirchturm zum nächsten lief

Stock-Typ Ursprünglicher, untersetzter, kräftiger Typ des American Quarter Horse

Stockmaß Absolute Höhe des Pferdes gemessen mit einem am Boden stehenden Meßstock und einer waagerechten Latte, die auf den höchsten Punkt des Widerrists aufgelegt wird.

Stutbuch Register, in das zukünftige Zuchtstuten eingetragen werden, sofern sie die von den Zuchtverbänden gestellten Bedingungen erfüllen. Das Register wird unterteilt in das *Hauptstammbuch*, in das nur Stuten mit gutem Exterieur und über mehrere Generationen anerkannter Abstammung aufgenommen werden. Das *Stammbuch* nimmt Stuten mit weniger gutem Exterieur und nicht weit genug zurückreichender Abstammung auf und das *Vorbuch* Stuten mit ausreichendem Exterieur und/oder unklarer Abstammung

T

Tigerschecke Pferd/Pony von weißer oder heller Grundfarbe mit zahlreichen verschieden großen andersfarbigen Flecken (über den ganzen Körper verteilt)

Tobiano Scheckzeichnung, bei der das Weiß vom Rücken ausgeht. Die Beine sind immer halb oder ganz gestiefelt (weiß). Der Kopf ist dunkel, möglicherweise mit Blesse, Mähne und Schweif sind meist zweifarbig

Tölt Mittel- bis sehr schnelle, für den Reiter sehr angenehme Gangart im Viertakt; bekannt geworden durch die Isländer

Tonniger Rumpf Rundrippiges Pferd oder Pony, dessen Rumpf den inneren Organen reichlich Platz und damit viel Schutz bietet

Trachtenwand Wand aus Horn an der hinteren Seite des Hufes vom Ballen bis zum Boden führend

Trailpferd Pferd, das aufgrund eines speziellen Trainings im Parcours zu einem besonders geländegängigen und sicheren Wanderreitpferd ausgebildet wurde

Trekkingpferd Wanderreitpferd

U

Über viel Boden stehend Pferd, das aufgrund seiner Länge viel Boden abdeckt

Überbaut Kruppe höher als der Widerrist

Unterständig Identisch mit „rückständig", fehlerhafte Stellung der Vorderbeine

V

Vaqueros Südamerikanische oder spanische Kuhhirten zu Pferde

Versammelter Schritt Langsamste dressurmäßige Schrittgeschwindigkeit

Z

Zebrierung Pferde mit dunklen Streifen an den Beinen, die an Zebras erinnern; häufig bei Wildpferdefarben

Zockeltrab Wenn Geschwindigkeit und Raumgriff im Trab den Schritt nicht wesentlich überschreiten

Adressenverzeichnis

Deutsche Reiterliche
Vereinigung e.V. (FN)
Freiherr-von-Langen-Str. 13
Telefon: (0 25 81) 6 36 20
Telefax: (0 25 81) 6 21 44
Geschäftsstelle Berlin:
Passenheimer Straße 30
14053 Berlin
Telefon: (0 30) 3 04 97 99

Deutsches Olympiade-Komitee
für Reiterei e.V. (DOKR)
Freiherr-von-Langen-Str. 15
48231 Warendorf
Postfach 11 02 65
48231 Warendorf
Telefon: (0 25 81) 6 36 20
Telefax: (0 25 81) 6 21 75

Landeszuchtverbände Deutschland

Pferdezuchtverband
Baden-Württemberg e.V.
Heinrich-Baumann-Str. 1–3
70190 Stuttgart
Telefon: (07 11) 16 65 50
Telefax: (07 11) 1 66 55 20

Landesverband Bayerischer
Pferdezüchter e.V.
Landshamer Str. 11
81929 München
Telefon: (0 89) 92 69 67 13
Telefax: (0 89) 90 74 05

Landespferdezuchtverband
Berlin-Brandenburg e.V.
Hauptgestüt 10
16845 Neustadt/Dosse
Telefon und Fax: (03 39 70) 1 32 01

Verband hannoverscher
Warmblutzüchter e.V.
Lindhooper Str. 92
27283 Verden
Telefon: (0 42 31) 67 30
Telefax: (0 42 31) 67 312

Verband hessischer
Pferdezüchter e.V.
Thoméestr. 3
34117 Kassel
Telefon: (05 61) 1 09 71 10
Telefax: (05 61) 1 09 71 19

Verband der Züchter des
Holsteiner Pferdes e.V.
Steenbeker Weg 151
24106 Kiel
Telefon: (04 31) 3 08 98 od. 3 08 99
Telefax: (04 31) 33 61 42

Verband der Pferdezüchter
Mecklenburg-Vorpommern e.V.
Speicherstr. 11
18273 Güstrow
Telefon und Fax: (0 38 43) 68 60 33
od. 6 60 33

Verband der Züchter des
Oldenburger Pferdes e.V.
Donnerschweer Str. 72–80
26123 Oldenburg
Telefon: (04 41) 98 06 10
Telefax: (04 41) 8 24 16

Rheinisches Pferdestammbuch e.V.
Endenicher Allee 60
53115 Bonn
Telefon: (02 28) 70 33 64 od. 7 00 34 19
Telefax: (02 28) 65 77 70

Pferdezuchtverband
Rheinland-Pfalz-Saar e.V.
Pferdezentrum
67816 Standebühl
Telefon: (0 63 57) 8 97
Telefax: (0 63 57) 15 01

Pferdezuchtverband Sachsen e.V.
Winterbergstr. 98
01237 Dresden
Telefon: (03 51) 2 36 10 01
Telefax: (03 51) 2 54 90 63

Pferdezuchtverband
Sachsen-Anhalt e.V.
Frommhagenstr. 16
39576 Stendal
Telefon und Fax: (0 39 31) 21 28 59

Verband Thüringer Pferdezüchter e.V.
Lisztstr. 4
99423 Weimar
Telefon: (0 36 43) 2 48 80
Telefax: (0 36 43) 24 88 15

Verband der Züchter und
Freunde des Ostpreußischen
Warmblutpferdes
Trakehner Abstammung e.V.
Max-Eyth-Str. 10
24537 Neumünster
Telefon: (0 43 21) 9 02 70
Telefax: (0 43 21) 90 27 19

Westfälisches Pferdestammbuch e.V.
Sudmühlenstr. 33
48157 Münster
Telefon: (02 51) 3 28 09 81
Telefax: (02 51) 3 28 09 24

Zuchtverband für das Ostfriesische und
Alt-Oldenburger Pferd e.V.
Mühlenhof 50
26831 Bunde
Telefon und Fax: (0 49 53) 81 00

Verband der Züchter des Arabischen
Pferdes e.V.
Schellingstr. 14
30625 Hannover
Telefon: (05 11) 55 01 66/7
Telefax: (05 11) 55 00 88

Zuchtverband für Shagya-Araber,
Anglo-Araber und Araber e.V. (ZSAA)
Im Langenborn 55
63825 Schöllkrippen
Telefon: (0 60 24) 17 75
Telefax: (0 60 24) 82 13

Friesenpferde-Zuchtverband e.V.
Gut Brückenhaus
40822 Mettmann
Telefon: (0 20 58) 7 29 01
Telefax: (0 20 58) 7 28 74

Stammbuch für Kaltblutpferde
Niedersachsen e.V.
Lindhooper Str. 92
27283 Verden
Telefon und Fax: (0 42 31) 67 3 42
Telefax: (0 42 31) 67 3 12

Pferdestammbuch
Schleswig-Holstein/Hamburg e.V.
Steenbeker Weg 151
24106 Kiel
Telefon: (04 31) 33 17 76
Telefax: (04 31) 33 61 42

Verband der Kleinpferdezüchter
in Bayern e.V.
Landshamer Str. 11
81929 München
Telefon: (0 89) 92 69 67 43
Telefax: (0 89) 92 69 67 41

Verband der Pony- und
Kleinpferdezüchter Hannover e.V.
Johannssenstr. 10
30159 Hannover
Telefon: (05 11) 32 04 10
Telefax: (05 11) 32 57 59

Verband der Ponyzüchter Hessen e.V.
Rheinstr. 91
64295 Darmstadt
Telefon: (0 61 51) 89 39 55
Telefax: (0 61 51) 89 38 97

Pferdestammbuch Weser-Ems e.V.
Mars-la-Tour-Str. 6
26121 Oldenburg
Telefon: (04 41) 8 25 82 od. 80 16 04
Telefax: (04 41) 8 31 63

Zuchtverband für deutsche
Pferde e.V.
Am Nordentor 1
27283 Verden
Telefon: (0 42 31) 8 28 92
Telefax: (0 42 31) 57 80

Zuchtverbände für einzelne Rassen

Verband der Achal-Tekkiner-Freunde
und -Züchter Deutschlands
Gut Ising
83256 Ising/Chiemsee

Gangpferdezentrum Aegidienberg
Peter-Staffel-Str. 13
53604 Bad Honnef

Deutsche Quarter Horse Association
Geschäftsstelle
Julius-Bettingen-Str. 18
66606 St. Wendel

American Saddlebred Horse
Association Deutschland e.V.
L. Rosenberger
Lüsbacher Weg 136
53347 Alfter-Witterschlick

American Saddlebred Horse
Association of Europe e.V.
Gestüt Kalarama
Schmale Allee
53347 Alfter

Verein der Freunde und Züchter
des Pferdes Reiner Spanischer Rasse
W. Bruns
Kohlstattweg 10
86875 Waalhaupten

Appaloosa Horse Club Germany
G. Ernst
Mangen 27
85461 Bockhorn

Arabian Future
Fördergemeinschaft für das
Arabische Pferd
W. Eberhardt
Konrad-Adenauer-Str. 8
66346 Püttlingen-Saar

ASIL Club e.V.
Hagentorwall 7
31134 Hildesheim

Verband der Züchter des Arabischen
Pferdes e.V.
Schellingstr. 4
30625 Hannover

Zuchtverband für Shagya-Araber,
Anglo-Araber und Araber e.V.
Im Langenborn 55
63825 Schöllkrippen

Verein für Freunde und Züchter
des Berber-Pferdes
K. Gretscher-Said
Oranienstr. 197
10999 Berlin

Interessengemeinschaft Berber
Berberhof Shamal Wahat
Böhnkesweg 3
45529 Hattingen

Gesellschaft der Freunde, Förderer und
Züchter des Bosnischen
Pferdes e.V.
Dr. F. Hainbuch
Eckendorfer Str. 44
53343 Wachtberg

Interessengemeinschaft
Bosnische Gebirgspferde e.V.
Geschäftsstelle
Rathelbeckstr. 330
40627 Düsseldorf

Freundeskreis Criollos
G. Schürmann
Perhamerstr. 76
80687 München

Verein der Freunde und Züchter des
Camargue-Pferdes in Deutschland
Uckerather Str. 60
53639 Königswinter

Connemara-Pony-Zuchtverband
Deutschland
Geschäftsstelle
Jung-Stilling-Str. 16
67663 Kaiserslautern

Interessengemeinschaft Connemara
E. Milleder
Am Brombeerschlag 3
81375 München

Dartmoorzüchter in Deutschland
Schönbühler Str. 5
84180 Loching

Interessengemeinschaft Dartmoor
U. Tettenborn
Ponyfarm und Gestüt „Die Pfalz"
67454 Hassloch/Pfalz

Herzog von Croy'sche Verwaltung –
Dülmener Wildpferde –
Schloßpark 1
48249 Dülmen

Interessengemeinschaft
Dülmener Wildpferd
C. Jung
Honnschaftenstr. 30
45239 Essen

Interessengemeinschaft Fell-Pony
Barbara Müller
Schweissthal 20
54614 Nimsreuland

Interessengemeinschaft Fjordpferd
Dr. W. Gebhardt
Zum Tal 20
66606 St. Wendel

Friesenpferde-Zuchtverband e.V.
Gut Brückenhaus
40822 Mettmann

AG der Haflingerzüchter
und -halter
Landshamer Str. 11
81929 München

Highland Pony Clan
H.J. Philipp
Düsterntwiete 49
22850 Norderstedt

Island-Pferde-, Reiter- und
Züchterverband (IPZV)
E. u. H. Düring
Jüchstr. 24
53773 Hennef/Sieg

Interessengemeinschaft
Knabstrupper
M. Stadler
Erlenweg 11
21279 Hollenstedt

Lipizzaner Zuchtverband
Deutschland
Neusüdener Weg 28 a
26125 Oldenburg

Cavalo Lusitano e.V.
Altvaterstr. 4
82362 Weilheim

Mérens Deutschland e.V.
Lauchertstr. 16
72393 Melchingen

International Morgan Horse Club
of Germany
Hauptstr. 98
98593 Struth-Helmersdorf

Interessengemeinschaft New Forest
Pony
Klockenbring 34
32139 Spenge

Paint-Horse-Club Germany
Hardy Oelke
58553 Halver-Othmaringhausen

Paso Fino Horse Association (PFHA)
Europe e.V.
Gottbillstr. 34 b
54294 Trier

Paso-Peruano-Vereinigung
Deutschland
Grünring 85
48282 Emsdetten

Deutsches Pinto Zentralregister e.V.
Hasselberg 3
34626 Neukirchen

Interessengemeinschaft der
Shetlandponyzüchter
In der Langenbach 5
57350 Netphen

Deutscher Shire-Horse-Verein e.V.
Hermann-Bohne-Str. 4
49565 Bramsche

Tennessee Walker Horse Verband
Int. e.V. (TWHI)
Ortsstr. 6
65510 Idstein

European Tennessee Walking Horse
Association e.V.
Unterdamm 87 a
32427 Minden

Zentralverband für Traberzucht
und -rennen e.V.
Windthorststr. 13
48143 Münster

Bundesvereinigung der Welsh-Pony-,
Cob- und Partbred-Züchter e.V.
Netter Kirchweg 44
41751 Viersen

Register